청춘을 위한 융합인문학

청춘을 위한 융합인문학

초판 발행 2023년 5월 10일

엮음 최재목

지음 정병규, 이동철, 장문석, 김석근, 김영수, 신동원, 이용주, 함성호, 박홍규

디자인 정재완

펴낸곳 영남대학교출판부

펴낸이 최외출

출판등록 1975년 9월 5일 경산 제16-1호

주소 경상북도 경산시 대학로 280

전화 053) 810-1801~3

FAX 053) 810-4722

홈페이지 book.yu.ac.kr

ISBN 978-89-7581-866-0 03040

청춘을 위한 융합인문학

최재목 엮음

서론

삶을 스스로 디자인하라

최재목
융합인문학 강좌 총괄, 영남대 철학과 교수

1

지난번 간행된 '청춘의 인문학'에 이어, <융합인문학> 강좌의 결과물을 다시 엮어 간행하게 되었습니다.

"삶을 스스로 디자인하라"고 이름을 붙이고, 아홉 분의 강의를 내용의 흐름에 따라 이렇게 순서를 정해보았습니다.

정병규 / 삶은 디자인이다
이동철 / 4차 산업혁명과 우리의 미래
장문석 / 유럽 통합은 끝났는가
김석근 / 동아시아의 미래를 읽다
김영수 / 조선 건국의 기획자 '정도전'
신동원 / 한국의 과학과 문명
이용주 / 철학에서 배우는 '가치 있는 삶'
함성호 / 무에서 유를, 유에서 무를 보는 눈
박홍규 / 내 친구 톨스토이

각 분야에서 탁월한 활동을 해 오고 계신 전문가 선생님들의 구술 강의 녹취물을 영남대 출판사 측에서 오랜 시간 동안 다듬고, 이것을 다시 필자가 직접 수정 보완한 것입니다.

그러는 동안 예기치 않게 시간이 제법 걸리고 말았습니다. 강의를 마친지가 이미 몇 해 지나서야 마무리하게 되었습니다. 강의하시고 더욱이 글을 다듬어 주신 여러 선생님께 송구할 따름입니다.

2

이 책에 실린 원고들은 사실 코로나바이러스(코로나19) 대유행이전에 작성된 것입니다. 그래서 지난 몇 년간의 변화와 상관없이 삶과 사회, 한국과 세계, 역사와 철학 등에 대해 사유한 것입니다. 따라서 코로나 재해 시기의 현재적 관점과 심정을 이 책의 내용들과 비교해볼 수 있는 일종의 거울 역할을 할 수도 있지 않을까 생각해봅니다.

더욱이 최근 러시아의 우크라이나 침공 이후 벌어지는 유럽 및 세계 정세의 변화는 한국, 아시아, 나아가 구미 세계의 질서 축을 흔들어 재조정 중입니다. 이런 와중에 석유 등의 에너지 및 물류도 영향을 받아, 세계 경제는 불확실하고도 불안한 상황 속으로 진입 중입니다.

게다가 기후의 큰 변동은 차츰 그 강도를 더해가고 있어, 대지 위의 지구촌을 살아가는 인류에게 새로운 삶의 방식과 실천을 압박하고 있습니다. 인류는 지표면과 지하의 일정 깊이까지, 그리고 지상의 일정 높이까지를 점령하고 이용 혹은 착취하면서 삶을 영위하고 있습니다만, 실제 이런 여건들이 언제까지 어떻게 무난히 지속가능할 지는 잘 모릅니다. 산업혁명 이후 인간의 힘, 영향력, 지성 능력은 무한대로 늘

어났습니다. 핵의 실험 및 사용으로 방사능 물질의 증가, 이산화탄소, 플라스틱, 콘크리트, 비닐 같은 반환경 물질들의 폭발적 증가, 닭을 비롯한 많은 동물들의 사육과 도축 남발 등이 목도되는 이런 시기를 인류세(人類世, Anthropocene) 또는 인신세(人新世)라 합니다. 지성을 가진 사람들은, 이제 인간은 지구 생명을 보전해야 할 위치에 놓여있고, 그런 책임을 다해야 한다고 촉구합니다. 자연물들의 권리에 대한 논의를 포함하여 지구-내-존재(물)들이 상생, 공생의 길을 모색할 당위성을 강조합니다. 인류의 권한보다도 책임과 의무, 윤리를 강조합니다.

이런 인류의 지성사와 지구사(地球史)를 배경으로 다행히 '인류세'의 인문학-철학, '대지' 및 '지구'의 인문학-철학 관련 용어와 서적들, 논평 및 정보들이 활발하게 산출, 학습되고 있는 중입니다.

이처럼 이래저래 새로운 도전들이, 살아갈 날이 멀고 먼 우리나라 및 세계의 젊은이들 앞에 속속 쌓여가고 있습니다. 스무살 젊음은 젊음대로 충분히 느끼고 실현하면서, 아울러 '무엇을' '어떻게' 할 것인지 스스로 인지하고, 판단하고, 실천해 가는데 필요한 지성력(知性力)을 갈고 닦아야 할 입장=계기가 된 것입니다.

지금이야말로 하나의 모험의 시대이자 기회의 시기입니다. 따라서 현재를 살아가는 자체로도 이미 공부이고, 융합인문학의 학습이라고 감히 말해 봅니다.

3

제목으로 정한 "삶을 스스로 디자인하라!"는 말 속에는 현재의 고충과 미래의 희망이 함께 한다고 봅니다. 디자인은 '설계'이므로, 자신의 삶은 '자신'이 한번 해보라는 뜻입니다.

아무쪼록 이번에 엮은 책을 통해, 스무살 젊은이들이 현재를 보다 나은 삶으로 이끌어 갈 안목과 지혜를 얻을 수 있기를 바랍니다.

마지막으로 <융합인문학> 강좌에서 강의를 해 주시고, 원고를 수정 보완해주신 선생님들께 다시 한번 감사를 드립니다. 그리고 이 작업을 위해 노고를 아끼지 않으신 영남대 출판부 이종백 선생님을 비롯한 여러분들께도 감사드립니다.

2023년 4월

돌돌재(乭乭齋)에서 최재목 적다

차례

정병규	삶은 디자인이다
이동철	4차 산업혁명과 우리의 미래
장문석	유럽 통합은 끝났는가?
김석근	동아시아의 미래를 읽다
김영수	조선건국의 기획자 '정도전'
신동원	한국의 과학과 문명
이용주	철학에서 배우는 "가치 있는 삶"
함성호	무에서 유를, 유에서 무를 보는 눈
박홍규	내 친구 톨스토이

정병규

고려대학교에서 불문학을 파리 에콜에스티엔느에서 디자인을 공부했다. 민음사 편집부장을 지냈으며 홍성사를 설립하여 출판과 편집을 거쳐 70년대 중반부터 북디자인을 독립 디자인 영역으로 주장하였다. 1979년에 이윤기와 편집회사 '여러가지문제연구소'를 설립했고, 1985년에 정병규디자인을 설립해 지금까지 디자이너로 현장에서 활동하고 있다. 중앙일보 아트디렉터로 신문디자인에도 종사했으며 한국시각정보디자인협회장, 한국영상문화학회 회장을 역임했다. 교보북디자인대상(1989년), 한국출판문화상 백상특별상(2013년), 대한민국문화예술상(2013년) 등을 수상하였다. 현재 '정병규 디자인'과 '정병규 학교' 대표로 있다.

'삶은 디자인'이며 '디자인은 삶'이다

삶은 디자인이다. 혹은 디자인은 삶이다. 이 둘은 같은 말이 아닙니다. 디자인은 그냥 하는 게 아니라는 생각이 들면서 제가 힘주어 말하고 있는 명제 가운데 하나가 '삶은 디자인'이라는 것입니다. 디자인은 저절로 주어지는 게 아니라 만드는 것입니다. 문명은 인간이 만든 것인데, 이 만드는 것을 포괄적으로 멋있게 표현한 말이 디자인입니다. 하지만 우리는 디자인을 좁게 생각한 나머지 지나치게 도구적으로 사용하고 있습니다. 그 결과 디자인은 삶과 분리된 형태로 기업가들과 거래하는 도구로서의 무엇이 되었고 현재 대학에서도 그렇게 가르치고 있습니다. 도구적으로 사용되는 디자인의 반대편에 '삶과 디자인'이 있습니다.

디자인을 우리말로 바꾸어 쓰고 싶지만 아직 대체할 만한 단어가 없습니다. 비타민이나 박테리아를 다른 말로 바꾸려면 말이 안 되듯 억지로 바꾸려는 것이 오히려 편향된 생각입니다. 지금까지 디자인이란 용어를 자기식으로 바꾸려고 프랑스가 가장 많이 노력을 기울였지만 한 30년 지나서 보니 '디자인'만은 그냥 '디자인'이라고 합니다.

디자인은 삶을 포괄하고 있는 '인간이 무엇을 만드는 것'의 전체를 가리키는 키워드입니다. 사람은 부모로부터 주어진 몸을 빼고는 대부분 인공적인 것들로 생활을 하며 살아갑니다. 따라서 디자인은 기본적으로 인공입니다.

사람은 문화나 언어 속에서 태어난다고 합니다. 이때 사람이 어디에서 어떤 장(field)으로 태어나느냐는 현상에 대해 공부하여 설명하고 주장하는 것이 학문이라는 것을 규정해줍니다. 인간은 언어 속에서 태어난다고 라캉이 얘기했습니다. 그는 무의식을 정의하면서, 무의식은 언어적인 구조로 되어 있다고 주장합니다. 현재의 기준이 아니라 긴 역사 속에서 그렇게 형성되었다는 것입니다.

저는 디자이너이므로 인간은 디자인된 세계 속에 태어났다고 해야 합니다. 하지만 이렇게 이야기하는 사람은 아무도 없습니다. 왜냐하면 이 부분에 서양 사람들의 오만함이 있기 때문입니다. 우리가 이야기하는 디자인은 서양 제국주의의 핵심 키워드입니다. 이런 사실을 도외시하고 한국 사회에서 디자인을 이해하고 사용하며 주장하고 있는데 그 발신지가 바로 대학입니다.

한국은 건축이 디자인이라는 것을 깨닫게 되면서 건축학과의 학업 기간을 4년제에서 5~6년제로 늘렸습니다. 이전까지 건축은 공학이라고 생각해서 건축학과가 공대에 있지만 괜찮은 나라에서는 건축이 디자인과에 있습니다. 건축은 세계를 만드는 모델이자 의지입니다. 그렇기에 짓는다는 것은 인공이고 그것을 디자인이라고 부른다면 우리가 강당에서 강의를 듣는다는 것도 디자인 속에 이미 들어와 있는 것입니다. 그렇게 때문에 서양식 제국주의의 디자인관에서 벗어나 디자인에 대한 인식의 폭을 넓혀야 합니다. 저는 일제 식민사관보다 서양 제국주의 디자인관이 더 무섭다고 생각합니다. 세계를 지배하고 있는 신자유주의의 핵심은 디자인에 있습니다. 그래서 대도시 곳곳에서 생겨나는 백화점 명품관 같은 것도 디자인 영역에 속하는 사회변화라고 할 수 있습니다.

이런 점에서 디자인은 있어도 그만, 없어도 그만인 장식이 아니라 만드는 것의 핵심입니다. 세상은 주어진 것과 만들어진 것으로 되어 있고 늘 그것이 갈등을 일으킵니다. 20세기에 일어난 구조주의 사상을 통해, 지금까지 주어진 것으로 생각했는데 알고 보니 만들어진 것이라는 사실이 밝혀졌습니다. 이것은 엄청난 변화입니다. 데카르트가 말한 주체도 날 때부터 있었던 것인 줄 알았는데 만들어진 것이었습니다. 프로이트의 무의식의 발견이나 다윈의 진화론 주장도 마찬가지입니다. 저는 여기에 디지털의 발견을 덧붙이고 싶습니다. 인간은 원래 디지털로 되어 있습니다. 인간의 뇌 구조는 한 덩이로 되어 있는 게 아니라 시놉시스와 시놉시스 사이에 화학적 반응이 일어나게 되는데 그 반응이 그대로 전달되면 물질이 되므로 010101이란 디지털신호로 바뀌어 전달됩니다. 이처럼 주어진 것은 만들어진 것입니다. 이것이 왜 그렇게 되었는지 살펴보는 것을 계보학이라고 합니다. 계보학이란 말에는 조작이 담겨 있고 거기엔 권력이 작동합니다. 보기 싫고 필요 없거나 불리한 것은 전부 빼버리니까요. 그것을 전문적으로 하는 곳이 대학입니다.

대부분의 디자인 교과서를 보면 1851년 영국에서 개최된 제1회 세계박람회를 위해 근대의 상징인 쇠와 유리를 사용하여 세계 최신 공법으로 수정궁을 건립했다고 되어 있습니다. 벌써 신자유주의적인 모델을 실천했다고 볼 수 있습니다. 왜냐하면 그 당시 영국이 세계 최고의 국가였기 때문입니다. 그때부터 현대 디자인에서 조작이 시작되었습니다. 식민지를 관리하고 지배하는 도구로서 디자인이 중요하게 사용되었다는 사실을 반드시 알아야 합니다. 디자인은 장식이 아닙니다. 그렇다면 디자인은 무엇인지 각자 한번 생각해 볼 필요가 있으며 이제부터라도 디자인에 대한 상식을 바꾸기를 바랍니다.

디자인에는 세상의 물건과 기호를 바꾼다는 뜻과 완전히 새롭게 만든다는 의미를 동시에 가지고 있습니다.

디자인은 영어로 Design입니다. sign(기호)을 de하다는 것입니다. 20세기는 'd'와 'e'라는 단어 해석 차이의 시대였습니다. de의 첫 번째 의미는 데포로마시옹(Deformation)으로 A를 B로 바꾼다는 뜻입니다. 바꾼다는 것은 생산하는 게 아니라 다른 것으로 만드는 것입니다. 두 번째 의미는 디컨스트럭션(deconstruction)으로 흐트려서 다시 만든다, 탈구축한다, 해체시킨다는 뜻입니다. 프랑스 철학자인 자크 데리다(Jacques Derrida)가 생각납니다. 이 두 가지 의미는 20세기 후반을 가로지르는 키워드이며, 디자인의 de는 오래전부터 이 의미들을 간직하고 있었습니다. 이때 중요한 건 de 다음에 오는 sign(기호,문자)입니다. sign은 단순한 기호(대표적인 것으로 문자, 언어)의 뜻도 있지만 인간이 살면서 사용하는 모든 것, 즉 사물이나 제품을 기호라고 봅니다. 1850년대 당시 영국을 비롯한 유럽의 국가들이 국민들을 지배하기 위해 독일공작연맹 같은 국가 디자인 기구를 만들었습니다. 하지만 이들 국가는 자국민들의 삶을 위해서가 아니라 당시 세계 최고였던 영국의 제도나 정치를 따라 하면서 그것을 통해 식민지를 지배하기 시작했습니다.

서양 제국주의가 식민지 정책을 펼 때 무기와 대포와 성경을 가져갔다고 하는데 '삶은 디자인'이란 측면에서 볼 때 이젠 디자인도 가져갔다고 얘기해야 합니다. 왜냐하면 디자인 안에는 실질적인 물건이나 그것을 만드는 방법, 왜 만들어야 하는지에 대한 이데올로기가 모두 들어가 있기 때문입니다.

디자인에는 세상의 물건과 기호를 바꾼다는 뜻과 완전히 새롭게 만든다는 의미를 동시에 가지고 있습니다. 따라서 디자인을 통해 세상을 만나는 두 가지 방식으로, 있던 것을 변화시키는 것과 완전히 바꾸는 것이 있습니다. 이것은 연애시대와 결혼시대의 차이점과 같습니다. 결혼생활은 있어도 연애생활이라는 말은 없듯이 연애는 바꿀 수 있습니다. deformation의 de가 지닌 첫째 의미인 변화는 연애, 두 번째 의미인 해체는 이혼입니다. 이게 디자인입니다.

디자인은 삶을 디자인하는 것입니다. 인간과 인간의 관계, 인간과 인간의 만남이 모두 디자인적입니다. 지금까지 배우고 머릿속에 있던 정보들로 세상을 보다가 잘 풀리지 않으면 디자인적으로 생각해 보기 바랍니다. 그것의 출발은 de라는 접두어가 지닌 두 가지 의미입니다. deformation과 deconstruction 모두 타동사입니다. 목적어가 있는데, 그 목적어 자리에 나의 문제, 혹은 나, 우리의 문화를 놓아보면 새로운 면들이 보일 겁니다. 서양 사람들은 이런 의미를 알고 빨리 이용했습니다. 이처럼 서양 자본주의의 뿌리 내리기와 디자인은 연결되어 있습니다. 그러므로 디자인은 삶이다. 삶을 디자인한다는 것이 상식이 되길 바랍니다.

디자인과 자본주의는 뗄 수 없습니다. 정치가들은 이런 걸 굉장히 빨리 알았습니다. 1967년에 박정희 대통령이 디자인포장센터라는 걸 만들고 남긴 휘호가 '미술수출'입니다. 이때 말한 미술이 디자인입니다. 그 당시 우리나라에는 디자인에 대한 개념이 없었습니다. 응용미술, 상업미술 등 다양한 말로 쓰이다가 디자인이라고 불렀습니다. 이때 핵심은 디자인은 장식이고 본질이 아니며, 삶과 무관한 것이라고 정의했다는 사실입니다. 디자인은 나와 무관한 것으로 생각하는 이데올로기가 한국 근대사에서 이렇게 탄생하게 됐습니다. 이런 역사는 사회과학적으로 반드시 연구해야 합니다.

디자인포장센터를 통해 디자인은 포장이라는 이데올로기가 만들어졌습니다. 디자인이 한국에 상륙할 때 처음에는 번역을 장식이라고 했습니다. 이를 계기로 한국 지식인들의 머릿속에 디자인은 장식이라는 생각이 뿌리 깊이 박히게 되었습니다.

건축은 인간의 삶과 굉장히 밀접한 관계가 있으므로 건축 관련 책을 꼭 읽어보기 바랍니다. 모든 건축 책에서 이야기하지 않는 한 가지가 집을 지을 때 무너지지 않게 지으라는 말입니다. 동양철학, 서양철학, 인문학에서 이것이 무엇을 의미하는지 살펴봐야 합니다. 우리나라에서 지금까지 놓치고 있는 부분이 바로 디자인에 대한 얘기입니다. 근대가 디자인의 진정한 의미를 은폐하고 전도시키고 있습니다. 근대에 관한 연구에서 은폐와 탈은폐의 원조 가운데 하나가 서양이 만든 디자인 컨셉입니다. 그래서 그것을 제국주의라 할 수 있습니다. 가라타니 고진이 저술한 『제국의 구조』라는 책에서 제국에 관해 새로운 해석을 한 것을 보고 놀랐습니다만, 디자인도 제국과 관계없이 논의하면 안 된다는 사실을 가라타니 선생은 모르고 있어서 아쉬웠습니다.

디자인은 삶의 현장이며 환경이고 도구

앞에서 디자인은 정의하기 힘들고 정확한 번역이 없어서 그대로 사용하자고 했습니다. 그리고 한국에서는 디자인이 삶의 본질, 혹은 삶과 관계없는 것처럼 인식되는 굳건한 문화가 있는데 그것은 잘못된 것이고 '삶은 디자인'이며 '디자인은 삶'이라는 나름의 설명을 했습니다. 이러한 잘못된 인식의 시작은 서양 제국주의적 전략의 일환이며 이 속에 일제 식민사관도 들어있습니다. 이 모든 걸 비유적으로 이야기하는 게 건축 책입니다. 건축 책에서 집을 지을 때 무너지게 지으면 안 된다는 사실을 어디에도 기록하지 않는다고 했습니다. 즉, 당연한 것은 기록하지 않는다는 것입니다. 이 비유를 '삶은 디자인이다'라는 상식을 은폐하는 현실과 연결시켜 보기 바랍니다.

여러분이 공부하는 방법이 무엇인지 알아보고 디자인에 그걸 적용하면 디자인은 삶에 관계되는 관계항이 됩니다. 우리는 디자인을 떠나서는 한시도 살 수 없습니다. 예를 들어 의자는 근대 디자인의 샘플입니다. 공간의 목적에 따라 디자인은 만들어지기에 '디자인은 문화'라고 합니다. 이때 '문(文)'이라는 것은 생각이고 화(化)는 변화시킨다는 것입니다.

사람의 생각이 어떤 도구나 재료, 질료 등의 것을 가지고 변화되는 과정이 디자인 행위입니다. 화(化)하는 방법은 디자인의 de로 변화시키거나 완전히 새로 만들거나 하는 두 가지입니다. 이처럼 중요함에도 불구하고 디자인은 삶의 현장이며 환경이고 도구라는 걸 왜 이야기하지 않을까요? 디자인만 그런 게 아닙니다.

한국의 디자인에는 우리나라 근대사의 파행이 그대로 놓여 있습니다. 지금 일어나고 있는 우리 사회의 여러 가지 문제들을 살펴보면 전부 디자인 때문입니다. 디자인을 사전에서 찾아보면 '계획하다', '설계하다'라고 되어 있습니다. 중국에서는 디자인이라는 말보다는 설계라고 씁니다. 앞으로 서양인들이 설계라는 말을 다시 수입해서 쓸 수도 있을 정도로 적절한 표현이라고 생각합니다.

디자인의 범위를 넓고 깊게 만들면서 그것의 중요성에 관해 설명했습니다. 그러나 이런 것들에 대해 잘 얘기하지 않는 것은 너무나 상식적이기 때문입니다. 사람은 숨을 쉬지 않으면 죽는다는 말을 건강강의를 할 때마다 하지 않는 것과 같습니다. 원초적인 전제이기 때문입니다. 장자의 제물론 처음 부분에 보면 스승이 이야기를 잔뜩 해놓고 갑자기 제자에게 '하늘의 소리를 들었느냐'라고 질문을 합니다. 질문한 사람은 다 알고 있다는 것인데 '당신은 들었느냐'라고 물을 수도 없기에 제자는 대답을 하지 못합니다. 저는 이 문장을 '모든 것에는 핵심이 되는 바탕이 있다'는 뜻으로 해석했습니다. 집을 지을 때 무너지게 지으면 사람이 죽는다는 걸 말하지 않는 차원과 같은 것입니다.

디자인은 장식이 아니라 장식인 척하는 것이며 디자인은 인간의 무의식을 관리하는 방법입니다. 디자인은 그 밑에 은폐되고 전도되어 우리를 지배하고 있는 이데올로기의 첨병이며 이 이데올로기도 디자인된 것입니다.

본다는 것은 삶의 모든 것이 융합되어 있는 현장입니다

옛날 정치에서 좌의정, 우의정이라는 말을 사용했습니다. 상하는 왕이나 황제에서 필요한 것이고 좌우의 문제는 우리 삶의 현실입니다. 좌우를 언어적 차원이 아니라 삶과 문화적 차원에서 다루는 게 디자인입니다. 사람에게는 좌뇌와 우뇌가 있습니다. 우뇌는 왼쪽 눈으로 가서 반응하고, 좌뇌는 오른쪽 눈으로 가서 반응합니다. X자로 교차해 연결되어 있습니다. 좌뇌의 성질은 언어적, 수학적, 분석적입니다. 그래서 진보를 좌파라고 하는지도 모릅니다. 우뇌는 쉽게 말해 두루 뭉실한 이미지로 생각하면 됩니다. 따라서 큰 이미지는 왼쪽에 있고 잔잔한 글들은 오른쪽에 있어야 보기 좋습니다. 시각구조의 기본원리가 그렇게 말해줍니다. 이런 건 디자인 교과서에도 나오지 않습니다.

신문의 경우에도 글이 많거나 한눈에 볼 수 없는 것들은 오른쪽에 있어야 합니다. 그게 아니면 이유가 있어야 하고, 이유가 없다면 잘못된 것입니다. 한눈에 잘 보이는 이미지들은 왼쪽에 놓아야 합니다. 이것이 법칙입니다. 우리 뇌와 눈의 구조가 그렇게 되어 있기에, 개성적으로 하기 위해 그것을 거스른다는 것은 말이 안 됩니다. 이처럼 디자인은 장식이 아니고 삶입니다.

본다는 것은 삶의 모든 것이 융합되어 있는 현장입니다. 이걸 디자인, 영상문화, 영화 쪽의 담론으로만 몰아넣는 건 이제 그만해야 합니다. 본다는 것은 눈에 보이는 대로 보는 게 절대 아닙니다. 백문이 불여일견도 삶의 일부입니다.

뇌를 통해 여러분 마음속에 들어가기 때문에 움직이는 겁니다. 이걸 모르고 영화에서 주인공이 나와 말을 타면서 움직이는 것만 영상이라고 하는 건 잘못된 것입니다. 겉으로는 움직이지 않지만 실제로는 움직이는 것을 보고 있습니다. 왜냐하면 마음을 가지고 있기 때문입니다. 물리학적으로는 사실이 아닙니다. 마음속으로 정보가 들어가서 일으킨 시각심리학적인 작용입니다. 우리가 보는 것은 상식적으로 움직이는 것과 움직이지 않는 것을 기반으로 하지만 그것은 절대가 아닙니다. 시각적인 것 속에는 모든 것이 습합되고 융합되어 있으므로 보는 것에 대해 좀 더 넓게 생각할 필요가 있습니다.

디자인은 삶이기 때문에 안과용 눈만 갖고 살지 말기를 바랍니다. 시각을 신체 기관의 하나로만 생각하거나 자기가 보는 세상만 믿으면 안 됩니다. 디자인은 역사적으로 우리의 삶을 지배해왔습니다. 시각무의식이란 말이 있듯이 의도하지 않았는데 나의 의식으로 들어와 나를 지배하고 생각을 바꾸며 신체를 변화시키는 것이 시각입니다.

이미지에 문자가 나오면 반드시 의심해야 합니다. 문자는 아무리 작아도 강하므로 사진 위에 글을 함부로 쓰면 안 됩니다. 인간의 눈도 마찬가지입니다. 보는 것만, 관심 있는 것만 초점화되어 나한테 들어오는 것 같지만 주변의 것도 같이 들어옵니다. 이런 것들이 쌓여서 나중에 나를 흔드는데, 그게 바로 시각무의식입니다.

양말을 구두 위에 신으면 안 되겠지요. 오늘 양말을 구두 위에 신지 않았다고 굳이 말하지는 않습니다. 집은 무너지게 짓지 말라고 건축 책에서 굳이 얘기하지 않듯이 디자인은 삶이라고 하는 것은 상식이라는 사실을 기억하기를 바랍니다.

묻고 답하기

과거 박정희 정권이 장식, 미술, 포장으로 말한 게 디자인적으로 이데올로기화 되었다고 하셨습니다. 교수님도 이 시기에 공부하셨을 텐데 언제 그것이 아니라고 생각했고, 공부한 계기가 있는지 궁금합니다.

디자이너들은 주문이 오면 마다하면 안 되기 때문에 밤을 많이 새웁니다. 그렇게 살다가 40대 초반에 미셸 푸코와 관련된 책을 디자인했습니다. 책이 나와서 읽어 봤더니 한국말로 되어 있는데도 도무지 무슨 의미인지 알 수가 없었습니다. 읽어도 모르는 데서 오는 절망감을 느꼈습니다. 지금은 그럴 수 있다는 걸 이해하지만 그때는 충격이었고 세상과 디자인에 대해서 다시 생각하게 되는 계기가 되었습니다.

저는 시각디자인과 학생인데, 책을 만드는 걸 좋아하고 그쪽으로 꿈을 가지고 있습니다. 사람들은 흔히 디지털 시대가 되면서 책이 종말 할 것이라고 하는데 어떻게 생각하시는지 궁금합니다.

제가 디자인을 하겠다고 선언하고 어느 날 맞닥뜨린 문제가 바로 질문한 내용입니다. 지금부터 약 30년 전이었던 것 같습니다. 책을 만들고 싶어 디자인을 시작했는데 책이 끝난다니 다른 걸 배워야 하나? 스스로 고민했던 적이 있습니다. 그런데 책의 종말을 얘기하는 것은 '디자인은 장식이다'와 거의 맞먹는 수준의 은폐된 레토닉입니다.

책에 대한 오해 중의 하나는 책을 읽어야 한다는 것입니다. 책은 안 읽어도 됩니다. 책을 안 읽고도 행복한 삶을 살 수 있습니다. 왜 책만이 모든 걸 다 할 수 있다고 생각합니까. 이것은 조선시대가 남긴 유교문화의 소산입니다. 책은 삶에 필요한 도구이지 전칭적인 도구가 아닙니다.

그동안 책이 너무 많은 횡포를 부렸습니다. 출판과 책이라는 제도는 오랫동안 큰 권력을 갖고 책을 안 읽으면 마치 죄를 짓는 것만 같은 이데올로기를 만들어냈습니다. 책은 좋아하고 필요한 사람만 쓰고 보고 사용하면 됩니다. 거꾸로 얘기하면 영상문화의 길도 보고 싶은 사람, 배우고 싶은 사람만 가는데 책은 왜 누구나 봐야 합니까. 책 속에 길이 있다는 생각부터 바꿔야 합니다. 이런 생각을 바꿀수록 책은 더 오래도록 살아남습니다.

모든 사람이 읽어야 하는 책이 어디 있습니까? 불교를 믿는 사람이 성경을 읽어야 합니까? 어떻게 모든 사람이 책을 읽습니까. 저는 이것을 한국문화의 엄숙주의라는 말로 계속 써왔습니다. 출판 산업과 책의 문화는 다른데도 우리나라에서는 같다고 합니다. 책을 읽으라는 이데올로기의 가면을 알아차려야 합니다.

책을 만드는 사람은 출판업자인데 책을 공짜로 주지 않습니다. 책은 모든 사람이 읽어야 한다. 독서를 하지 않으면 사고를 못 한다는 말 속에는 책을 팔려는 의도가 담겨 있습니다. 책을 살 필요가 없으면 사지 않아도 되고, 볼 필요가 없으면 보지 않아도 됩니다.

앞으로의 문화는 책이 정말 필요한 사람에게서부터 살아날 것이고, 현재 살아나고 있습니다. 얼마 전 언리미티드 에디션(UNLIMITED EDITION)이라는 독립출판 행사에 다녀왔습니다. 책이 좋아서 만들고 나누려는 사람들의 행사였는데 사흘 동안 5만 명 이상의 젊은이들이 찾아왔습니다. 그런 독립출판 행위에 사람이 많이 오니 기존 출판사들이 부속 출판사들을 만들어 독립출판사인 척하면서 책을 판매하고 있다는 겁니다. 현실은 무섭습니다. 여러분이나 내가 생각하는 책과 자본주의의 상품으로 생각하는 책이 다르다는 사실을 착각하면 안 됩니다.

인간이 언어와 문자를 가지고 있는 한 책은 없어지지 않습니다. 그걸 담고 있는 그릇이니까요. 책의 죽음이라는 말을 만든 사람들에게 속으면 안 됩니다. 인간이 만든 것 중에 영원히 없어지지 않는 것 세 가지가 있습니다. 첫 번째, 숟가락입니다. 숟가락은 아무리 발전되어도 대체할 것이 없습니다. 두 번째, 바퀴입니다. 싫증난다고 네모가 되라고 할 수도 없죠. 세 번째가 책입니다.

한국에서 기적 같은 일은, 1인 출판사들이 많이 생겨나고 있다는 사실입니다. 한국문화의 가장 당당한 장면입니다. 책을 500권 정도만 판매해도 사는 데 지장이 없고 이 일을 함으로써 보람 있게 살기로 결심한 사람들이 많아지고 있습니다. 자기의 존재 이유를 찾는 사람들입니다. 소수이지만 그렇게 의미를 찾는 것이 중요합니다. 저는 개인적으로 '자유출판'이라고 이야기하고 싶습니다. 얼마나 당당합니까. 700권이 판매되면 그들끼리 축하하고 난리가 납니다. 그걸 보고 가슴이 절절했습니다.

사전적 용어를 찾아보면 디자인이라는 단어의 뜻이 '지시하다, 표현하다, 성취하다'라고 되어 있습니다. 어떤 디자인을 지시하고, 표현하고, 성취하고 싶은지요.

한글의 가능성을 표현해보고 싶습니다. 한글은 디자이너에게 밥을 먹여주는 중요한 도구인데 그동안 한글의 깊이와 넓이를 너무 몰랐고 소홀히 했습니다. 디자이너들은 자신의 생각을 직접 일을 해서 작품으로 만들어내지 않으면 믿지 않습니다. 그래서 저도 실천하고 있습니다.

무엇인가를 성취를 하고 싶다는 생각을 하며 살아오진 않았습니다. 굶어 죽지 않고, 하고 싶고 좋아하는 일만 하면 그 이상 바랄 게 뭐가 있을까 생각하며 살아왔습니다. 저도 성취하고 싶은 게 있습니다. 하지만 성취를 뒤집어 최소한의 수준을 생각하고 사는 것도 방법입니다. 성취를 희망으로 바꾸면 가능합니다.

언론에서는 선생님이 우리나라 북디자이너로서는 제일 높은 자리에 계시다고 합니다. 북디자이너로서 최종 목표가 있으신지요?

앞에서 주어진 것과 만들어진 것을 강조했는데 제 삶과도 관련이 있습니다. 저는 거의 주문생산을 하며 살아왔습니다. 10년 정도의 경력이 있는 디자이너들에게 자유롭게 네 멋대로 뭔가를 만들어내라고 하면 아무것도 하지 못합니다. 몸과 생각이 그렇게 틀로 짜여 있습니다. 그것을 깨기 위해 40대 중반에 인문학 독서를 했고, 디자인에 대한 생각을 바꿔야겠다고 다짐했습니다. 주문을 받으면 마음이 편하지만 주문받지 않고 스스로 생각한 무엇을 해보고 싶습니다. 디자이너라는 직업의 특징은 디자인된 물건을 안 보고 돈을 먼저 준다는 것입니다. 하지만 여러가지 일들을 계기로 나의 삶과 비전을 바꾸게 되었습니다. 돈에 상관없이 제가 하고 싶은 출판 작업을 하고 싶습니다. 너무 소박하고 당연한 것임에도 불구하고 이걸 생각하고 실천하는 데 굉장히 오랜 시간이 걸렸습니다.

정병규	삶은 디자인이다
이동철	**4차 산업혁명과 우리의 미래**
장문석	유럽 통합은 끝났는가?
김석근	동아시아의 미래를 읽다
김영수	조선건국의 기획자 '정도전'
신동원	한국의 과학과 문명
이용주	철학에서 배우는 "가치 있는 삶"
함성호	무에서 유를, 유에서 무를 보는 눈
박홍규	내 친구 톨스토이

이동철(李東哲)

고려대학교 철학과를 졸업하고, 같은 대학원에서 동양철학으로 석·박사 학위를 받았다. 태동고전연구소에서 한학(漢學)을 연수했다. 한국사상사연구소 연구원을 거쳐 현재 용인대학교 중국학과 교수로 있다. '고전(古典)과 미래(未來) 연구소' 소장으로 문헌학, 번역학, 정보학에 근거를 둔 동아시아 고전학(古典學)을 모색 중이다. 주요저서로 『지식인과 인문학』(공저) 『인간 동물 문화』(공저) 『한국학 사전 편찬의 현황』(공저) 등이 있으며, 옮긴 책으로 『중국을 움직인 30권의 책』(공역), 『유교사』(공역), 『장안의 봄』(공역), 『중국을 움직인 거인들』(공역), 『중국출판문화사』(공역), 『문사공구서개론(文史工具書槪論)』 등이 있다. 『세계 지식인 지도』, 『위대한 아시아』, 『21세기의 동양철학』 등의 기획에도 참여했다.

4차 산업혁명 시대에 청년들은 무엇을 준비해야하는가

알파고와 4차 산업혁명이 우리와 먼 이야기인 것 같지만 실질적으로 당장 우리들이 어떻게 살아가는가와 연관돼 있습니다. 보통 4차 산업혁명이라고만 얘기하는데, 사실 이것은 단순히 산업혁명의 한 단계가 아니라 인류문명이 크게 전환되는 과정입니다. 그렇다면 4차 산업혁명 시대에 '청년들은 무엇을 준비해야하는가'에 대해 이야기해보겠습니다.

최근 헬조선이라는 말이 나올 만큼 현실적으로 젊은이들이 매우 어렵습니다. 제가 대학을 다닐 때는 개인의 잘나고 못난 것을 떠나 대학생이라면 취업 걱정을 하지 않았습니다. 당시는 한국 경제가 고도성장의 국면에 있었고 대학생의 수도 적었기 때문입니다. 요즘은 단군 이래 최대 스펙을 쌓아도 그때에 비해 직업을 얻기가 너무나 힘듭니다. 동양철학의 기본 고전인 『주역』을 보면, "한계에 도달하면 변화하고, 변화하면 통하게 된다"는 말이 있습니다. 여러 분은 현재 세상이 힘들고 숨이 막힌다고 생각되겠지만, 저는 우리 시대가 지니는 거대한 전환의 가능성을 여러 가지 측면에서 보고 있습니다.

저는 현재 개인 장서로 6만 5천 권 정도를 갖고 있으며 20년 동안 6

천 시간 이상 인터넷으로 정보를 검색하였습니다. 이를 통해 보이는 게 있었습니다. 대단하진 않지만 제가 본 것들을 중심으로 청년들이 앞으로 어떻게 살아가야 할지에 대해 말씀드리고자 합니다.

기起: "들어가며"

한국 사회의 3대 위기

현재 한국 사회는 세 가지 큰 위기를 맞고 있습니다. 첫 번째 위기는 "나는 누구인가"에 대한 무관심과 몰지각입니다. 요즘 청년들이 겪는 위기의 궁극적 원인은 '나는 누구인가'에 대한 질문에 무관심하다는 것에 있습니다. 내가 누군지에 대한 자각이 필요합니다. 나아가 우리 사회도 한국인이 누구이며 한국문화는 어떤 것인가에 대한 질문과 대답, 즉 정체성의 자각이 필요합니다.

두 번째 위기는 '위대해지는 것에 대한 불안과 공포'입니다. 누구나 위대해질 수 있습니다. 한국 안에서뿐만 아니라 전 세계적으로 위대해질 수 있습니다. 한국의 연예인이 세계적으로 잘 나가는 이유는 유명하지 않으면 살아남기 힘들기에 어디서든 살아남기 위해 치열하게 살아가기 때문입니다.

세 번째 위기는 애매하고 복합적인 문제들과 해결 주체의 부재입니다. 우리가 부딪치는 문제들에는 마치 남녀가 썸타는 것처럼 애매한 문제들이 많습니다. 문제인 듯 문제 아닌 듯한 것들을 우리는 일상에서 늘 만납니다. 왜냐하면 지금 인류는 역사의 양적, 질적 변화 시점에 와 있기 때문입니다. 모든 변화와 전환은 전체 과정이 끝나야 비로소 그것이 무엇이었는지 알 수 있습니다. 르네상스 시대의 예술가들은 자기들이 르네상스 시대에 살고 있다고 생각한 사람이 아무도 없었고, 누구도 그렇게 대우하지도 않았습니다. 르네상스의 주역인 다빈치, 미켈란젤로 등의 인물들도 환쟁이, 조각쟁이일 뿐이었습니다. 또한 현 상황의 위기에 대한 해결 주체가 없기에 결국 여러분들이 해결해야 합니다. 자본주의와 산업혁명 이래 경제와 산업을 비롯한 많은 분야는 단순한 논리에 의해 돌아갔습니다. 그러나 지금의 시대는 그런 단순한 논리로는 이해하거나 해석할 수 없습니다. 그래서 청년들에게 좀 더 힘든 과제가 주어진 것입니다.

인생의 궁극 과제

어떤 시대를 막론하고 인간의 궁극적 과제는 다음의 세 가지입니다. '나는 누구인가, 우리는 어디에 있는가, 무엇을 해야 하는가.' 구글, 네이버, 바이두 등의 검색 사이트들도 이에 대한 정답을 가르쳐주지 않습니다. 네이버 지식인에 물어도 내가 누군지 알려주지 않기 때문에 그것을 아는 것이 출발점입니다.

승承: "알파고와 4차 산업혁명"

인공지능과 알파고

인공지능은 인간이 머리를 써서 해야 할 일을 기계가 하도록 합니다. 모라벡의 역설(Moravec's Paradox)이 강조하듯이 인간에게 쉬운 것은 인공지능에게 어렵고, 인간에게 어려운 것은 인공지능에게 쉽습니다. 인공지능은 약한 인공지능과 강한 인공지능으로 단계가 구별됩니다. 현재는 사람이 시키는 일, 사람이 정해놓은 일만 하는 약한(weak) 인공지능의 단계입니다. 장래에는 자의식을 가지고 더 많은 일을 할 수 있는 강한(strong) 인공지능이 나오겠지만 빠른 시일 내에 오지는 않을 것이라고 생각합니다.

이세돌과 바둑대결을 한 알파고 때문에 친숙해진 인공지능은, 1956년 다트머스대학 회의에서 시작되었습니다. 처음엔 사람처럼 아기에서 성인이 될 때까지 키울 수 있게 만들려고 했는데, 이후 특정분야를 잘하는 방식으로 바뀌었습니다. 최근엔 체스, 퀴즈, 포커 등 인간과 인공지능이 많은 대결을 하고 있습니다. 바둑은 굉장히 복잡한 수이지만 제한된 범위 안에서 일어나는 일입니다. 따라서 방대한 양의 빅데이터(Big Data)를 갖고 데이터 속 패턴 인식과 자기 학습이 가능한 딥러닝(Deep Learning) 기능을 지닌 인공지능에게는 그다지 어려운 문제가 아닙니다.

심각한 것은 인공지능의 발전에 의해 발생되는 미래의 직업 문제 입니다. 2차 산업혁명으로 인해 노동자들이 사라졌고, 3차 정보혁명에서는 사무직이 사라졌습니다. 이제 4차 산업혁명에서 인공지능이 빅데이터와 딥러닝으로 무장하니 전문직이 없어지고 있습니다. 지금까지 인간은 노동자에서 사무직, 사무직에서 전문가로 변모했는데 아무리 변신해도 계속 쫓아오고 있으니 우리는 긴장해야 합니다.

4차 산업혁명

4차 산업혁명은 사이버 물리시스템 기반으로 유연한 생산이 가능한 체계입니다. 사물인터넷, 3D 프린팅, 빅데이터 기술 등을 생산 현장에 접목하면 생산 방식에 근본적 변화를 일으킬 수 있습니다. 참고로 리프킨의 『3차 산업혁명』을 보면 산업혁명을 '새로운 에너지 체계와 새로운 커뮤니케이션의 접목'으로 정의하고 있습니다. 그에 의하면, 1차 산업혁명은 18세기 후반에 시작되어 농업사회에서 공업사회로 발전하며 면직물 공업과 제철 공업 분야의 혁신을 핵심 과제로 삼습니다. 아울러 석탄과 철을 주 연료로 하며 인쇄의 발달, 대중의 읽기·쓰기 능력 향상과 공장중심의 경제 운영이 체계화됩니다. 2차 산업혁명은 1865년부터 1900년까지로 20세기 초반입니다. 화학, 전기, 석유, 철강 분야에서 기술 혁신이 이루어지고 산업의 중심이 경공업에서 중화학 공업으로 전환됩니다. 석유를 동력으로 한 내연 기관의 발달로 전기 커뮤니케이션이 가능해지면서 공장은 전기화되고 자동차가 탄생합니다. 3차 산업혁명은 1970년 이후로, 재생에너지로의 전환, 모든 건물의 미니 발전소로 변형, 수소 저장 기술의 개발, 전력의 공유, 자동차의 혁신이라는 다섯 가지 키워드로 정리할 수 있습니다. 리프킨의 '3차 산업혁명론'은 현재 말하는 3차 산업혁명과 4차 산업혁명을 함께 언급하는 것이라고 할 수 있습니다.

이와 달리 오늘날은 일반적으로 3차 산업혁명과 4차 산업혁명을 구분합니다. 3차 산업혁명에서는 전자기기, ICT 혁명이 일어났고 인터넷 등으로 커뮤니케이션 방식이 변했습니다. 생산방식은 부분적으로 자동화가 이루어졌습니다. 4차 산업혁명은 ICT와 제조업이 융합되고, 사물

인터넷이 등장합니다. 나아가 기계가 스스로 생산을 통제하는 시대입니다. 4차 산업혁명은 여러분에게도 이미 익숙합니다. 매스컴에 많이 나오는 무인운송수단, 무인자동차, 드론, 사물인터넷 등이 모두 4차 산업혁명에 의한 것입니다. 광고에서 보는 것처럼 집주인이 나가면 집에서 기계가 스스로 가스불을 끄는 것 등을 예로 들 수 있습니다. 이처럼 4차 산업혁명으로 생활, 산업 나아가 문명의 양식이 바뀌고 있습니다.

전轉: "인류사의 전개와 제4차 문명혁명"

인류사의 전개

기존의 문명론은 농업혁명, 산업혁명, 정보혁명의 순으로 전개되는 것이었습니다. 그런데 최근 『사피엔스』라는 책에서 유발 하라리는 3만 ~ 7만 년 전에 인지혁명이 먼저 이루어졌다고 주장합니다. 그 후 '정복자'사피엔스가 등장하는 농업혁명이 이어지고, '무지(Ignorance)의 혁명' 인 과학혁명은 지금도 시행되는 단계라고 했습니다. 그의 주장은 나름의 타당성을 지니지만, 서구적 오만과 편견이라는 한계도 분명합니다. 예를 들어, 왜 사람에게 언어와 사고가 생겼는지의 문제에 대해 하라리는 원인이 미지의 세계(우연)라고 했습니다. 반면, 동아시아에서는 인간이 직립을 했기 때문이라고 합니다. 동아시아의 인간론은 직립혁명입니다. 식물은 도립, 동물은 횡립, 인간은 직립합니다. 인간은 직립하기에 천기(陽氣)와 지기(陰氣)가 소통합니다. 즉, 천지의 중심이자 만물의 영장인 인간은 예禮(인륜)의 세계를 천하와 지상에서 구현하고자 합니다.

또 하라리는 과학혁명을 서양으로 제한합니다. 서양의 4대 발명이라고 하는 화약, 인쇄, 종이, 나침반은 동서 교류의 산물입니다. 인쇄와 종이는 한국과도 관련이 있습니다. 따라서 우리나라는 세계 4대 발명의 절반에 관하여 나름의 지분을 갖고 있습니다. 현재 한국이 정보통신기술의 선구자 역할을 하는 것에는 이런 역사적 배경이 있습니다. 그리고 계몽주의 또한 마테오 리치 등 명말청초의 선교사에 의해 유럽에 전파된 중국의 근세 유학에서 강하게 영향을 받았던 것입니다. 하라리의 역사관에는 이에 대한 의식과 인식이 결여되어 있습니다. 이러한 서구적 편견과 한계는 인류가 당면한 위기의 본질적 원인이기도 합니다. 현재 동아시아에 살고 있는 우리도 생활과 의식의 많은 측면이 서양화되어 있어서 그런 편견에서 벗어나기가 쉽지 않습니다.

산업혁명과 세계사, 문명혁명

산업혁명의 전개를 논할 때, 대부분 서구 중심적으로 파악하는 데 이를 세계사적 과정으로 이해할 필요가 있습니다. 1차 산업혁명 때 서양에서 자본주의가 태동합니다. 자본주의는 인류 역사상 유래가 없는 체제입니다. 신(新) 체제의 성립으로 기존의 구(舊) 문명들이 붕괴되었습니다. 20세기 초반의 2차 산업혁명에서 자본주의와 상대적인 사회주의가 등장합니다. 이 단계에서 기존의 문명들은 해체됩니다. 보편성이 강조되어 이슬람과 같은 전통 종교가 탄압받았습니다. 3차 정보화혁명으로 양극 체제가 붕괴되고 문명은 회복됩니다. 사회주의의 몰락으로 전통주의가 복권되며 이슬람도 다시 성행했으며, 중국의 경우 개혁, 개방 이후 유교가 다시 재조명되어 부활했습니다.

4차 산업혁명은 현재 진행 중으로 양 체제의 융합이 이루어져 공존하게 될 것입니다. 집을 공유하는 에어 비앤비나 자동차를 공유하는 우버의 등장처럼, 개인의 소유는 인정하지만 그것을 타인과 공유하는 시스템이 각광을 받고 있습니다. 공유는 공과 사의 대비를 넘어서는 양자의 종합 혹은 극복이라고 할 수 있습니다. 공유 경제가 가장 활발한 곳이 중국인데 여기에는 사회주의의 영향이 강하게 작용합니다.

4차 산업혁명이 가져올 문명혁명의 주요 특징으로 크게 여성화, 고령화, 종교화, 중국화를 들 수가 있습니다. 부드러움과 연약함의 재발견으로 여성적 가치가 부흥하고, 인구 구조의 질적 변화로 고령화가 진행되고 있습니다. 모든 문명은 종교와 밀접히 관계가 있는데, 현재의 인류사회를 보면 특정 문명이 우월하기보다는 각각의 주체들이 목소리를 내고 있습니다. 이제는 미국이 유일한 중심이 아니라 인도, 중국 등 여러 나라에서 자신들의 주장을 하고 있으며 이는 주목할 만한 변화입니다. 또한 이젠 서세동점(西勢東漸)이 종언을 고하고 있으며 동아시아적 가치가 부흥하고 있습니다.

결結: "나오면서"

알파고와 같은 인공지능의 시대가 도래한 현재는 지금까지 사람들이 상식으로 여겼던 것과 다르게 세계를 구성해갈 수밖에 없습니다. 현재 전 세계적으로 스마트폰 시장의 강자인 삼성이지만 90년대 초반만 해도 미국에서의 이미지는 오늘날의 중국 제품과 큰 차이가 없었습니다. 당시 대다수의 사람들은 삼성이 일본의 소니를 이기는 것은 현실적으로 불가능하다고 생각했습니다. 그런데 왜 소니는 지고 삼성은 일어났을까요? 그 이유는 판이 바뀌었기 때문입니다. 아날로그에서 디지털로 바뀌었을 때 그 흐름을 잘 타고 간 것입니다. 상당히 흥미로운 점은 한국의 역사를 살펴보면 우리나라 사람들은 판이 바뀔 때 잘 들어간다는 것입니다. 이 판이 바뀌는 시기에 한국인들은 대단히 중요한 일들을 많이 해냈습니다.

얼마 전 에너지 자립형 마을을 건설하는 프로젝트를 진행하는 분의 강연을 들었습니다. 지금까지 산업혁명을 지나오면서 국가가 점점 커졌지만 재해를 막는 것에는 한계가 있었습니다. 현재 전기의 주 공급체는 원자력이기 때문에, 지진이 일어났을 때 가장 큰 문제는 원전입니다. 그래서 이 분은 에코시스템에 의한 자급자족형 마을 모델을 만들자는 제안을 했습니다. 집집마다 태양열판을 두면 안전하게 전기를 사용할 수 있습니다.

더 중요한 것은, 통일은 대박이라는 것입니다. 젊은 사람들은 북한이 짐이 된다고 통일에 대해 부정적으로 생각합니다. 그런데 제가 오랫동안 고민해보니 짐이 아니라 힘이 될 듯합니다.

세계적으로, 3차 산업혁명인 정보화라고 하는 것은 여러 면에서 불리한 점이 많습니다. 노동자들이 디지털과 인터넷 혁명 이후 전 세계 노동자들과 싸우게 되었습니다. 내가 쉬는 틈에 시차가 있는 다른 나라에서 노동이 가능하니까요. 어떤 점에서는 우리나라가 정보혁명에 필요한 인프라가 잘 갖춰진 것임은 틀림없습니다.

자동차는 처음에 전기로도 움직였습니다. 하지만 석유회사의 압력으로 연료가 전기에서 석유로 바뀌었고 지금까지 이어지고 있습니다. 지금도 석유 자동차가 주류입니다. 제가 6천 시간 동안 인터넷을 돌아다녀 보니 국제정세에서 가장 중요한 것은 석유입니다. 이라크 전쟁도 간단합니다. 후세인이 석유를 갖고 있는데 그것을 판 돈을 유로(Euro)로 받겠다고 했습니다. 이에 화가 난 미국이 쳐들어갔고 이라크에서 실직한 사람들이 IS를 만들었습니다. 지금 전기 자동차를 바로 실현하지 못하는 이유는 석유 자동차를 팔아서 이익을 얻는 사람이 많기 때문입니다. 이 때문에 4차 산업혁명의 가장 적합한 후보는 북한이라고 생각합니다. 북한은 가진 것이 없기 때문입니다. 북한에 작은 에코마을 같은 걸 만들어서 실현해나가면 에너지 문제가 해결됩니다.

공부론

지금 여러분은 뭘 공부해야 할까요? 크게 네 가지를 말하고자 합니다. 독서, 매체, 현장, 인맥입니다. 먼저 가장 중요한 게 독서입니다. 독서가 위기 해결의 계기가 될 수 있습니다. 시대와 계열을 넘나들며 폭넓게 독서한다면 자아 완성의 초석을 다지고 문제 인식과 해법의 모색이 가능할 것입니다. 다음으로 신문과 잡지, SNS 등의 매체도 4차 산업혁명과 밀접히 연관돼 있기에 꾸준히 본다면 도움이 됩니다. 무엇보다 각종 강연회, 전시회 등 현장을 자주 다녀보세요.

마지막으로 인맥의 문제를 생각해 봅니다. 인간의 성장은 인간과의 만남을 통해 가능합니다. 여러 분이 만나는 사람, 만나야 할 사람은 은인, 귀인, 기인입니다. 은인(恩人)은 내가 알던 사람이 나에게 도움 주는 것으로 부모, 선생님 등도 은인이 될 수 있습니다. 귀인(貴人)은 내가 모르는 사람이 나를 도와주는 것입니다. 모르는 사람이 나를 도와주게 하려면 내가 먼저 모르는 사람을 도와줘야 합니다. 기인(其人)은 특정 영역의 중심이 되는 인물입니다. 따라서 자신의 발전에 핵심이 되는 사람입니다.

4차 산업혁명에서는 무엇보다 플랫폼이 중요합니다. 판을 까는 사람이 승자가 됩니다. 판을 깔려면 개방하고 공유해야 합니다. 이제 나 혼자 잘난 것은 의미가 없습니다. 상대를 배려해야 합니다. 감사할 줄 모르면 감사할 일이 생기지 않습니다.

주체와 세계

이 세상을 바꿀 수 있는 주체는 지금 여기에 있는 바로 당신입니다. 젊음이란 무한한 가능성을 지니고 있습니다. 그 가능성이란 여러분이 많은 것을 갖지 못했기 때문에 존재하는 것입니다. 세계적인 부자가 된 알리바바의 마윈은 기술이 없으면 남의 기술을, 자본이 없으면 남의 자본을 활용하면 된다고 합니다. 나아가 자기에게 오는 돈이 자기 돈이 아니라는 것을 압니다. 오늘의 여러분은 미약하지만, 목표를 향해 강한 의지를 갖고 끝까지 나아간다면 내일의 여러분은 위대해질 것입니다.

빅데이터는 굉장히 중요하지만 빅데이터보다 더 중요한 것은 딥데이터이기도 합니다. 빌게이츠도 명상을 자주 한다고 합니다. 정보가 과다한 시대에 무(無)의 영역도 우리에게 꼭 필요합니다.

묻고 답하기

북한과 통일하기를 원하세요?

통일해야 한다고 생각합니다. 흡수통일 말고요. 한국은 잠재력이 있습니다. 3차 산업혁명의 정보화를 통해 선진국으로 도약할 수 있었습니다. 그러나 이를 더 넘어서지 못한 이유는 기존의 세력이 세서 그렇습니다. 아울러 북한을 도와주는 것이 아니고 같이 가는 것이 중요합니다. 4차 산업혁명을 이야기하면서 장밋빛 미래를 이야기하지만, 문제도 많습니다. 보다 구체적인 그림을 그려야 합니다. 예컨대 중국은 90년대에 근대화되면서 도시 사업화를 진행했습니다. 1억 명이 농촌에서 빠져나오면 100만 명이 살 수 있는 100개의 도시가 생깁니다. 도시를 생태적이고 자급자족할 수 있는 모습으로 만들면 그것만으로도 어마어마하게 잘 살 수 있습니다.

미국과 중국이 그 시장을 갖고 가지 않을까요?

중국과 미국은 이런 실험을 하기에는 너무 큽니다. 미국, 중국보다 남한이 정보화에 능통할 수 있었던 이유는 규모가 적당하기 때문입니다.

4차 산업혁명의 문제 중 고령화를 말씀하셨는데 노인들과 관련해 무슨 일을 할 수 있을까요?

현재의 사회현상이나 통계를 보면 미래는, 노인들이 다수를 차지하는 사회가 될 것입니다. 65세 이상이 인구의 7% 이상이면 고령화 사회, 14%는 고령 사회, 20%가 되면 초고령 사회가 됩니다. 대한민국에서 제일 살기 힘든 주체가 노인과 여성입니다. 자신의 전공하고 관련해 이런 것들을 어떤 식으로 풀어낼 수 있는가를 생각해 보면 좋을 것 같습니다. 문제가 있는 곳엔 기회가 있습니다.

4차 산업혁명의 또 다른 특징으로 여성화를 말씀하셨는데, 사회가 여성화가 되면 남성들은 어떻게 하나요?

여성화가 진행된다는 것은 여성이 제 몫을 차지하는 것입니다. 그러면 남성도 편해집니다. 여성이 잘 살지 못하면 남성들은 그만큼 짐을 더 짊어지게 됩니다. 요즘 사람들이 연애를 못하는 것도 이런 이유입니다.

종교가 세상을 더 어렵게 만든다고 하셨는데 종교 없는 세상을 만드는 것은 어떻게 생각하시나요?

세상엔 기독교뿐만 아니라 다양한 종교가 존재합니다. 유불도만 이야기하지만 중국도 당나라부터 기독교와 이슬람이 있었습니다. 종교는 다양한 삶의 측면을 보여줍니다. 인공지능은 아무리 뛰어나도 신앙인이 될 수는 없습니다. 그러나 과학자는 동시에 신앙인도 될 수 있습니다.

한국 역사의 특징은 판을 잘 짜고 기회를 잘 잡는다고 하셨는데, 그렇다면 4차 문명 혁명에서 한국적 가치가 어떤 역할을 할 수 있을까요?

홍익인간의 정신을 잘 아실 겁니다. 『맹자』에는'선국(善國)', 착한 나라, 좋은 나라가 나오는데 퇴계 선생시절부터 우리나라가 선국이라고 했습니다. 도덕적으로 올바르고 사회적으로 복지가 있는 나라라는 뜻입니다.

김주윤('닷 워치' 대표)이라는 젊은 친구는 세계 최초로 시각장애인을 위한 스마트 워치를 만든 사람입니다. 고등학교 졸업 후 창업을 배우기 위해 미국으로 유학을 가서 여러 가지 일을 하던 중, 친구 따라 교회에 갔다고 합니다. 거기서 엄청나게 큰 맹인용 점자 성경책을 보게 됐고 그런 세계가 있다는 것을 알게 되었습니다. 통계를 보면 전 세계적으로 맹인 비율이 높습니다. 그 후 한국에 와서 연구를 거듭한 끝에 경시대회에서 상을 받으며 신제품을 만들었습니다. 시각장애인용 스마트 워치를 개발할 때 돈을 먼저 생각했다면 안 됐을 것입니다. 사람들이 왜 이렇게 불편하게 살아야 할까, 어떻게 하면 개선할 수 있을까의 관점으로 접근해서 오히려 커다란 시장이 열렸습니다. 지금 그가 만든 회사는 전 세계 언론이 주목하고 있으며 현재는 구글과 같이 일을 하고 있습니다. 한국 사회가 대단히 힘들다고 생각합니다. 그런데 자세히 보면 사회 구석에서 새로운 것을 만들어낸 사람이 많습니다. 남들이 안 된다고 생각하는 것들을 해보세요. 오히려 여러분께 기회가 있습니다.

좋다는 의미는 무엇인가요?

도덕적으로 올바른 매력국가입니다. 도덕성 다음은 매력의 문제입니다. 인공지능의 능력은 인간이 따라갈 수 없지만 매력의 문제에서는 인간이 월등합니다.

나라의 적당한 규모를 말씀하셨는데, 풀리지 않는 부분이 있습니다. 노인이 많은 건 좋은데 노인들이 인터넷하고 일도 하면서 세상의 대부분이 된다면 어떻게 될까요? 노인이 많다는 것과 4차 산업혁명 주체의 관계에 대해 어떻게 생각하시나요?

문제는 현실적으로 인구 구조가 바뀐다는 것입니다. 고령화 문제는 복잡합니다. 이런 문제를 이야기한 이유는 여러분의 전공과 관련해 모든 문제를 노인과 연결시켜 볼 필요가 있기 때문입니다. 태권도 도장은 지금까지 아이들을 대상으로 먹고 살았는데 노인들과 관련해서 프로그램을 짠다던지 하는 등 사고방식의 변화가 필요합니다.

책을 6만권이나 소장하게 된 계기는 무엇인가요?

저는 호기심이 많습니다. 그 호기심을 채울 수 있는 방법 중 현실적으로 가장 효율적이고 효과적인 게 책을 모으는 것이었습니다.

삼성이 소니를 넘어설 수 있었던 것은 판이 바뀔 때 잘 들어갔기 때문이라고 하셨는데 삼성이 그때 했던 일 중 중요한 것은 무엇일까요?

소니는 성공해서 안주한 결과 아날로그 세계에 머물러 있었죠. 그런데 삼성은 과감하게 디지털로 넘어갔습니다. 판이 바뀔 때 먼저 도전한 것입니다. 과감한 도전과 용기가 있었기에 가능했습니다.

한국 사람은 한편으론 이성적으로 생각하면서도 다른 한편으론 비합리적인 것들을 추구합니다. 그러기에 세계적으로 한국만큼 여러 종교가 있으면서도 종교적 갈등이 없는 곳이 매우 드물다고 할 수 있습니다. 이런 독특한 신념이 심성의 저변에 있습니다.

동아시아의 질서에서 일본은 어떻게 될까요?

한국은 동아시아에서 중국과 일본의 중재 역할을 해야 합니다. 영어만 강조하는데 일본어도 하는 게 좋습니다. 한국 사람이 봐도 중국 사람은 거친 점이 많고 일본사람은 답답합니다. 그러니 일본에서 중국을 보면 인간적으로 이해와 공감이 어렵습니다. 중국도 마찬가지입니다. 이 사이에서 중재자의 역할을 한국이 해야 합니다.

관상을 잘 보신다고 했는데, 저는 공부를 잘 할까요?

공부는 학술적인 것과 그 외의 분야 두 가지가 있는데, 앞으로 어떤 분야에서도 공부하지 않으면 살아남을 수 없습니다. 그래서 대학에서 필요한 것은 무엇을 배울 능력을 익히는 것입니다. 대학이 어떤 걸 가르쳐준다고 생각하는데 이것은 잘못입니다. 대학에서 교수와 학생들은 가르쳐주고 배워가야 한다고 생각할 것이 아니라 배울 능력과 그것을 실험해보는 것이 여러분들이 할 일입니다. 큰 판이 바뀔 때는 단순 노력만으로는 안 됩니다.

앞으로 전문직도 사라질 것이라고 하셨는데 이제 먹고 살기 위해 무엇을 어떻게 해야 하나요?

누군가 천국과 지옥에 방문한 적이 있습니다. 지옥에 가봤는데 환경이 좋았습니다. 나무가 우거지고 식사시간에 보니까 좋은 음식이 많았습니다. 그런데 사람들이 앉아서 밥을 먹으려고 하지만 식탁이 2미터나 되고 젓가락이 엄청 길어 먹지 못했습니다. 손으로 먹으려고 하니 음식 위에 전류가 흘러서 젓가락으로만 먹을 수 있었습니다. 말 그대로 그림의 떡이었습니다. 다시 천국에 갔는데 환경은 똑같았습니다. 식사시간에도 똑같은 테이블에서 똑같은 밥이 나왔습니다. 그런데 젓가락으로 맞은편의 상대에게 서로 먹여줬습니다. 나만 먹으려면 못 먹지만, 상대를 배려하면 먹을 수 있으니 그것이 상생입니다.

이게 난점입니다. 직업이 어떤 식으로 없어질 것인가에 대해 생각해 보면 몇 가지 방법이 있습니다. 직업이 필요 없는 세상이 되거나 인공지능으로 직업을 만들면 됩니다. 생각하고 데이터를 수집해서 필요한 것을 만들면 됩니다. 대단히 중요한 것은 우리가 이제 능력이 필요 없는 게 아니라 능력 못지않게 매력도 중요하다는 것입니다.

의대, 법대가 인기가 좋지만 앞으로 그런 시대는 지나갈 것입니다. 인공지능이 판결문 같은 것을 더 잘 쓸 수 있으므로 그 분야에서 인간의 영역은 점차 사라질 것입니다. 그렇다면 여러분에게 중요한 것은 큰 기회를 만들어 가는 것입니다. 그것은 상대를 생각할 때 가능합니다. 자본주의 논리 말고 거꾸로 상대를 배려하고 존중해서 어떤 길로 갈 것인지 스스로 고민해야 합니다.

스펙은 중요하지 않습니다. 앞으로의 미래에 대해 공부하세요. 개방하고 존중하며 상대에게 이익을 주려고 하세요. 그것이 다시 나에게 분명히 돌아옵니다. 인류 역사적으로 보면 그렇습니다. 남을 통해 거꾸로 제 모습을 찾아간다고 생각하기를 바랍니다.

정병규	삶은 디자인이다
이동철	알파고와 협업하는 인간은 무엇인가: 4차 산업혁명과 우리의 미래
장문석	**유럽 통합은 끝났는가?**
김석근	동아시아의 미래를 읽다
김영수	조선건국의 기획자 '정도전'
신동원	한국의 과학과 문명
이용주	철학에서 배우는 "가치 있는 삶"
함성호	무에서 유를, 유에서 무를 보는 눈
박홍규	내 친구 톨스토이

장문석

서울대학교 서양사학과를 졸업하고 동대학원에서 석사와 박사 학위를 받았다. 영남대학교 역사학과 교수를 거쳐 현재 서울대학교 서양사학과 교수로 재직 중이다. 이탈리아를 중심으로 유럽 현대사를 연구하고 있다. 저서로 『민족주의 길들이기』, 『피아트와 파시즘』, 『파시즘』, 『민족주의』, 『근대정신은 어떻게 탄생했을까?』. 『국부의 조건』(2인 공저), 『자본주의 길들이기』 등이 있고, 역서로 『만들어진 전통』(2인 공역), 『제국의 지배』, 『래디컬 스페이스』, 『스페인 은의 세계사』, 『현대 유럽의 역사』, 『파시즘의 서곡, 단눈치오』, 『인간의 어리석음에 관한 법칙』 등이 있다.

들어가며

유럽 통합은 끝났는가? 이 단도직입적인 질문에 대답하기란 쉽지 않습니다. 이 질문은 결코 퀴즈가 아닙니다. 바꿔 말해, 이 질문에 대해 단지 유럽 통합은 '끝났다' 혹은 '끝나지 않았다'라는 식의 O/X로 대답할 수는 없다는 말입니다. 이번 강의에서는 O와 X 사이에 존재하는 복잡한 해답을 추구하고자 합니다. 역사를 공부하는 사람들은 미래가 어떻게 될 것인지 예측하는 것을 좋아하지 않습니다. 미래에 대한 예측은 점술가나 예언가에게 맡기는 것이 좋을 듯합니다. 역사가는 미래를 예측하기보다는 미래를 이해하기 위해 그것이 유래하는 과거를 돌아보고 올바르게 파악하고자 합니다. 그렇다면 유럽 통합의 과거를 살펴봄으로써 미래가 어떻게 될 것인지 신중하게 추론해보겠습니다.

'유럽'의 기원

먼저 유럽(Europe)의 어원을 살펴볼 필요가 있습니다. 그리스 신화에서 페니키아의 공주 이름이 에우로페(Europe)였습니다. 페니키아는 동지

중해 연안에 있었습니다. 이 지역은 레반트(Levant)라고도 하는데요, 오늘날 시리아나 레바논 근처입니다. 이곳에 해상 민족으로 유명한 페니키아인들이 살고 있었습니다. 이들이 사용한 표음 문자가 알파벳의 기원이 되기도 했지요. 페니키아의 공주 에우로페는 아주 아름다웠다고 합니다. 신들 중의 신이요, 호색한이었던 제우스는 에우로페를 보고 한눈에 반했고 황소로 변해 에우로페를 태우고 서쪽으로 도망쳤습니다. 한 마디로 납치, 유괴한 셈입니다. 제우스에 실려 에우로페가 간 서쪽이 크레타 섬이고 그곳이 바로 유럽(에우로페)입니다. 동쪽에서 서쪽으로 간 것이죠. 유로화 동전에도 황소로 변한 제우스가 에우로페를 태우고 유럽으로 가는 모습이 새겨져 있습니다.

이 신화를 통해 두 가지를 확인할 수 있습니다. 하나는 유럽은 서쪽에 있다는 것입니다. 다른 하나는 서쪽은 원래 동쪽에서 유래했다는 것입니다. "문명의 빛은 동방(Orient)으로부터"라는 말도 있습니다. 물론 유럽 문명이 오리엔트에서 시작되었다고 하더라고 유럽은 자신만의 독자적인 문화를 발전시켜나갔습니다.

에우로페를 태우고 서쪽으로 향하는 제우스(황소)

출처: Wikimedia Commons

에우로페를 태우고 서쪽으로 향하는 제우스(황소)
출처: Wikimedia Commons

그 다음으로 신화적인 측면 말고 역사적인 측면에서 유럽이 어떤 의미가 있는지 살펴볼 필요가 있겠습니다. 일찍이 "역사학의 아버지"라고 불리는 그리스 역사가 헤로도토스는 『역사』(Historiae)에서 이 세상을 유럽, 리비아, 아시아로 분류한 바 있습니다. 그리고 세 대륙의 중앙에 그리스가 있다고 생각했습니다. 헤로도토스는 그리스 역사가이기 때문에 그리 생각했겠지요. 그리스의 북쪽에는 유럽, 남쪽에는 오늘날의 아프리카에 해당하는 리비아, 동쪽에는 아시아가 있다고 봤습니다. 전형적인 그리스 중심의 세계관임을 알 수 있습니다.

여기에서 북쪽 지방을 유럽으로 표현한 것은 의미심장합니다. 이때까지만 하더라도 유럽은 그리스인의 입장에서는 야만의 땅이었습니다. 그리스인들은 야만인들을 가리켜 도통 알아들을 수 없는 말을 사용하는 사람들이라는 뜻에서 '바르바로이(barbaroi)'라고 했습니다. 요컨대 헤로도토스의 시대만 하더라도 유럽은 특정한 사회적·경제적·문화적 내용이 없고 지리적 명칭에 불과했던 것입니다. 그러다가 복잡한 역사 과정을 단지 거치며 유럽이 특정한 의미를 부여받게 되었습니다.

유럽의 '호명'

장구한 유럽의 발전 과정에서 '유럽'이 호명되고 사유되는 특정한 역사적 맥락이 확인됩니다. 언제, 어떤 시점에 '유럽'이 호명되는지를 보면 대단히 흥미롭습니다. 크게 세 가지로 분류할 수 있는데, 첫 번째는 외부로부터 오는 위협을 느껴 공동의 소속감을 형성할 때입니다. 두 번째는 비유럽 지역을 여행하거나 비유럽 지역에 대한 정보를 듣고 자신의 문명과 비교해보며 유럽인의 능력이 뛰어나다고 인식할 때 나오는 문명적 우월감에서 유럽이라는 말이 호명되었습니다. 세 번째는 대륙 내부의 분쟁과 분열로부터 평화와 안보의 필요성이라는 문제의식이 제기되었을 때입니다. 이렇게 보면 외부의 위협을 받을 때, 문명적 우월감을 느낄 때, 내부의 분열이 위기의식으로 전환될 때 '유럽'이 등장했습니다.

첫째, 외적 위협을 느낄 때 '유럽'이 어떤 방식으로 등장하는지 보도록 하겠습니다. 대표적인 사례가 1453년의 콘스탄티노플의 함락입니다. 그 당시 오스만 제국의 공격을 받고 콘스탄티노플이 함락되며 비잔티움 제국이 멸망하게 됩니다. 당시 비잔티움 제국은 로마 제국의 법통을 이어받아 유럽 기독교 세계의 방파제 역할을 하고 있었습니다. 이 비잔티움 제국이 오스만 제국의 공격을 받고 수도인 콘스탄티노플이 함락당해 멸망하는 충격적인 사태가 벌어진 겁니다. 이렇게 되면서 유럽의 많은 지식인들이 이러다가 유럽도 이슬람화되는 것이 아닌가 하는, 실로 엄청난 위협을 느끼게 됩니다. 가령 이탈리아의 유명한 시인인 루도비코 아리오스토(Ludovico Ariosto)는 "더러운 튀르크인들이 세상에서 가장 아름다운 콘스탄티노플을 점령했다"라며 절박한 위기의식을 표현했습니다. 그런가 하면 당시 최고의 인문주의자이자 훗날 교황이 된 피콜로미니(Enea Silvio Piccolomini)는 "우리는 우리의 나라, 우리의 고향인 유럽에서 패배했다"라고 탄식했습니다. 아마 이 시대의 문헌상으로 '유럽'과 '유럽인'을 처음 언명한 사람이 피콜로미니였다고 합니다.

다른 한편, 니콜라스 쿠사노스(Nicholas of Cusa)는 비잔티움 제국이 멸망하고 이슬람의 위협이 현실적으로 다가오는 상황에서 어찌됐든 평화를 유지해야 한다는 절박한 문제의식을 갖고 있었습니다. 이런 생각으로 기독교도, 유대교도, 이슬람교도의 뿌리는 하나이므로 통합을 해야 한다면서 당시로서는 대단히 파격적인 제안을 합니다. 물론 유대교도와 이슬람교도가 기독교로 개종해야 한다는 단서 조건 하에서 이 세 민족이 통합할 수 있다고 제안합니다. 그런 단서가 달렸으니 오스만 제국이 그 제안을 받아들일 리 만무했습니다. 현실성 없는 제안이었지만 이런 통합의 시도도 있었습니다.

그 당시 오스만 제국은 거대한 대포를 앞세워 콘스탄티노플 성벽을 무너뜨렸다고 합니다. 아래 오른쪽 그림은 이런 외부의 위협으로부터 유럽을 보호하자고 호소하는 사례가 비단 이 시대에만 그친 것이 아니라 19, 20세기에도 계속해서 나타났다는 것을 보여줍니다. 그 대표적인 사례가 황화론(Yellow Peril)입니다. 문자 그대로 '황색(황인종)의 재앙'이라는 뜻입니다. 특히 그 당시 유럽인들의 입장에서 저돌적으로 발전해 나가는 일본을 보면서 엄청난 위기의식을 느꼈다고 합니다. 그래서 이것을 황화론이라고 하고 유럽인들의 단결을 호소했던 것입니다. 동쪽으로부터의 재앙이 서쪽으로 뻗치고 있다는 유럽인들의 자기중심적인 위기의식이었던 것입니다. 이 경우도 외부의 위협으로부터 공동의 소속감을 강조하며 '유럽'을 호명하는 역사적인 전례에 부합한다고 할 수 있습니다.

콘스탄티노플에 입성하는 오스만 제국의 메메트 2세
출처: Wikimedia Commons

황화(Yellow Peril)
출처: Wikimedia Commons

둘째, 문명적 우월감을 느끼면서 '유럽'을 호명하는 경우가 많습니다. 대표적인 사례로 마르친 비엘스키(Marcin Bielski)를 들 수 있습니다. 그는 16세기 폴란드의 개신교도, 즉 칼뱅교도로서 유럽의 도덕적, 종교적, 학문적 우월성을 주장하며 유럽이 하나로 통합되어야 한다는 당시로서는 파격적인 제안을 합니다. 이런 주장을 하는 사람들이 그 당시에 꽤 많이 있었습니다. 이들의 공통된 특징은 유럽의 우월성을 강조한다는 것입니다. 그런데 이 시대 유럽의 지식인들 중 유럽의 우월성을 과시하지 않는 아주 희귀한 사례가 있습니다. 스페인의 라스 카사스(Las Casas)나 프랑스의 몽테뉴(Montaigne)가 그런 예외적인 사례라고 할 수 있습니다.

라스 카사스는 신대륙, 즉 아메리카 대륙에서 스페인 사람들이 원주민들을 가혹하게 착취하는 현실을 보며 절망을 느꼈다고 합니다. 나중에 유럽에 돌아와 유럽인들의 만행을 고발합니다. 유럽의 우월성이 아니라 유럽의 야만성을 고발한, 당대의 흔치 않은 유럽의 양심이었습니다. 또한 몽테뉴로 말하자면, 그 당시 유럽은 구교와 신교로 나뉘어 치열한 종교 전쟁을 벌이고 있었는데 그는 양쪽 모두에 자신의 집을 개방하면서 관용의 원리를 설파했던 드문 지식인이었습니다. 몽테뉴는 종교적인 차이로 서로 헐뜯고 심지어 죽이는 상황을 비난했습니다. 그러나 라스 카사스나 몽테뉴와 같은 사례를 제외한다면, 나머지 대부분의 유럽 지식인들은 문명 우월 의식에 찌들어 있었습니다. 다른 비유럽 문명들을 헐뜯고 얕잡아보는 데 익숙해져 있었고 그런 상황에서 '유럽'이 호명되었던 것입니다. 물론 라스 카사스와 몽테뉴가 관용적이었다는 말도 어디까지나 상대적인 것임을 명심해야 합니다. 가령 라스 카사스는 원주민도 영혼이 있다고 말했지만 노동력으로서는 최하위에 위치해야 한다고 생각했습니다.

셋째, 유럽인들은 자기들끼리 분열하며 싸우다가도 함께 공멸할 것이라는 위기의식을 느끼면 우리끼리 단결해서 평화를 확보해야 한다는 깨달음을 얻게 됩니다. 이런 원리를 이해하기 위해서는 먼저 유럽 사회의 특수성을 알아야 합니다.

로마 제국이 멸망하기 전에 서로마 제국과 동로마 제국으로 분열됩니다. 동로마 제국은 비잔티움 제국으로 지속되지만 서로마 제국은 게르만족이 침입하는 과정에서 476년에 멸망합니다. 학자들은 476년의 서로마 제국의 멸망을 로마 제국의 멸망이라고 합니다. 물론 이것도 서유럽 중심주의로 본 역사관이라고 할 만합니다. 어쨌든 이것이 서유럽 역사 서술에서 통설입니다.

이렇게 (서)로마 제국이 유럽에서 멸망한 다음에 단 한 번도 유럽은 제국적 통합을 회복하고 유지한 적이 없습니다. 로마 제국이 몰락한 이후 유럽인들은 몇 번인가 재차 제국적 통합을 시도했지만 뜻을 이루지는 못했습니다. 가령 프랑크 왕국의 카롤루스 대제(Karolus Magnus)가 서로마 제국 황제의 관을 받기도 합니다. 나중에 동프랑크의 오토 1세가 다시 로마 제국 황제의 관을 받아 신성 로마 제국(Holy Roman Empire)의 기원이 되기도 합니다. 이런 식으로 멸망한 로마 제국을 부활시키려는 정치적 프로젝트는 계속됩니다만 실패했던 것이죠. 이게 바로 유럽 사회의 특수성입니다.

로마 제국이 붕괴한 이래로 이 로마 제국을 부활시키려고 하는 프로젝트는 계속 있었습니다. 그러나 어김없이 실패했습니다. 결과적으로는 단 한 번도 유럽이 하나의 단위로 묶인 적이 없습니다. 이것이 말하자면 중국과의 차이점이라고도 할 수 있습니다. 물론 중국도 제국적 통합성이 깨진 적이 많았지만 언제나 통일성을 회복하고 소생합니다. 기나긴 역사 과정 속에서 근본적으로는 제국의 통합성을 유지하는 데 성공한 것입니다. 그러나 유럽은 그렇지 못했습니다. 그래서 제국의 통합성을 유지하는 야심적인 정치적 프로젝트가 계속 실패함으로써 결국 유럽은 수많은 군소 국가들이 난립한 지역으로 남게 됩니다. 즉 엄청난 내적 분열과 이로 인한 유럽인들 상호간의 적대와 갈등이 점철된 역사를 경험해야 했던 것입니다. 이런 내적 분열과 분쟁에 지쳐버린 유럽인들의 입에서 마침내 '그만 싸우자', '우리는 같은 유럽이 아닌가'라는 하나의 유럽에 대한 인식이 나타나게 됩니다.

유럽 통합의 제안들

이런 맥락에서 수많은 유럽의 지식인들과 정치인들이 유럽 통합을 위해 다양한 제안들을 내놓았습니다. 가장 대표적으로 피에르 뒤부아(Pierre Dubois)를 들 수 있습니다. 그는 오늘날 유럽연합(EU)에 의해서도 공식적으로 법적 체계를 갖춘 최초의 유럽 통합을 주장한 인물로 인정받고 있습니다. 그는 프랑스 왕인 필리프 '미남왕', 즉 필리프 4세의 책사였습니다. 필리프 왕은 잘 생겼을지는 모르지만 성격이 포악해서 정적들을 용서하지 않았습니다. 성당 기사단을 해체했으며 정치적 현실주의를 유감없이 발휘한, 어떤 의미에서는 잔인한 군주였습니다. 그런 군주의 책사였던 피에르 뒤부아는 유럽 국가들끼리의 소모적인 적대를 끝내기 위해 프랑스 왕을 중심으로 하는 유럽 군주들의 상설 회의를 제안함으로써 최초의 의미 있는 유럽 통합안을 제시했다고 평가받을 수 있습니다.

그런가 하면 독일의 유명한 철학자 칸트(Immanuel Kant)는 영구 평화를 위한 철학적 제안을 기초하면서 법적 체계에 기초한 유럽 연방 국가의 창설을 제시하기도 했습니다. 영국의 유명한 공리주의자인 제레미 벤담(Jeremy Bentham)도 군주들이 중심이 아니라 유럽 여러 국민들의 합의에 기초해 유럽을 통합하자고 했습니다. 그리고 그 출발점으로 유럽 공동 군대의 창설이라는 아이디어를 제시했습니다.

또한 당시 종교적 소수파들도 다양한 방식의 유럽 통합안을 제시했습니다. 특히 17세기 유럽의 퀘이커 교도들의 주장이 두드러졌는데, 영국의 윌리엄 펜(William Penn)과 같은 사람은 귀족 출신의 퀘이커교도였습니다. 당시만 해도 종교적 소수파들은 박해를 받고 있었습니다. 그런 사람들이 자유로운 신앙 생활을 하기 위해 지금의 북아메리카로 이주했습니다. 펜의 경우는 부자였으니까 자신의 돈으로 북아메리카의 상당한 영지를 사들입니다. 그래서 이 지역은 펜의 땅이라는 뜻에서 펜실베이니아(Pennsylvania)라는 이름이 붙여집니다. 펜실베이니아의 중심 도시로서, 자유로운 믿음이 가능한 형제들의 땅이라는 뜻의 필라델피아(Philadelphia)라는 도시도 건설됩니다. 이 도시는 나중에 미국의 자유를 상징하는 아이콘이 됩니다. 이 윌리엄 펜이 유럽 공동 의회를 만들어 통합하자고 주장하며 당시로서는 파격적인 제안을 했던 것입니다.

덧붙여, 같은 퀘이커교도였던 존 벨러즈(John Bellers) 같은 지식인은 유럽을 백 개의 지역으로 나누고 인구 천 명 당 한 명의 대표자를 뽑아 유럽 의회를 구성하여 유럽의 지역들을 수평적으로 통합하자는 기발한 제안을 하기도 했습니다. 벨러즈로 오면 유럽 통합이 당위적 수준에 머무르는 것이 아니라 매우 구체적인 방식으로 제시되었음을 확인할 수 있습니다.

1648년에 체결된 베스트팔렌 조약이 갖는 역사적 의미는 유럽이 하나의 단일한 제국으로 통합될 수 있다는 기대를 그만 접고 여러 국가들로 나뉜 유럽의 현실을 승인했다는 데 있습니다. 요컨대 베스트팔렌 조약은 유럽의 여러 국가들을 주권적인 정치적 실체로 인정하고, 이 국가들의 경쟁과 갈등 속에서 유럽사가 진행될 것임을 예고했던 것입니다.

베스트팔렌 조약
출처: Wikipedia

어쨌든 유럽 통합의 제안은 19~20세기에도 계속해서 나타납니다. 가령 19세기에 들어오면 유럽인들이 대서양 건너의 미국을 보면서 유럽도 미국처럼 하나의 합중국을 만들자고 하는 문제의식이 지식인들 사이에서 확산되었습니다. 말 그대로 미국을 롤모델로 삼은 유럽 합중국(United States of Europe)을 창출하자는 것입니다. 프랑스의 초기 사회주의자인 생시몽(Henri de Saint-Simon)을 비롯해 프랑스의 언론인이자 정치가 필리프 부셰(Philippe Buchez), 프랑스의 대문호 빅토르 위고(Victor Hugo), 이탈리아의 사상가이자 정치가 카를로 카타네오(Carlo Cattaneo)와 같은 쟁쟁한 지식인들이 유럽 합중국을 제창했습니다.

그런가 하면 19세기를 유럽 사회에서 '민족주의의 시대'라고 하는데, 그 대표적인 인물로 이탈리아의 주세페 마치니(Giuseppe Mazzini)를 빼놓을 수 없습니다. 그는 국가적 단위에서는 독립적 주권을 갖는 민족 국가(nation-state)의 창설을 주장했지만 일단 그런 민족 국가들이 수립된 다음에는 수평적으로 연대해서 하나의 단일한 유럽 연방(European federation)을 구성해야 한다고 주장했습니다.

이렇게 19세기 유럽에서는 민족주의자들조차도 하나의 유럽을 꿈꾸었습니다. 그런가 하면 프랑스의 프루동(P.-J. Proudhon)같은 대표적인 아나키스트 이론가들도 유럽 연방주의를 주장하는 등 좌우를 막론하고 유럽의 많은 지식인들이 유럽 통합을 주장했습니다. 하지만 어디까지나 유럽 통합의 이념은 지식인들의 차원에서 제시된 것이지, 일반 대중의 신념으로 발전한 것은 아니었습니다. 즉 유럽 통합은 지식인들의 머릿속 구상으로 머물러 있었던 것입니다. 하지만 이런 이야기들이 활발하게 논의되었다는 것은 중요한 사실입니다.

20세기에 들어와서도 유럽 통합을 위한 다양한 제안들이 제시되었습니다. 대표적으로는 오스트리아 출신의 쿠덴호베-칼레르기(R. Coudenhove-Kalergi) 백작이 있었습니다. 그의 모친은 일본인이었습니다. 이 유명한 외교관은 '범유럽(Pan-Europe)'이라는 아주 드라마틱한 정치적 제안을 했습니다. 그의 제안은 당시 프랑스의 브리앙(Aristide Briand)과 퐁피두(Georges Pompidou), 독일의 아데나우어(Konrad Adenauer), 이탈리아의 스포르차(Carlo Sforza) 등 당대 유럽의 영향력 있는 정치가들의 지지를 받았습니다.

또한 유럽의 많은 기업가들도 유럽 공동의 시장이 필요하다는 문제 의식에서 선구적으로 유럽 연방을 제안하기도 했습니다. 예컨대 이탈리아의 대표적인 자동차 기업 피아트(Fiat)의 창업자인 조반니 아녤리(Giovanni Agnelli)의 경우를 들 수 있습니다. 이처럼 당대의 수많은 일급의 유럽 지식인들과 정치가들, 기업가들이 유럽 통합을 지지했음을 알 수 있습니다. 그러나 이런 제안들은 하나의 구상에 머물러 있었지, 구체적인 실현 단계까지 가지는 못했습니다.

유럽 통합의 조건들

실제로 유럽 통합이 아주 구체적인 단계로까지 진척되면서 현실적으로 가능성의 조건이 창출된 것은 제2차 세계 대전 이후였습니다. 그 이전까지 하나의 유럽은 이념이지 현실이 아니었습니다. 그러나 제2차 세계 대전 이후 유럽 통합의 제안은 하나의 현실적 프로젝트로 바뀌었습니다. 그렇다면 어떤 조건들이 있었기에 이념이 현실화될 수 있었을까요? 유럽 통합을 가능하게 한 조건들로는 크게 두 가지 정도를 꼽을 수 있겠습니다.

첫째, 유럽 통합을 위한 심리적 조건이 있었습니다. 파시즘과 전쟁이라고 하는 끔찍한 경험과 그에 대한 기억이 제2차 세계 대전 이후 유럽인들의 머릿속에 단단히 자리 잡고 있었습니다. 유럽인들은 민주주의와 파시즘의 이데올로기적 대결이자 민족 국가들 사이의 정치적·군사적 분쟁인 제2차 세계 대전을 겪으면서, 자국 우월주의를 내세워 싸워

봤자 끔찍한 고통만 되풀이된다는 사실을 뼈저리게 느꼈습니다. 따라서 그와 같은 파시즘과 전쟁의 기억을 다시는 되풀이하지 말자는 과거에 대한 성찰과 반성 속에서 유럽 통합의 움직임이 시작되었습니다. 파시즘과 전쟁에 대한 부정적 기억이 거꾸로 유럽 통합을 추동했던 것입니다. 특히 패전국이었던 독일(서독)과 이탈리아에서 유럽 통합에 대한 열망이 강력하게 표출되었습니다.

1951년 스웨덴의 한 여론 조사 기관이 유럽 국민들을 대상으로 유럽 통합에 대한 찬반을 조사했는데, 이탈리아와 서독에서는 무려 70% 정도의 국민이 유럽 통합에 찬성했다고 합니다. 즉 파시즘으로 상징되는 극단적 민족주의에 대한 안 좋은 기억, 파시즘이 도발한 전쟁의 참화에 대한 기억이 반사적으로 유럽 통합을 지지하는 움직임으로 이어진 것입니다. 특히 전범 국가였던 이탈리아와 독일에서 '민족'은 파시즘과 나치즘, 무솔리니와 히틀러를 떠올리게 하는 불길한 말이 되었습니다. 가급적이면 '민족'보다는 '유럽'이라는 말을 사용하려고 했던 것으로 보입니다. 그러면서 유럽 통합에 대한 긍정적 분위기가 형성되었고, 이런 것들이 유럽 통합을 이뤄낼 수 있는 심리적 조건으로 작용했습니다.

둘째, 유럽 통합을 위한 구조적 조건도 있었습니다. 바로 냉전이 역설적이게도 유럽 통합을 현실화하는 조건으로 작용했습니다. 제2차 세계 대전 이후 미국으로 대표되는 자유민주주의 진영과 소련으로 대표되는 공산주의 진영 사이에 냉전이 시작되면서 미국이 공산주의의 위협에 맞서 유럽을 보호하려고 하고, 또 유럽이 자본주의 발전을 위한 중요한 시장이 될 수 있을 것이라고 믿으면서 유럽 통합을 전폭적으로 지지함으로써 유럽 통합의 정치적 계획이 진행되었습니다. 이렇게 보면 유럽 통합의 산파 역할을 한 것은 미국이라고 하겠습니다. 그리고 이때의 유럽은 어떤 의미에서 보면 공산화된 동유럽이 아니라 자유민주주의 진영의 서유럽이라고 할 수 있습니다. 유럽은 처음에는 '작은 유럽(little Europe)'에서 시작되었던 것입니다. 그러므로 냉전 체제의 형성은 서유럽 중심의 유럽 통합을 촉진시킨 매우 중요한 구조적 조건으로 작용했던 것으로 보입니다.

유럽의 탄생과 확대

유럽 통합에 중요한 주관적·객관적 조건들이 무르익는 가운데, 유럽인들이 미국의 지지를 받으며 유럽 통합으로 나아가기 위한 다양한 정치적 과정들이 있었습니다. 1950년 5월 9일은 유럽 통합의 역사에서 굉장히 중요한 날입니다. 당시 프랑스의 외무장관이었던 슈만(Robert Schuman)이 이른바 슈만 플랜(Schuman Plan)을 제안했습니다. 이에 의해 유럽석탄철강공동체(ECSC)가 발족합니다. 이것이 오늘날 유럽연합(EU)의 전신입니다. 유럽의 중요한 자원인 석탄과 철강을 유럽 공동의 관리 아래에 두자는 슈만 플랜의 제안에 따라 최초의 유럽공동체가 탄생하게 되었습니다. 여기에 참여한 나라는 프랑스, 서독, 이탈리아, 벨기에, 네덜란드, 룩셈부르크입니다. 이것이 바로 최초의 통합 유럽으로서 '작은 유럽'입니다. 슈만 플랜은 유럽 통합에서 이정표 역할을 했고, 그렇기에 오늘날에도 그 중요성을 기려 5월 9일은 '유럽의 날'로 기념됩니다.

이 여세를 몰아 유럽 통합론자들은 한 단계 더 높은 통합으로 나아가야 한다며 야심차게 후속 계획을 밀어붙입니다. 1954년에 유럽방위공동체(EDC), 유럽정치공동체(EPC)를 발족시켜 좀 더 밀도 있는 유럽공동체를 만들려고 했지만 프랑스 의회에서 부결되었습니다. 그런 의미에서 유럽의 정치 통합과 군사 통합은 좌절되었다고 할 수 있습니다. 그러나 정치적·군사적 통합은 불가능하더라도 경제적 통합은 가능하고, 또 경제적 통합의 강도를 높여나가는 것도 가능하지 않겠는가 하는 문제의식은 누그러지지 않았습니다. 그리하여 경제적 차원의 유럽 통합으로서 1957년에 로마 조약이 체결되었고 이에 따라 유럽 공동시장(Common Market)의 이념이 선포되었습니다. 그 후 이 합의에 따라 1958년에 유럽경제공동체(EEC)와 유럽원자력공동체(Euratom)가 발족했습니다. 이렇게 보면 당시 유럽 통합을 대표하는 3가지 제도로 유럽석탄철강공동체, 유럽원자력공동체, 유럽경제공동체가 탄생하게 된 것입니다.

6개국이 중심이 되어 경제적 차원의 유럽공동체로 발전해나가는 과정에서 이를 못마땅하게 여긴 나라가 바로 영국이었습니다. 영국은 역사적으로 볼 때 유럽의 일부이면서도 동시에 유럽과 구별되는 독특한 나라였습니다. 영국은 그들만의 독특한 정체성을 갖고 있었고 산업 혁명 이래 세계의 공장으로서 독자적인 제국의 경험을 가진 나라였습니다. 그래서 초창기 유럽 통합의 움직임에 적극적으로 참여하지 않았습니다. 오히려 1960년에 영국은 유럽공동체에 대항하는 의미에서 유럽공동체에 참여하지 않는 다른 유럽 국가들을 끌어들여 독자적인 경제통합을 시도했습니다. 즉 유럽경제공동체(EEC, 프랑스/서독/이탈리아/네덜란드/벨기에/룩셈부르크)에 맞서서 영국의 주도로 유럽자유무역연합(EFTA, 영국/덴

마크/스웨덴/노르웨이/스위스/오스트리아/포르투갈)을 결성합니다. 이런 대립 구도를 가리켜 "외부 7개국 대(對) 내부 6개국(Outer Seven vs Inner Six)"이라고 합니다. 유럽경제공동체 국가들은 유럽 안쪽에 분포되어 있었고, 유럽자유무역연합 국가들은 이들을 감싸는 형국으로 유럽 바깥쪽에 있었다고 해서 그렇게 불렸습니다.

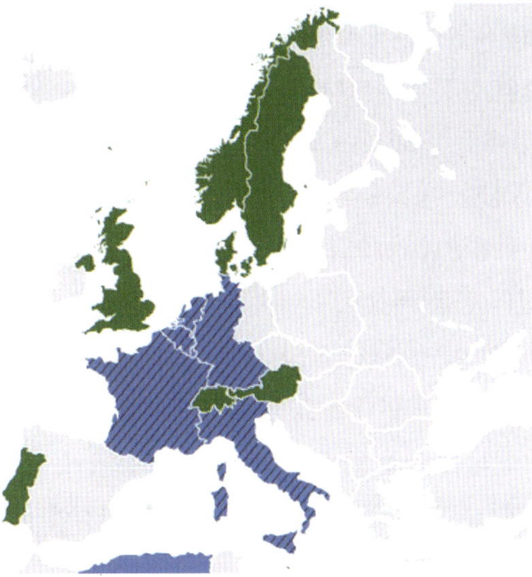

"외부 7개국 대(對) 내부 6개국(Outer Seven vs Inner Six)"
출처: Wikimedia Commons

이런 대립은 결국 미국이 유럽경제공동체의 손을 들어줌으로써 사실상 유럽경제공동체의 승리로 끝나고 영국의 리더십도 심각한 손상을 입게 되었습니다. 이런 상황에서 유럽 통합을 대표하는 3가지 제도(유럽석탄철강공동체, 유럽원자력공동체, 유럽경제공동체)가 하나로 결합하면서

1967년에 유럽공동체(EC)가 발족했습니다. 이것이 유럽 통합을 대표하는 제도로 자리 잡게 된 것이지요. 유럽공동체는 그 후 점진적으로 범위가 확대되기 시작했습니다. 제1차 확대로 1973년, 그렇게도 유럽에 들어가지 않으려고 했던 영국을 필두로 아일랜드, 덴마크가 공동체에 가입했습니다. 1979년에는 제2차 확대로 그리스가 가입했습니다. 당시만 해도 그리스는 다른 유럽 국가들에 비해 경제적으로 낙후했습니다. 실질적으로 유럽공동체에 가입할 수 있는 경제적 여건이 좋지 않았지만, 그리스의 상징적 의미가 크기 때문에 가입할 수 있었습니다.

제3차 확대로 1986년에 스페인, 포르투갈이 가입했습니다. 1992년에는 그 유명한 마스트리히트 조약이 체결되면서 이를 계기로 유럽공동체는 유럽연합(EU)으로 바뀌게 되었습니다. 1993년 1월 1일을 기해 그 이전의 공동 시장보다 더 강한 경제 통합을 상징하는 단일 시장(Single Market)의 이념이 선언되었습니다. 좀 더 긴밀한 공동체 국가들 사이의 경제적 협력과 연대를 표방하고 공동 화폐 사용까지 결의하게 되었습니다. 그래서 단일 화폐인 유로화가 유통되기 시작했습니다. 이런 의미에서 마스트리히트 조약은 유럽 통합의 과정에서 전환점이었다고 할 수 있습니다.

물론 유럽의 확대는 꾸준히 이루어졌습니다. 제4차 확대로 1995년에 3개 중립국인 스웨덴, 오스트리아, 핀란드가 가입했습니다. 또한 제5차 확대의 첫 번째 단계로 현실 사회주의가 몰락한 이후 동유럽 국가들이 대거 가입했습니다. 2004년에 8개 동유럽 국가들(폴란드, 체코, 슬로바키아, 헝가리, 슬로베니아, 라트비아, 에스토니아, 리투아니아)과 2개 지중해 국가들(몰타, 키프로스)이 가입했습니다. 나아가 제5차 확대의 두 번째 단계로

2007년에 루마니아와 불가리아가 가입했습니다. 마지막으로 제5차 확대의 세 번째 단계로 2013년에 크로아티아가 가입했습니다. 이런 식으로 유럽의 외연은 크게 확장되었습니다. 다만 2020년 1월 31일을 기해 영국이 탈퇴하였지요. 따라서 오늘날의 유럽은 총 27개국을 거느리고 있습니다. 인구상으로 보면 4억5천만 명이 조금 안 되는 단일 시장입니다. 유럽 통합의 연대기를 보면 유럽이 지속적으로, 점진적으로 확대되어 왔음을 알 수 있습니다.

유럽 통합에 대한 해석들

이제 마지막으로 지금까지 설명한 유럽 통합 과정을 어떻게 해석할 수 있는지에 대해 살펴보고자 합니다. 연대기적으로 보면 유럽 통합은 여러 가지 사건들을 통해 끊어짐 없이 꾸준히 전개되어온 것 같습니다. 하지만 세밀하게 보면 매우 복잡한 과정들이 많았습니다. 이를 어떻게 해석해야 하는지의 골치 아픈 문제가 남아 있는데, 크게 3가지 각도에서 접근하려고 합니다.

첫 번째는 연방주의적(federalist) 접근법입니다. 이미 하나의 유럽이라고 하는 단일 이념(idea)이 존재한다는 것입니다. 이 이념에 따라 유럽을 단일한 정치적 단위로 결합시키는 유럽 연방을 구성해야 한다는 주장이 유럽 사회에 오래전부터 존속하고 있었습니다. 바로 그런 이념적 계획에 따라 지금까지 유럽 통합이 진행되어 왔다는 것이 연방주의적 접근법의 요체입니다. 이런 입장을 갖고 있는 사람들은 유럽 연방주의의 이상과 이념을 실현하려고 분투한 유럽 정치인들의 역할을 크게 강조합니다. 유럽 통합을 주도했던 이들 정치인들을 가리켜 '유럽의 성자들(Saints of Europe)'이라고 일컫기도 합니다.

두 번째는 이것과는 완전히 상반되는 현실주의적(realist) 접근법입니다. 이것은 이념이 아니라 이해관계(interest)를 강조합니다. 유럽 각국의 현실 정치(Realpolitik)를 부각하는 것입니다. 이런 접근법을 대표하는 학자가 밀워드(Alan S. Milward)입니다. 그는 제2차 세계 대전 이후 유럽의 민족 국가들이 위기 상태에 빠졌다고 합니다. 몰락 일보 직전까지 몰려있던 유럽 국가를 구제하는 방안이 유럽 통합이었다는 것입니다. 그 당시 위기의 민족 국가들이 직면한 여러 가지 문제들이 있었는데, 이 문제들을 해결하기 위해서는 완전 고용, 보호주의, 복지 정책을 추진해야 했습니다. 이런 정책들이 담보되지 않는 한, 유럽 민족 국가의 회생은 불가능했습니다. 그리고 이런 정책들을 추진할 수 있는 정치적 얼개가 필요했는데, 그것이 유럽 통합이었습니다.

이렇게 보면, 역설적이게도 유럽의 민족 국가들을 구제하기 위한 방편이 유럽 통합이었습니다. 유럽 통합은 유럽의 민족 국가 차원의 분열을 극복하는 방안인데 거꾸로 유럽 통합이 그런 민족 국가를 구원하는 하나의 방안이 되었으니, 역설적이라는 말입니다. 실제로 유럽 통합을 주장한 유럽의 정치가들은 성자들이 아니라 철저히 자국의 이해관계에 봉사한 현실정치가들이었습니다. 이것이 바로 밀워드 학파의 현실주의적 접근법입니다.

마지막은 기능주의적(functionalist) 접근법입니다. 한마디로 말해, 연방주의적 접근법과 현실주의적 접근법을 적당히 섞은 중도적 입장이라고 할 수 있습니다. 핵심은 제도(institution)를 중시하는 것입니다. 즉 공동체 제도를 강조하는 것입니다. 연방주의자들이 주장하듯 한꺼번에 유럽 통합을 할 수도 없고 현실주의자들이 주장하듯 유럽공동체가 그저 각국의 이해관계에만 봉사하는 단체는 아니라고 하며 양쪽 모두를 비판합니다. 이런 기능주의적 접근법은 낮은 단계에서 시작해서 높은 단계로 나아감으로써 점진적으로 유럽 통합을 실현할 수 있다고 하는 온건하고 현실적인 주장입니다. 차근차근 단계를 밟아가면서 공동체 제도들을 만들어 나가면, 이렇게 다져진 제도들은 잘 사라지지 않습니다. 그리하여 공동체 제도들이 파급효과(Spillover)를 내며 점차 하나의 유럽을 형성해나갈 것이라는 낙관적인 입장이 기능주의자들의 주장입니다.

오늘날에는 크게 보아 이렇게 3가지 정도의 입장들이 서로 경합하거나 서로 절충되면서 유럽 통합을 해석하고 있는 듯합니다. 이 3가지 입장들 중에서 어느 것이 옳고 그르다고 꼭 집어 말할 수는 없습니다. 각각의 주장은 유럽 통합에 대해 나름대로 진실의 단면들을 보여주고 있습니다.

맺으며: 새로운 중세의 도래?

오늘날의 복잡다단한 역사적·사회적 현실에서 여전히 유럽 통합을 방해하는 여러 가지 장애물들이 남아 있습니다. 그러한 장애물들의 사례는 참으로 많습니다. 그 첫 번째 두드러진 장애물의 사례를 들어보자면, 유럽 통합 과정에서 확인되는, 이른바 확대(widening)와 심화

(deepening)의 모순을 지적할 수 있겠습니다. 부단한 유럽 통합 과정으로 유럽의 외연은 점차 확대되지만 질적인 연대와 통합은 느슨해집니다. 그리하여 확대되면 심화가 안 되고 심화되면 확대가 안 되는 것이 유럽 통합의 딜레마라고 말할 수 있겠습니다.

두 번째 사례는 정체성(identity)의 모호함입니다. 도대체 유럽의 정체성(European identity)이 무엇이냐는 것입니다. 예를 들어 터키가 유럽연합(EU)에 가입하려고 했을 때 터키가 유럽에 속하느냐는 것에 대해 논란이 많았습니다. 러시아도 마찬가지입니다. 유럽이 기독교 중심이라고는 하지만 현대 유럽은 수많은 종교들이 어울리는 종교적 다원주의의 땅이 된 지 오래입니다. 이렇듯 유럽인들을 하나로 묶어주는 정체성이 무엇이냐 하는 난제가 있습니다.

세 번째 사례는 세계화(globalization)로 인한 삶의 불안정성이 커지면서 다시 대두하고 있는 민족주의의 문제입니다. 오늘날 광속도로 진행되고 있는 세계화로 말미암아 삶의 불안정성이 증대되면서 오히려 안정된 그 옛날의 공동체, 가족, 지역, 민족 등을 갈망하게 만들고 있습니다. 그래서 놀랍게도 오늘날 세계화는 민족주의나 인종주의를 촉진시키는 역설적인 모습을 보이고 있습니다. 이런 경향들도 유럽 통합을 낙관적으로만 볼 수 없게 합니다.

네 번째 사례는 이민, 난민 문제로 생겨난 인종주의나 포퓰리즘의 문제입니다. 최근에 우리 사회에서도 난민 문제가 불거지고 있습니다. 이미 유럽 사회에서는 이런 난민들을 어떻게 포용할 것인가 하는 문제가 치열한 찬반양론을 야기하면서 중요한 사회적 쟁점으로 부각된 지 오래입니다. 그런 가운데 유럽에서 유례없이 인종주의가 강하게 발현하고 있는데, 이 또한 유럽 통합을 위협하고 불안정하게 만드는 요인으로 작용하고 있습니다.

다섯 번째 사례는 유럽연합(EU)이 드러내는 관료제의 과잉과 대표성의 결핍이라는 문제입니다. 유럽연합(EU)은 선출된 대표가 아니라 기술관료들의 체제입니다. 막강한 실행력을 발휘하는 집행위원들도 각국 정부가 지명한 사람들입니다. 그들이 어마어마한 권력을 쥐고 유럽인들의 삶 전반에 큰 영향을 미치고 있습니다. 유럽 연합에서 영국이 탈퇴하는 문제, 즉 브렉시트(Brexit)의 과정에서도 이 문제가 중요한 쟁점이었습니다. 우리 손으로 뽑지 않은 대표들이 나의 삶을 좌지우지할 수 있는 중요한 일들을 결정한다는 것이 불만의 근본적 원인이기도 합니다. 그리고 이런 대중적 불만에 편승한 포퓰리즘 정치들이 등장하고 있는 것입니다.

여섯 번째 사례는 이른바 '초빙 제국(empire by invitation)'의 문제입니다. 유럽연합(EU) 내부에서도 유럽 국가들 사이의 관계가 평등하지 않습니다. 특히 경제 지표 등을 보면 굉장히 불평등합니다. 유럽연합(EU) 내에서는 독일의 헤게모니가 강하다 보니 프랑스나 이탈리아 같은 나라들이 불만을 표출하고 있습니다(영국은 아예 탈퇴하였지요). 유럽연합(EU)을 부정적으로 보는 학자들은 그것을 새로운 형태의 제국으로 보고 있습니다. 그 옛날 제국은 무력으로 형성되었지만 오늘날에는 유럽연합(EU)의 초청장으로 제국이 형성되고 있다는 것입니다. 형태는 다르지만 어쨌든 제국이라는 점은 동일하다는 것이지요.

이상으로 유럽 통합이 보여주는 다양한 딜레마들과 한계들을 올바르게 이해할 때에만, 예컨대 그리스가 겪은 엄청난 경제 위기와 영국의 브렉시트를 제대로 바라볼 수 있습니다. 그리고 그리스와 영국뿐만 아니라 유럽의 나머지 다양한 나라들에서도 그와 비슷한 문제들이 벌어지고 있기에 여전히 유럽 통합의 미래는 장밋빛이 아니라고 할 수 있습니다.

앞에서 말했듯이, 유럽의 미래가 어떨지 사유하는 문제를 단순히 O/X 퀴즈로 바라볼 수는 없습니다. 그 미래는 매우 복잡한 조건들과 변수들에 달려 있습니다. 다만 확실한 것은 유럽연합(EU)이 대내외적으로 상당한 비판에 직면하며 어려움을 겪고 있다는 것입니다. 이를 상징하는 것이 브렉시트입니다. 그렇다고 금방 무너지고 해체되는 것은 아닙니다. 좀 더 비관적인 학자들은 유럽연합(EU)이 해체될 것이라고 말하지만 그런 의견을 섣불리 믿을 필요는 없습니다. 중요한 것은, 비록 유럽연합(EU)이 쇠퇴한다고 하더라도 유럽이라고 하는 이념 자체는 계속 존재하리라는 것입니다.

우리가 유럽 통합의 문제에 접근할 때에는 이처럼 유럽과 유럽연합(EU)을 구별할 필요가 있습니다. 유럽연합(EU)이라는 것은 하나의 제도이고, 유럽은 그것을 포괄하는 더 큰 이상이나 이념입니다. 현실적으로 유럽이 세계사에서 차지하는 위치나 역할이 과거에 비해 위축된 것은 사실이지만, 세계의 박물관으로서뿐만 아니라 세계의 실험실로서 여전히 역동성을 지니고 있음을 부정할 수 없습니다. 그렇기에 우리의 미래를 예측하기 위해서라도 유럽의 사례를 연구하지 않을 수 없습니다. 거듭 강조하거니와, 유럽은 실험실입니다. 이런 점에서 유럽의 중요성은 여전합니다. 우리 사회의 의미 있는 미래를 예측하고 준비하기 위해서라도 유럽은 반드시 참조해야 할 텍스트라고 말씀드리고 싶습니다.

유럽의 미래에 대해 확실하게 말할 순 없지만 우리가 걸어온 과거의 시간으로 미루어 볼 때 앞으로의 유럽은 일종의 중세 유럽과 같은 것이 되지 않을까 예상한다고, 한 탁월한 연구자가 이야기한 적이 있습니다. 이런 입장을 갖고 있는 사람들이 의외로 많습니다. 이런 입장을 느슨하게 통칭하여 신중세주의(Neo - Medievalism)라고 부르기도 합니다. 한 논자는 "21세기는 19세기나 20세기보다는 14세기를 더 닮았다. 14세기처럼 우리는 지금 제국과 종교 집단과 광신자와 흑사병과 미신에 대한 공포와 다국적 기업과 도시 국가를 가지고 있지 않은가? 두바이는 새로운 베네치아이다. 이것이 지금 세계의 진짜 모습이다. 지금 세계는 경계가 뚜렷한 영토적 제국들이 있던 19세기처럼 보이지 않는다"라고 했습니다.[1] 여기서 21세기에 존재하는 제국이란 곧 유럽연합(EU)을 말합니다. 이것은 한 논자의 사견에 불과하지만 우리의 상상력을 자극하는 면이 있습니다.

유럽의 미래는 우리 자신의 미래와 무관하지 않습니다. 근대 민족국가들이 쇠퇴하고 은유적이지만 신중세적인 상황이 펼쳐질 것인가 여부는 대단히 흥미로운 문제입니다. 기실, 이탈리아의 유명한 소설가이자 기호학자인 움베르토 에코(Umberto Eco)도 한 칼럼에서 "포스트모더니즘은 새로운 중세"라는 자극적인 명제를 남기도 했습니다. 중세의 역사를 참조함으로써 유럽의 미래를 더 생생하게 상상할 수도 있을 것 같아 인용해보았습니다.

---

1) 파라그 카나, "신중세 시대," http://www.paragkhanna.com/?p=119 참조(2015년 4월 1일 접속), 얀 지엘론카, 『유럽연합의 종말: EU는 운을 다했는가?』, 신해경 역 (아마존의나비, 2015), p. 10에서 재인용.

묻고 답하기

베네딕트 엔더슨(Benedict Anderson)과 같은 학자는 민족에 대해 "상상의 공동체"라고 이야기하기도 했습니다. 이에 민족은 실재하는가, 또한 민족을 어떻게 정의내릴 수 있는가 등의 의문이 듭니다. 유럽에서 이야기하는 민족과 우리가 이야기하는 민족, 예컨대 한민족과 일본의 야마토 민족 등이 완벽하게 일치되는 개념이라고 볼 수 있는지 궁금합니다.

민족을 정의하고 이해하는 데도 다양한 관점들이 있습니다. 크게 보면, 민족은 발명되거나 상상된 것이라고 주장하는 학자들과, 민족은 오랜 역사적 기원을 갖는 실체라고 하는 학자들의 의견이 대립하고 있습니다. 그리고 이 두 가지 입장 사이에 실로 다양한 스펙트럼이 존재합니다.

이런 점을 전제로 민족의 정의를 두 가지로 대별할 수 있습니다. 첫 번째는 민족의 객관적 특징으로 민족을 정의하는 방식입니다. 이를테면 혈통, 언어, 종교, 관습의 공통성으로 민족을 구분할 수 있습니다. 이런 정의는 동양에서는 잘 받아들여질 수 있을 것 같지만 실은 문제가 있습니다. 개념과 현실이 일치하지 않는 경우가 많다는 것입니다. 같은 혈통으로 묶인 인간 집단을 민족이라고 하면 우리나라에는 잘 맞는 것 같지만 서양의 여러 나라는 물론이거니와 중국, 일본도 잘 들어맞지 않습니다. 가령 스위스의 경우 독일인, 이탈리아인, 프랑스인이 함께 사는데, 이들은 명백히 혈통과 언어가 다르지만 엄연히 하나의 민족을 이루고 있습니다. 일본도 오키나와 사람과 아이누 사람이 혈통적으로 다릅니다. 중국은 50개가 넘는 민족들로 이루어져 있습니다. 어떤 학자에 따르면, 지구상에는 8천여 개의 언어가 존재한다고 합니다. 그러나 존재하는 민족 국가는 200개 이하로 일치하지 않습니다. 따라서 민족의 객관적 정의는 명쾌하지만 현실에 부합하지 않는다는 결정적인 문제를 안고 있습니다.

그래서 나온 것이 두 번째 정의로서 민족의 주관적 정의입니다. 주관적 정의는 그 민족에 소속되려고 하는 개개인의 소속감과 소속의지를 강조합니다. 민족은 "매일 매일의 국민투표"라는 르낭(Ernest Renan)의 주장이 대표적입니다. 민족은 주어진 것이 아니라 일련의 정치적 선택과 결단을 통해 소속감과 소속의지를 확인해나가는 어떤 것이라는 뜻입니다. 미국인은 미국인으로 태어나는 것이 아니라 미국인이 되기를 선택하고 결단함으로써 존재합니다. 물론 이런 정의도 문제가 있습니다. 그런 소속감과 소속의지는 어디에서 나오는가의 문제입니다. 내가 이 민족에 소속되어 있다는 감정과 의식, 정체성은 어디에서 나오는가의 질문입니다. 이런 질문에 대해서는 생김새가 비슷하고 같은 말을 사용하며 생활양식이 비슷하다는 친밀감이 그런 소속감과 소속의지의 원천이 될 수 있다고 대답할 수 있겠습니다. 그러나 이렇게 보면, 우리는 객관적 정의로 되돌아가게 됩니다. 이것만 보더라도 민족을 한마디로 정의하는 것은 불가능하다는 것을 알 수 있습니다. 이런 난점을 이해하면 민족에 대한 다양한 방식의 정의가 가능하고, 그런 생각하고 다양한 정의들을 포용하는 입장이 필요한 것 같습니다.

유럽연합(EU)의 유럽 통합에서 핵심은 경제적 통합이라고 하셨는데, 유럽연합(EU)에 가입했지만 유로화를 쓰지 않는 나라도 있습니다. 이런 점에서 형식적으로는 유럽

통합을 했다고 하지만 경제적 통합은 되지 않았기 때문에 실질적인 통합은 끝났다고 보는데 어떻게 생각하시는지요?

역사가는 예언가가 아니라고 조금 비켜가고 싶지만 제 생각을 잠깐 말해보겠습니다. 한 마디로 유럽 통합은 끝나지 않았습니다. 여전히 유럽 통합론자들이 있고 유럽의 이념들이 존재하기 때문에 어떤 방식으로라도 하나의 유럽을 만들려는 시도는 계속될 것입니다. 그러나 지금보다 더 높은 차원의 유럽을 만들어내기는 어려울 것이라는 점도 역시 사실입니다. 따라서 유럽 통합에 찬성이냐 반대냐 하는 단순한 양자택일의 입장보다는 조금 더 복잡하고 유연한 입장을 가질 필요가 있다고 생각합니다. 그중의 하나가 이미 잠깐 소개해드린 신중세주의적 입장 같은 것입니다.

물론 오늘날 유럽의 주권적 민족 국가들은 여전히 건재해 보입니다. 그럼에도 전체 유럽을 포괄하는 유럽연합(EU)과 같은 제도적 현실도 인정하면서 전통적인 주권적 독립 국가의 권력 독점을 어느 정도 견제해야 할 필요성도 있습니다. 이와 동시에 주권적 민족 국가 하위의 도시나 지역의 독립성도 인정할 필요가 있습니다. 실제 오늘날 많은 유럽인들은 자신을 소개할 때 유럽인이나 이탈리아인보다는 파리지앵, 밀라네세, 베를리너라고 하며 도시적·지역적 정체성에 더 애착을 갖는 모습을 보입니다. 이런 정체성들도 포용할 수 있는 유연하고 다원적인 입장을 갖는 것이 바람직합니다.

정병규 삶은 디자인이다

이동철 알파고와 협업하는 인간은 무엇인가: 4차 산업혁명과 우리의 미래

장문석 유럽 통합은 끝났는가?

김석근 동아시아의 미래를 읽다

김영수 조선건국의 기획자 '정도전'

신동원 한국의 과학과 문명

이용주 철학에서 배우는 "가치 있는 삶"

함성호 무에서 유를, 유에서 무를 보는 눈

박홍규 내 친구 톨스토이

김석근

연세대학교 정치외교학과를 졸업하고 한국학중앙연구원 한국학대학원에서 문학 석·박사 학위를 받았다. 고려대학교 아세아문제연구소 한국정치사상연구실장, 연세대학교 정치외교학과 BK21 교수를 지냈다. 여러 대학에서 강의를 해왔으며, 전 아산서원 부원장 역임했다. 주요 연구분야는 동양철학사, 한국정치사상, 그리고 동아시아 역사와 문화다. 주요 저서로는 『한국의 자유민주주의』, 『한국정치사상사』, 『한국문화대탐사』, 『선비정신과 한국사회』 외 다수가 있다. 아울러 『일본정치사상사연구』, 『「문명론의 개략」을 읽는다』, 『마루야마 마사오: 주체적 작위, 파시즘, 시민사회』 등 일본 사상사 관련 저작을 우리말로 옮기는 작업을 해왔다.

"'세계상'(世界像)의 변화와 '자기 정체성'(Self Identity) 문제"

제가 오늘 말씀드릴 주제는 동양(東洋)·오리엔트(Orient)·아시아(Asia)입니다. '동아시아'라는 단어를 모르는 사람은 없습니다. 저는 그 단어가 굉장히 상징적인 단어라고 생각합니다. '동'(東)은 한자어이고 '아시아'(Asia)는 영어입니다. 한자와 영어가 기묘하게 연결되어 하나의 단어를 이루고 있지요.

우리는 '동아시아'라는 말을 일상적으로 받아들이고 있습니다만, 그 단어가 우리의 위상을 상징적으로 표현해 주고 있다고 하겠습니다. 여기서는 동아시아의 과거와 현재에 대해서 개략적으로 살펴보고, 동아시아는 앞으로 어떻게 될 것인지, 즉 동아시아의 미래에 대해서도 이야기해 보려고 합니다.

이 강의에 "'세계상'(世界像)의 변화와 '자기 정체성'(Self Identity) 문제"라는 부제를 붙여봤습니다. 아시는 바와 같이 우리가 살아가는 세계는 끊임없이 변하고 있습니다. 변화하는 현실을 겪을 수밖에 없는 상황에서 가장 중요한 것은 자기 정체성이라고 생각합니다. 자신이 무엇을 하고 있으며 또 어떻게 할 것인가를 아는 것이 중요하기 때문입니다. 이런 시각을 갖고 동아시아와 얽혀 있는 사안들에 대해서 살펴보도록 하겠습니다.

문제의 출발점: 보편성과 특수성

'근대' 사상의 출발점으로 볼 수 있는 명제는 "나는 생각한다. 고로 존재한다(Cogito, ergo sum: Je Pense, donc Je suis: I think, therefore I am!)."입니다. 데카르트(René Descartes, 1596~1650)의 『방법서설』(Discours de la Méthode)에 나오는 말이지요. 이 명제가 중요한 이유는 이른바 '중세'의 신(神)에게서 벗어나려는 인간의 주체적인 독립 선언이기 때문입니다. 옛날에는 신이 생각했지만 이제는 내가 생각하겠다는 것이지요. 나의 존재의 기반은 생각한다는 것에 있습니다. 그 연장선에서 나오는 것이 '개인'입니다. 공동체의 구성원으로서의 '나'라는 개인의 자각이 중요합니다. 이런 개인의 자각이야말로 근대성의 단적인 표현이라고 할 수 있겠지요.

근대의 초입에 '개인'들이 모여서 '사회'를 만들어낸다는 생각이 등장했습니다. 근대의 기원설화라고 일컬어지는 '사회계약설'이 그것이며, 흔히 말하는 근대 정치의 출발점이라 할 수 있겠지요. 개인들이 모여 계약이라는 행위를 통해 사회 혹은 국가와 '정치권력'을 만들어 낸다는 것입니다. 여기에서 계약적인 사고가 등장하게 됩니다. 예컨대 탄핵 시위의 밑바탕에 깔려 있는 기제도 바로 그런 것입니다. 주권자들이 선거에 참여하는 것 역시 거기서부터 출발합니다. 우리가 대통령을 선출할 수 있는 것도 개인들의 주체적인 생각과 행위, 그리고 그들의 제도화에서 비롯된 것입니다.

물론 저는 이런 근대의 개념과 주장이 절대적이라고 생각하지는 않습니다. 절대적인 개인은 존재할 수 없기 때문입니다. 순수하게 고립된 개인은 소설이나 상상에서나 가능할 뿐이지만, 근대 사상가들은 그렇게 상정했던 것이지요. 현실에서 사람은 역시 더불어 살아가는 존재입니다. 사회계약설은 말 그대로 '설'(說)[학설]입니다. 사회에 대한 하나의 해석 혹은 설명일 뿐이지 그 자체가 절대적인 진리는 아닙니다.

그와 관련해 재미있는 책이 번역됐습니다. 나온 지는 한 20년이 됐는데요. 한 프랑스 학자가 『나는 생각한다 고로 실수한다』(Je pense donc je me trompe)[1]라는 책을 썼습니다. 데카르트의 책과는 몇 백 년 차이가 납니다. 시대가 달라진 것이지요. 어느 시점부터 근대를 넘어서는 새로운 비전을 찾는 시도가 이루어지고 있는 것을 볼 수 있습니다. 그런 의미에서 본다면 우리도 역시 생각의 이행 과정을 겪고 있는 중이라 할 수 있겠지요.

영국의 저명한 학자 조셉 니담(Joseph Needham)은 『중국의 과학과 문명』(Science and Civilization in China)[Cambridge Univ. Press, 1956]이라는 책에서 "헤겔이 쓴 『역사철학』의 「중국」 장(章)은, 놀랍게도, 거의 전부라고 해도 좋을 정도로 실수와 오해로 가득 차 있다!"라고 했습니다. 헤겔의 철학과 사상은 대단하지만, 동아시아나 유교, 불교에 대해서는 그는 상당히 무지한 사람이었습니다. 그럼에도 헤겔이 중요한 이유는 그가 바로 '세계사의 시초'이기 때문입니다.

오늘날 우리가 세계사에서 배우는 '전 지구적인 세계사'를 세계 최

1) 장 피에르 랑탱/ 이재형 옮김, 『나는 생각한다 고로 실수한다』(문예출판사, 1995).

초로 생각한 사람은 헤겔이라고 합니다. 물론 세계지도가 예전에도 있었지만 전 지구적인 세계가 다 담기지는 않았습니다. 조선시대의 세계지도를 보면 중국이 크게 그려지고 일본과 조선은 아주 작게 그려져 있습니다. 그런데 오늘날 우리가 생각하는 전 지구를 통틀어 감싸안는 세계사라고 했을 때, 그 세계사의 서술을 최초로 시도한 사람이 바로 헤겔입니다. 하지만 헤겔이 전 세계에 대해서 가졌던 지식, 나아가서는 근대 초기 유럽의 학문에는 동아시아에 대한 편견, 무지, 오해가 상당했습니다. 이는 최근 연구에 의해서 밝혀지고 있는 측면들이기도 합니다. 서양학자로서는 위대하지만 동아시아의 입장에서 보면 그렇지 않을 수도 있겠다는 것이지요.

막스 베버(Max Weber)의 유명한 책 중에 『프로테스탄트 윤리와 자본주의 정신』(Die Protestantische Ethik und der Geist des Kapitalismus, The Protestant Ethic and the Spirit of Capitalism)에 이런 구절이 나옵니다. "근대 서구 문명의 계승자란 입장에서 세계사의 제 문제를 연구하려 할 때, 우리는 항상 다음과 같은 의문을 품지 않을 수 없다: 즉 어찌하여 - 우리가 흔히 생각하고 있는 바와 같이 - '세계적(보편적)인 의의와 타당성이 내포된 발전방향을 지향했다고 할 수 있는 그러한 문화 현상이 마침 서구의 땅에, 아니 유독 서구에만 발생하게 되었는가' 하는 문제이다."[Max Weber, *The Protestant Ethic and the Spirit of Capitalism*(George Allen & Unwin Ltd., 1976), 13쪽. 강조는 원저자.]

다시 말해 막스 베버는 자본주의가 왜 유럽에서만 발생하게 되었는가 하는 의문을 품었습니다. 어떻게 보면 굉장히 오만한 생각이라고 볼 수도 있겠습니다. 서구가 세계를 지배하는 시대였으므로 이미 보이는 자체가 그랬을 것입니다. 다시 말하자면 그렇게 볼 수밖에 없는 상황이었다고 해도 좋겠습니다. 막스 베버는 『유교와 도교』(The Religion of China: Confucianism and Taoism)[2]라는 책에서 중국에 대해서도 다루고 있습니다. 훌륭한 학자이지만 그의 일관된 문제의식은 '왜 유럽에서만 자본주의가 발달했을까'하는 것입니다. 그것은 인도나 중국에서는 왜 자본주의가 성장하지 못했을까 하는, 어떻게 보면 잘못된 문제의식으로 이어지게 됩니다. 예를 들면, 나는 공부 잘 하는데 너는 왜 못하냐 하는 식입니다.

막스 베버의 문제의식은 출발점에서부터 이미 유럽 중심주의에 젖어 있습니다. 막스 베버는 선교사들이 번역한 몇 권의 책[『논어』, 『맹자』 등]을 보고 중국에 대해서 책을 썼습니다. 당연한 것이지만 그는 한자와 한문을 몰랐습니다! 엄청나게 용감하고 한편으로는 무모하다고 할 수 있습니다. 하지만 그가 쓴 책들을 읽다보면 역시 천재구나 하는 감탄이 터져 나오게 됩니다. 한정된 자료를 토대로 하면서 지극히 논리적이고 직관적인 해석, 그리고 설득력 있는 상상력을 펼치고 있기 때문입니다.

이제 우리의 문제로 들어가보겠습니다. 효율적인 논의를 위해서 제가 좋아하는 장편 소설의 한 대목을 같이 읽었으면 합니다.

> "오늘날의 젊은 세대는 플라톤이나 아리스토텔레스의 저서는 읽으면서도 사서삼경은 낡았다고 읽지 않고, 보들레르에게는 감탄하면서도

---

2) 막스 베버/ 이상률 옮김, 『유교와 도교』(문예출판사, 1990).

이하(李賀)를 아는 이는 드물다. 니체에게는 심취하면서도 장자를 이해하려 들지는 않고, 로버트 오웬은 알아도 허자(許子)는 낯설어 한다. 그러나 진정으로 우리가 세워야 할 문화의 유형이 있다면 그것은 우리의 전통에 깊이 뿌리내린 동양적인 것과 새롭게 활기찬 서구적인 것의 조화에 있지, 어느 한편에 대한 무조건적인 추종이나 몰입에 있지는 않을 것이다."[이문열, 『황제를 위하여』(고려원, 1986), 「작가의 말」 중에서. 강조는 인용자]

오늘날 우리 사회, 우리 대학의 문제의식을 잘 표현한 것 같아서 인용했습니다. 지금도 여전히 '사서삼경'이나 '동양적인 것'에 대해 잘 공부하지 않습니다. 그다지 인기 있는 분야는 아닙니다. 성적이 좋은 친구들일수록 더 그렇지 않을까요. 많은 학생들의 경우 대학에서 스펙 쌓기와 취업 준비로 바쁠 테니까요. 아무튼 마지막 구절의 밑줄 친 부분은 여전히 우리의 고민이 되어야 할 것 같습니다.

'동양(東洋)'과 '서양(西洋)'

'동양'과 '서양'이란 단어는 우리에게 아주 익숙합니다. 하지만 '동서남북'이 있다면 '동양, 서양, 남양, 북양'도 있지 않겠습니까. 그런데 남양(南洋)과 북양(北洋)은 왜 없는 것일까요. 일반 대학에서는 '동양철학', '서양철학' 분야가 있습니다. 그런데 왜 '남양철학'이나 '북양철학'은 없는 것일까요.

오늘날 '동양'이라고 하면 그것이 구체적으로 무엇인지 모른다 하더라도 그것과 짝을 이루고 있는 개념으로 '서양'이라는 단어를 떠올리게 됩니다. 동양철학, 서양철학이라는 분류 역시 거기에서부터 유래됩니다. 근대 이후 '동양'이라고 할 경우, 그것은 서양적인 입장에서의 개념이고 자신들(서양)과 구별되는 의미에서 동양이라는 개념을 사용했습니다. 이 점이 중요합니다. 그래서 '동양'과 '서양'이라는 이분법이 생겼고 다시 삼분법으로 나뉘고 있습니다. 일반 대학에서도 역사와 철학 분야는 동양사·서양사·한국사, 동양철학·서양철학·한국철학으로 구성되어 있습니다. 이런 삼분법은 1890년대 일본에서 먼저 그렇게 굳어졌고, 뒤이어 한국 대학도 그걸 물려받았습니다.

앞에서의 의문, 즉 "남양(南洋)과 북양(北洋)은 없는 것일까요"에 대한 정답을 말해보자면 '남양'과 '북양'도 엄연히 있었습니다! 그러면 대체 어떤 사정일까요? 다음 인용문을 보도록 하겠습니다.

> "지리적 범위로서의 '동양'이란 단어는 물론 동서양 각각에서 지리적 지식의 발달 여하에 따라 여러 가지로 변화되었다. 한자에서의 東洋(동양)이란 문자는 14세기의 기록인 『島夷志略』에서 처음 사용되었다. 거기서는 자바, 보르네오, 필리핀 등이 동양 안에 열거되었다. 또한 명나라 시대의 『東西洋考』에서는 동양으로 루손, 몰라카, 보르네오 등을, 서양으로 안남, 타이, 자바, 수마트라, 말래카 등을 들고, 따로 대만 팽호도(澎湖島)를 소동양(小東洋), 남인도를 소서양(小西洋), 유럽을 대서양(大西洋)이라 불렀다. 청대에 들어오면서 동양과 서양을 합해서 남양(南洋)이라 불렀고, 동양은 일본과 오키나와, 대만을

가리키는 명칭이 되었다." [守本順一郎, 『東洋政治思想史研究』(未來社, 1967), 7쪽, 22-23쪽]

인용문에서처럼 그 당시에는 '동양'을 지금과 다르게 봤습니다. 오늘날의 동양은 19세기 이후 서양과 만나면서 정립된 개념이라 할 수 있습니다. 중요한 것은 같은 '동양'이라고 하더라도 시대에 따라서, 그리고 지리학 지식 여하에 따라서 거기에 담기는 대상과 영역이 크게 달라져왔다는 점입니다.

그러면 '동양'에 속하는 나라는 어디가 있을까요? 흔히 한·중·일을 가리켜 '동양 3국'이라고 합니다. '동양 3국'이라는 표현을 제일 먼저 만들어낸 나라는 어디일까요?

'동양 3국'은 일본이 먼저 이야기하기 시작했습니다. 서양이 밀려오는 압박에 동양이 힘을 합쳐 대항하자는 것이었습니다. 그 말은 발화자 일본의 위상과 밀접하게 관련되어 있습니다. 어떻게 보면 안중근 의사가 쓴 『동양평화론』도 그런 맥락에서 한 번쯤 바라볼 필요가 있습니다. 다가오는 서양에 맞서서 한·중·일, 세 나라가 평화를 유지하면서 서로 협력해야 한다는 주장이 담겨 있습니다.

중국은 자신이 동양이라고 생각하지 않았습니다. 중국(中國)이라는 말 그대로 '가운데 있는 나라'이니 중화(中華) 사상, 즉 중국 중심적인 세계질서가 자리잡고 있었습니다. 중국은 동쪽 한편에 있는 나라가 아니라 '세계의 중심'이라고 생각했던 것이지요. 그래서 중국은 자신을 중심으로 남양, 북양, 동양을 봤습니다. 청나라 때는 '남양대신', '북양대신' 같은 관직이 있었습니다. 오래된 중화사상의 뿌리라 할 수 있겠지요. 현재 중국에서 이와 같은 발상이 되살아나면서 한층 더 증폭되고 있는 듯 합니다.

사실 중국은 스스로 세상의 중심으로 자처했으며 - 여러 측면에서 그럴 만도 했겠지요-, 그 주변에 동서남북, 즉 사방(四方)이 있었습니다. 중심의 사방에는 '오랑캐'가 있었습니다. 동이(東夷), 서융(西戎), 남만(南蠻), 북적(北狄)이 그런 예입니다. 이(夷), 융(戎), 만(蠻), 적(狄)은 글자는 다르지만 '오랑캐'라는 점에서는 다르지 않습니다. 그래서 '중화'(中華)라고 했을 때에는 '문명과 야만'이라는 문화적 요소가 담겨 있습니다. 그러니까 동아시아적인 국제질서에도 '문명과 야만'이라는 이분법적인 구도가 분명하게 있었던 것입니다. 그런데 서양의 문화가 밀려오면서 제일 먼저 들어온 것도 바로 '문명과 야만'(Civilization and Barbarianism)의 논리였습니다.

논리로 보자면 서세동점으로 밀려오는 서양도 문명과 야만, 그리고 동아시아적인 중국의 전통적 질서도 문명과 야만입니다. 똑같은 논리 구조가 부딪혔을 때 과연 어떤 쪽이 문명이 되고 어떤 쪽이 오랑캐가 되었을까요? 당연히 힘이 센 나라가 이겼습니다. 이긴 나라가 문명이 되겠지요. 힘이 논리를 만들고, 표준을 선점합니다. 그 기준을 누가 먼저 점유하느냐에 따라 결과는 달라집니다. 이 시기에 문명과 야만의 논리, 중국 중심의 중화적 세계질서와 다른 문명권의 논리가 부딪혀가면서 마침내 서구중심적인 문화가 만들어지게 됩니다.

오리엔트(Orient), 오리엔탈(Oriental), 오리엔탈리즘(Orientalism)

동양을 영어로는 어떻게 표현할까요? 『오리엔탈리즘(Orientalism)』, 『오리엔탈 데스포티즘(Oriental Despotism)』 등의 책, Oriental Studies, Oriental Philosophy, Oriental History, Oriental Medicine, Oriental Political thought 용어 등에서 알 수 있듯이 '오리엔트'(Orient)라는 단어로 표현하고 있습니다. 오리엔트(Orient)라는 단어는 라틴어로는 '뜨는 해'를 의미합니다. 그 말은 '옥시던트'(Occident)와 짝을 이루며 원래는 천문학적인 술어였습니다.

천체의 해가 뜨는 부위를 오리엔트, 해가 지는 부위를 옥시던트라고 했습니다. 요즘은 어디를 오리엔트라고 할까요? 흔히 말하는 '중동(中東)'(Middle East) 지역입니다. 그런데 문제는 어디에서 봤을 때 오리엔트인가 라는 것입니다. 어디에서 봤을 때 중동 지역에서 해가 뜰까요? 바로 서유럽의 기독교 문화권입니다. 로마 제국을 동, 서로 크게 나누어 오리엔트, 옥시던트라 불렀다고 합니다. 오리엔트(동양)라는 곳은 주로 메소포타미아 문명권, 다시 말해서 우리가 '중동'(中東)이라고 부르는 지역이며, 아무리 동쪽으로 범위를 넓힌다 하더라도 인도에 이르는 정도입니다. 오늘날 우리가 무의식적으로 생각하는 동양과는 범위와 대상에 큰 차이가 있었습니다.

오리엔트라는 말 그 자체에는 이미 서구 중심적인 생각이 담겨 있습니다. 제 개인적인 생각을 말하면 '오리엔트'라는 단어에는 이슬람 색채가 강한 것 같습니다. 19세기 문학작품을 보면 '오리엔트'라는 단어가 많이 나오는데 흔히 오늘날 우리가 생각하는 동양과 다른 의미입니다. 제가 좋아해서 몇 번이나 읽었던 알렉상드르 뒤마(Alexandre Dumas)의 소설 『몬테크리스토 백작』(Le Comte de Monte-Cristo)[3]에도 '오리엔트'라는 말이 자주 등장하는데, 그 단어는 실제로 오늘날의 이슬람 지역을 뜻합니다.

제가 좋아하는 영문학자 중에서 이슬람 배경을 가진 에드워드 사이드(Edward W. Said)라는 사람이 있습니다. 그의 대표작 『오리엔탈리즘(Orientalism)』이라는 책도 그 지역, 즉 오리엔트 지역에 대한 서구인들의 인식과 해석을 깊이 있게 다루고 있습니다. 에드워드 사이드가 한국에 와서 서울대학교에서 강연한 적이 있습니다(1995년). 그 때 저도 가서 열심히 들었는데요. 자기소개를 하면서 자신은 '중동' 출신이며, 중동지역의 특산물은 '종교', 그래서 자기 고향인 중동 지역에서는 종교를 수출한다고 한 농담이 아주 인상적이었습니다. 그 지역이 주요 종교의 발상지이기 때문이죠.

에드워드 사이드는 오리엔탈리즘을 "서구가 오리엔트에 관계하는 방식으로써 서양인의 경험 속에 동양이 차지하는 특별한 지위이자, 주체인 서양이 동양을 타자화하는 과정에서 생긴 산물"이라고 정의하고 있습니다. 이 책을 박홍규(영남대) 교수님이 번역하셨는데요. 그 책에서 두 부분을 인용하고자 합니다.

"오리엔탈리즘이란 문화, 학문, 제도 등에 의해 피동적으로 비추어지는 단순한 정치적인 연구 주제나 연구 분야가 아니다. 또 동양에 관련

3) 알렉상드르 뒤마/ 오증자 옮김, 『몬테크리스토 백작 1-5』(민음사, 2002).

된 방대하고도 산만한 텍스트들의 접합도 아니다. 나아가 '동양적' 세계를 억압하고자 하는 극악무도한 '서양적' 제국주의의 음모를 표상하거나 표현하고 있는 것도 아니다. 도리어 오리엔탈리즘이란 지정학적 지식을 미학적, 학문적, 경제적, 사회학적, 역사적, 문헌학적인 텍스트로 '배분하는' 것이다. 또한 오리엔탈리즘이란 (세계를 동양과 서양이라고 하는 불균등한 두 가지로 구성하는) 지리적인 구분일 뿐만이 아니라, 일련의 '관심' 곧 학문의 발견, 문헌학적 재구성, 심리학적 분석, 풍경이나 사회의 서술을 매개로 하여 만들어지거나 또 유지되고 있는 '관심'을 '주도면밀한 것으로 만드는 것'이기도 하다. 나아가 오리엔탈리즘이란, 우리들의 세계와 다른 점이 일목요연한 (또는 우리들의 세계와 대체될 수 있을 정도로 새로운) 세계를 이해하고, 경우에 따라서는 지배하고, 조종하고, 통합하고자 하는 일정한 '의지'나 '목적의식' - 을 표현하는 것이라기보다도 도리어 - '그 자체'이다."[에드워드 사이드/ 박홍규 옮김, 『오리엔탈리즘(Orientalism)』(교보문고, 1991), 32 - 33쪽]

"우리는 우리의 기준을 잃어버리고 서양인이 날조한 동양사, 동양 문화, 동양 사상을 공급받는다. 그것이 사이드가 말하는 오리엔탈리즘이고 오늘의 우리는 그 중독자라고 볼 수 있다. 물론 여기서 우리란 특수한 지식 지배계급에 한정되는 것이지 우리의 민중 모두를 말하는 것은 아니다. 그러나 엉터리 제도교육을 통하여 거의 모든 민중까지도 그러한 오리엔탈리즘에 세뇌 당해 있다고 해도 과장이 아닐 것이다."(같은 책, 544쪽, 옮긴이의 말)

아주 재치 있고 발 빠른 한 중국학자는 『옥시덴탈리즘(Occidentalism)』[4] 이라는 책을 썼습니다. 옥시덴탈리즘은 오리엔탈리즘(Orientalism)에 대한 반작용으로 나타났지만, 동일한 인식 구조와 특성을 지니고 있습니다. 그 이야기는 오리엔탈리즘의 이야기를 뒤집어놓은 것이라 할 수도 있겠지요. 오리엔탈리즘이 '서양에 의해 구성되고 날조된 동양'에 관한 인식이라면, 옥시덴탈리즘은 '동양에 의해 구성되고 날조된 서양'에 관한 인식이라 할 수 있겠습니다. 앞에서 인용한 이문열의 문장과도 무관하지 않다고 하겠습니다. 이제 오리엔트가 동아시아와 어떤 연관이 있는지 살펴보겠습니다.

아시아(Asia): '아시안게임'과 '아시아적 가치'

제가 고등학교 다닐 때쯤으로 생각됩니다. 아시안게임을 보면서 '노란 머리에 파란 눈'을 가진 사람이 많이 보여서 의아해했던 적이 있습니다. 생긴 걸로 봐서는 분명 서양 사람 같은데, 저 사람들도 아시아 사람이라고 할 수 있을까, 뭐 그런 의문이었던 것 같습니다.

앞에서 '오리엔트'와 짝을 이루는 말은 '옥시덴트'라고 했습니다. 비슷한 맥락에서 '아시아'와 짝을 이루는 말은 '유럽'입니다. 아시아(Asia)의 어원은 고대 아시리아어의 아스(Acu)에서 나왔으며, 그것은 이란 고

4) 샤오메이 천/ 정진배 옮김, 『옥시덴탈리즘』(강, 2001). 그리고 다음 책도 참조가 된다. 이안 부루마, 아비샤이 마갤릿/ 송충기 옮김, 『옥시덴탈리즘: 반서양주의의 기원을 찾아서』(민음사, 2007).

원을 가리켰습니다. 이와 함께 아스에 대해서 에렙(Ereb), 즉 에우로파(Europa)라는 단어가 생겨났습니다. 그리스에서 아시아 또는 유럽이라 할 때에는 자국의 동방 또는 서방지역을 가리키는 말이었습니다. 그러므로 아시아와 짝을 이루는 말은 유럽이 됩니다.

'아시아'는 지리적인 뉘앙스가 강한 것처럼 느껴지지만, 그 연원을 알고 보면 '유럽과 아시아'라는 이분법에 따른 것입니다.

> "서구 근대에 특유한 가치적 입장은 특히 '아시아'라는 단어와 깊이 관련되어 있다. '유럽과 아시아'라는 이분법이야말로 서구 근대의 역사의식을 근저에서부터 규정하고 있는 것이다." [小谷汪之, 『歴史の方法について』(東京大學出版會, 1985), 108쪽.]

> "'유럽과 아시아'라는 이분법은 '민주'의 그리스, '전제'의 페르시아라는 고전 고대적 관념과 관련되어 있는 것이다. 그러나 '유럽과 아시아'라는 대비적 사고가 정착되고 보편화된 것은 근대라는 시대였다. 근대의 형성과정에 있어서, 유럽이 전 세계로 되었을 때, 자신의 바깥에서 발견한 자기와 이질적인 사회를 모두 '아시아'라는 관념 속에 흘려보내고, '유럽'의 대극에 '아시아'라는 것을 설정한 것이다. 그러므로 실체(實在)로서의 유럽과 실체(실재)로서의 아시아가 존재하고, 그 양자가 서로 대극적인 역사적 개성을 가지고 있다는 식은 결코 아니었다.
> 게다가 이런 '유럽과 아시아'라는 이분법은 앞에서도 말한 것처럼 단순히 '아시아'를 '유럽'의 대극에 놓은 것만이 아니라 '아시아'를 '유럽'의 대극에 위치에서 뒤틀어서 '유럽'의 역사발전의 원시 상태에 접

> 속시킨다는 뒤틀린 이분법이다. 이 같은 뒤틀린 이분법이 낳은 뒤틀린 환영이야말로 '아시아적 공동체'이며, '아시아적 전제국가'이며, '아시아적 생산양식'인 것이다."(小谷汪之 1985, 143-144쪽.)

다시 말해 이러한 인식은 아시아가 점점 발전하면 유럽처럼 될 것이라는 지극히 유럽적인 발상에 기초하고 있습니다. 유럽과 맞지 않거나 이해되지 않는 것에는 '아시아적인'이란 말을 붙이게 됩니다. 또 한 가지 중요한 사실은, 유럽 이외의 나머지 지역을 아시아라고 부르기 때문에, 실은 아시아에는 동남아시아, 서북아시아 등 굉장히 다양한 나라들이 있다는 것입니다. 아시안게임을 보면 우리가 흔히 생각하는 서양인처럼 생긴 선수들이 있는 것은 그 때문이지요. 근본적으로 아시아에 대한 개념 규정에 약간의 문제가 있다는 것을 알 수 있습니다. 아시아 지역의 국가, 문화, 인종 등의 지표를 살펴보면 솔직히 공통점을 찾기 어렵습니다.

'아시아적 전제국가', '아시아적 생산양식', '아시아적 공동체' 등의 말은 전부 아시아가 유럽에 비해 상대적으로 떨어진다는 부정적인 뉘앙스가 강합니다. 그런 맥락에서 본다면, '아시아적 가치' 논쟁은 어떤 측면에서는 나름 의미가 있는 논쟁이라 할 수가 있겠습니다. 종래의 부정적인 이미지에서 벗어나 아시아 지역의 고유한 가치 존재를 둘러싼 논쟁이니까요. 아시아의 지식인들에게 지적이고 사상적인 자극을 안겨준 것은 분명합니다. 그럼에도 그 논쟁 자체만으로 아시아 지역의 고유한 가치가 무엇인지 알게 해줄 수는 없습니다.

'아시아'와 '유럽'이 서로 짝을 이루는 개념이라면 '아시아적 가치'(Asian Vaule)와 짝을 이루는 것은 당연히 '유럽적 가치'(European Value)일 것입니다. 그들 위에 비로소 '보편적 가치'(Universal Value)가 놓이게 됩니다. 그런데 어찌된 일인지 한국에서는 아시아적 가치의 반대는 보편적 가치이고, 그 보편적 가치는 바로 유럽적 가치로 치환되어버립니다. 그런 식으로 뒤틀려 있는 구도를 갖고 있습니다. 안타까운 일이지요. 진보적인 입장을 취하시는 분들 중에서도 그런 구도를 당연한 것처럼 주장하기도 합니다. 한국사회에 대한 일정한 비판으로서의 의미는 있을지 몰라도, 엄밀함과 정확함에서는 약간의 문제가 있습니다.

여기서 제가 제기하고 싶은 것은 아시아와 유럽, 그리고 '보편성'에 대한 문제입니다. 아시아적 가치 논쟁에서 두드러지는 인물은 싱가포르의 리콴유(李光耀, 1923-2015), 한국의 김대중(金大中, 1924-2009), 말레이시아의 마하티르 모하마드(Mahathir Mohamad, 1925-)였습니다. 논쟁의 구체적인 내역은 잠시 제쳐 두기로 하겠습니다. 여기서 주목하는 핵심은 아니기 때문이지요. '아시아적 가치'라고 했을 때 그것의 실체가 과연 무엇인가 하는 중요한 문제가 있습니다. 마하티르 모하마드의 나라에서 중요한 종교는 '이슬람'입니다. 말레이시아 같은 동남아 지역에서는 이슬람교가 훨씬 더 많이 전파되어 있습니다. 그런데 아시아적 가치를 주장하는 일각에서는 '유교'에 큰 의미를 부여하고 있습니다. 한국에서는 당연히 그랬습니다. 하지만 유럽적인 가치에 대비해서 아시아 지역의 고유한 가치를 주장하는 이런 논지는 그 자체가 유교냐, 이슬람이냐 하는 그런 차원의 논의는 아닙니다. 그야말로 지극히 상대적인 논쟁입니다.

실제로 '아시아'의 경계와 범위는 모호합니다. 지역적으로도 유럽 바깥에서 발견한, 유럽과는 이질적인 사회, 구체적으로 말해서 유럽을 제외한 나머지 지역을 가리켜 아시아라고 부른 탓에, 그것이 포괄하는 범위가 매우 넓습니다. 동아시아, 동남아시아, 서남아시아, 중앙아시아, 북아시아 등과 인도는 물론이고 중동(Middle East), 이집트까지 포함되는 것으로 보아야 합니다. 아메리카, 아프리카 등의 지역을 나타내는 단어가 있어서 이들을 보조적으로 사용할 경우 나름대로 구분은 되지만, 역시 애매하며 특히 그 내부의 경계가 분명하지 않습니다.

그럼에도 불구하고 '동양사상' 혹은 '동양학'의 대상이 되는 '동양'의 범위를, 아시아라는 말로 표현하면 'East Asia, Far East Asia, East Asian Studies' 정도가 되지 않을까 합니다. 동양에는 일찍이 '동양 3국'으로 불리던 중국(대만), 일본, 한국(북한)이 중심이 되고 거기에 그 주위의 일부 지역들(예를 들면 북방 지역과 베트남 등)이 포함된다고 할 수 있습니다. 그렇다면 '동아시아 세계'라고 부르는 혹은 부를 수 있는 지역이 존재할까요? 존재한다면 무엇을 기준으로 동아시아라고 할 수 있을까요? 그리고 동아시아 문명의 공통분모로는 무엇이 있을까요?

앞에서 '중동'(中東, Middle East)이라는 말이 나왔습니다. 그와 관련된 용어로는 '근동'(近東, Near East), '극동'(極東, Far East)이라는 단어가 있습니다. 근동 → 중동 → 극동이라는 말들은 일종의 연속성을 띠고 있습니다. 이미 기점[유럽]과 방향[동쪽] 그리고 거리[근(近), 중(中), 극(極)] 개념이 들어가 있습니다. 유럽에서 보았을 때 동쪽으로 가까운 지역, 중간쯤 되는 지역, 그리고 아주 먼 지역이라는 것이지요. 이런 표현 자체가 이미 유럽중심적인 사고를 잘 보여주고 있습니다.

동아시아와 관련해서 한때 유행했던 것으로 동아시아공동체, 동북아시아공동체 논의가 있었습니다. '동아시아'와 '동북아시아'가 같은 의미일 수는 없겠지요. 일각에서는 동아시아(East Asia)가 동북아시아(North East Asia)[일각에서는 '북동아시아'라는 용어도 쓰고 있습니다.]와 동남아시아(South East Asia)를 합친 것이 아니냐는 발상도 나오고 있습니다. 그러면 동아시아 국가의 공통적인 문화적 요소가 있을까요? 또 있다면 그것은 무엇일까요?

동아시아 세계? 동아시아 문명?

'동아시아 세계'를 하나의 단위로 묶어주는 것은 단순히 지역적인 구분뿐일까요? 거기에 내용적인 공통분모 같은 것은 없을까요? 흔히 '동아시아 문명'이라 부르고 있는 것의 실체는 무엇이며, 또 그 '문명'의 핵심은 무엇일까요?

학자들에 의해서 가장 많이 이야기되는 것이 '유교문화권' 내지 '유교문명권'에 대한 논의입니다. 이런 이야기는 동아시아 지역의 몇몇 신흥공업국(NICs)들이 보여준 경제발전에 대한 설명과정에서 제기되었습니다. 1970~80년대 비약적인 경제발전을 보여준 지역을 경제논리로 분석했을 때 설명되지 않는 요소들을 이런 식의 해석을 통해 풀어나간 것입니다. 그러면서 많은 학자들이 문화적인 요소, 특히 유교에 대해 주목하게 되었습니다.

지금은 쏙 들어갔지만 '유교르네상스'(The Confucian Renaissance) 바람이 일었을 때, 일본을 비롯한 한국, 대만, 홍콩, 싱가포르의 경제발전을 문화적인 요소, 유교 에토스에 의거해 설명하려는 시도가 있었습니다. 그

때 '아시아문화권의 시대'[5], '유교 자본주의론' 등을 통해서 유교문화에 대한 재조명이 활발하게 이루어졌습니다. 유교에 대한 관심이 타오르자 다른 지역에서도 유교에 대해 관심을 갖게 되었지요. 그 대표적인 나라가 베트남과 중국입니다. 중국은 공자 등의 인물을 들며 유교문화의 뿌리가 자신들이라는 유교 소유권을 주장하게 됩니다.

아무튼 동아시아 세계의 공통기반으로서 '유교문화'를 들었지만 실제로 유교가 동아시아 지역의 유일한 문화적 기반일까요? 사실 유교 하나로만 설명할 수가 없습니다. 개인적으로 저는 동의하지 않습니다. 동아시아에는 전통적인 삼교(三敎)[유(儒), 불(佛), 도(道)]와 민간신앙 등이 뒤섞여 있습니다.

그 다음으로 설명할 수 있는 공통분모가 '한자문화' 내지 '한자문화권' 그리고 '한자(사용)민족' 등에서 볼 수 있듯이 한자에 대한 관심입니다. 문자로서의 한자(漢字)를 사용하는 것은 동아시아 지역에서 공통적으로 볼 수 있습니다. 다른 문화 또는 문명과의 교섭과정에서도 한자로 옮기는 작업이 선행되었습니다. 산스크리트어로 된 불경(佛經)이 중국에서는 한역(漢譯)됨으로써, 다시 말해 한자로 표현되는 의미체계로 번역됨으로써 인도불교와는 구별되는 '중국불교'가 가능해졌습니다. 더 나아가서는 한역불경(漢譯佛經)을 근간으로 하는 '동아시아불교'도 상정해 볼 수 있겠습니다.[6]

한자는 '표의문자'라는 특성상 읽는 방식이 다를지라도 의미는 크게

---

5) レオン·ヴァンデルメールシュ, 福鎌忠恕,『アジア文化圏の時代』(大修館書店. 1989).

6) 일본의 춘추사(春秋社)에서 간행한 <시리즈(シリーズ) 동아시아불교(東アジア仏教)>(전 5권, 1995-97)가 좋은 예라 하겠다.

다르지 않습니다. 물론 일본의 히라가나와 가타카나, 한국의 이두, 베트남의 자남(字喃)이라는 고유한 문자와 표기방식이 있었지만 모두 한자와 관련하여 이루어졌습니다. 한자의 글씨체를 응용하고 이용하거나 그것을 빌어 의사를 전달하고자 했습니다. 중요한 사실은 지배층의 문화나 국가의 공식적인 기록은 한자로 쓰였다는 것입니다. 그래서 서로 공통된 문자 기반을 갖고 있었지만, 동시에 식민지나 속국은 아니었습니다.

이 시기에 만약 조선과 중국의 지식인이 만났다면 어떻게 소통했을까요? 바로 '필담'(筆談)입니다. 그게 가능했던 이유는 의미가 통했기 때문입니다. 외국어 통역자, 다시 말해 '역관'(譯官)이 있기는 했지만 지극히 사적인 만남이나 중요한 비밀 이야기를 하는 자리에는 갈 수가 없었습니다. 실제로 조선 후기 실학자들이 중국 학자들과 술을 한잔 기울이며 필담을 통해 소통했다는 이야기가 그 당시 서적들에 나옵니다. 요즘은 중국 학생들과 소통하려면 영어밖에 안 됩니다. 한국 학생들은 한자를 잘 모르고 중국 학생들도 이미 간체자에 익숙해졌기 때문에 필담은 이제 아주 어렵습니다. 한자문화가 공통분모라고 볼 수도 있겠지만 점점 더 열어져 가고 있습니다.

바야흐로 19세기 이후 '유교'와 '한자'는 쇠퇴하고 있습니다. 근대화·서구화되면서 중국과 일본에서도 유교를 신랄하게 비판하는 목소리가 생겼습니다. 그에 비하면 상대적으로 한국에서 유교의 생존력은 높은 편입니다. 안동이나 경상북도의 선비문화 등이 그 예입니다. 하지만 한자 유산이 쇠퇴하고 있는 것도 분명한 사실이고, 유럽에서의 라틴어처럼 사어(死語)가 되어 가고 있습니다. 오늘날 중국에서는 번체자(繁體

字)가 아닌 '간체자'를 사용하고 있으며[대만은 번체자 사용], 일본도 일본식 한자를 사용하고 있습니다.

이런 이야기를 할 때마다 베트남의 예를 들곤 합니다. 한국, 중국, 일본 외에 한자를 쓰는 나라로는 베트남이 있었습니다. 베트남은 유교문화권에 속하면서 시험을 쳐서 엘리트를 뽑는 과거 제도에서 한자가 가장 오래 쓰인 나라였습니다. 전통적인 한자문화권이었지만 프랑스의 제국주의 침략을 받아 급격하게 변했습니다. 지금은 한자를 읽고 쓸 수 있는 사람은 전체 인구의 0.01%라고 합니다. 나이가 많거나 공부를 제대로 하는 사람들입니다. '절과 장례식장에서 한자를 찾을 수 있었습니다'로 순서를 바꾸면 어떨까요. 그때 만났던 베트남 사람들에게 그 한자를 읽을 수 있냐고 물었지만 모두 모른다고 했습니다. 베트남은 한 세기도 안 되어 민족의 문자생활이 완전히 바뀌었습니다.

한자는 표의문자이기 때문에 연속성이 굉장히 강합니다. 서양의 선교사들이 중국의 문헌을 보고 놀란 이유는 문자 체계가 2000년 동안 바뀌지 않았기 때문입니다. 이게 바로 문자의 엄청난 연속성입니다. 인도불교와 서구 문물을 한자로 번역해서 도입한 역사적 사실을 봐도 문화유산으로서 한자(漢字)의 가치가 매우 높습니다. 영어는 당연히 중요하지만 동시에 한자도 공부할 필요가 있습니다.

동아시아 세계와 동아시아 문명은 급격하게 변하고 있습니다. 그 이유는 무엇이고 어떤 양상으로 변하고 있을까요? 후쿠자와 유키치(福澤諭吉)라는 에도·메이지 시대의 계몽 사상가는 '탈아론(脫亞論)', '탈아입구(脫亞入歐)'를 주장했습니다. 일본은 아시아에서 벗어나야 한다는 주장입니다. 지역적으로는 아시아일지 몰라도 사상은 유럽을 따라가야 한다고 했습니다. 일본은 ‘대동아동영권(大東亞共榮圈)’이라는 슬로건으로 1930년대부터 일본을 중심으로 동아시아를 뛰어넘자고 주장했지만 처참하게 실패했습니다.

어느 시점부터인가 들려오기 시작한 중국의 ‘굴기(屈起)’는 중화사상의 부흥을 뜻합니다. 어느 학자가 이렇게 말했습니다. “마르크스는 공자에게 졌다!” 사회주의의 동아시아적 변형을 상징적으로 표현한 말입니다. 중국은 자본주의와 세계경제 시장논리가 깊숙이 들어와 이제 사회주의로 더 이상 버틸 수 없으니 그 공백을 공자학원과 유교부흥운동으로 메우려고 하는 듯합니다. 중국은 국가가 중심이 되어 유교문화를 활성화시키고자 하며, 그러기 위해서 한국, 일본, 서양 학자들을 발탁해, 유교를 문화유산으로 리모델링하려는 듯합니다. 유교에 대한 종주권을 확립하기 위해서 많은 노력을 기울이고 있다고 해도 좋겠지요.

그 다음에 ‘아시아·태평양 지역’(Asia - Pacific Area), ‘인도 - 퍼시픽’(Indo - Pacific) 등과 같은 새로운 개념들이 나타나기 시작했습니다. 이런 개념들은 전통적인 동아시아, 중국 대륙이 아니라 미국의 존재를 동아시아에 끌어들이려는 움직임으로 볼 수 있겠습니다. 전통적인 동아시아의 가치를 지켜나가려는 움직임이 있는 반면에 다른 한편에서는 동아시아 세계 자체가 빠르게 변모해가고 있습니다.

자기정체성(Self Identity): Who Am I ?

근대세계체제론(the modern world system)으로 널리 알려져 있는 임마뉴엘 왈러스타인(Immanuel Wallerstein)의 『사회과학으로부터의 탈피』(창작과 비평사, 1994)[7] 한국어판 서문에는 이런 이야기가 나옵니다.

> "이 과정에서 한국이 떠맡을 어떤 특수한 임무가 있을까? 우리가 심심찮게 들어왔듯 19세기적 사고가 속속들이 유럽 중심적이라는 점에는 나는 '그렇다'고 대답하겠다. 우리가 그 사고에서 탈피하려면, 범세계적인 작업이 요청될 것임이 분명하다. 이는 그다지 쉬운 일이 아니다. 한국이나 중국 또는 인도나 남아프리카 공화국의 학자들이 그런 집단작업에 뛰어드는 경우에도, 그들 자신의 사고가 오히려 지나치게 유럽중심적인 예를 종종 볼 수 있다."

위의 인용문을 처음 읽었을 때 상당한 충격을 받았습니다. 어렴풋하게나마 느끼고 있던 부분을 명확하게 지적한 왈러스타인의 지적인 예리함 때문이었습니다. 동시에 우리 학문의 '식민지성' 내지 '국제적인 지적 종속'이라는 측면을 깊이 생각해보지 않을 수 없었습니다. 그로부터 이미 상당한 시간이 흘렀지만, 그 같은 식민성을 극복하고 주체적인 자기 학문을 해나가고 있는지에 대해서는 여전히 의문입니다.

아무튼 이러한 관점에서 바라볼 때, 우리에게 필요한 작업과 과제는 다음과 같다고 할 수 있습니다.

1)「범세계적이고 전(全) 지구를 대상으로 하는 작업」

좋은 예로『정의란 무엇인가』(Justice: What's the Right Thing to Do?)를 쓴 마

---

7) 원래의 제목은 *Unthinking Social Science: the Limits of Nineteenth - Century Paradigms*(Polity, 1991)이다. 거기서 그는 rethinking(다시 생각해본다)이란 익숙한 단어를 거부하고 굳이 unthinking(탈피 내지 생각 자체를 바꾼다) 이라는 새로운 용어를 만들어서 썼다.

이클 샌델(Michael J. Sandel)이 60개국의 청년들과 화상으로 토론을 하기도 했습니다. 이제는 온라인상으로 전 지구적인 작업이 가능합니다.

2) 「비서구지역 그 자체에 입각하여 연구를 진척시키려는 경향」

종래의 확립된 유럽중심주의적시각에서 벗어나, 동아시아 그 자체에 입각해서 연구해야 합니다.

장애는 또 있습니다. 현재적 관점에서 지난 역사를 마음대로 재단하는 것입니다. 중국에서 유교문화를 독점하려는 상황에서 한국유교는 무엇을 어떻게 연구해야 하는지 깊이 고민해야 할 것입니다.

두 가지 작업은 그 분석의 대상과 수준을 크게 달리하지만, 진정한 객관성과 보편성을 추구하고 있다는 점에서는 모순되지 않으며 오히려 서로 보완해주는 관계입니다. 전 지구적 차원의 작업과 비서구적시각의 객관적 연구를 함께 해야 합니다. 한편으로는 대규모적인 작업이 필요하지만 한편으로는 극히 미시적인 작업도 필요합니다. 그들 두 작업이 서로 연결되어야 합니다. 그러기 위해서는 자기 목소리의 필요성과 자신의 역사와 문화, 철학에 대한 이해가 필요합니다. 그렇기 때문에 열린 마음과 생각으로 문(文), 사(史), 철(哲)의 인문학적 지혜를 되살릴 수 있는 '융합인문학'이 더욱 더 필요하다고 생각합니다.

그 문제와 관련해서 19세기말 개화사상가 유길준(兪吉濬, 1856 - 1914)이 품었던 생각의 일단을 소개하는 것으로 강의를 마무리하고자 합니다. 그는 최초의 일본 유학생이자 미국 유학생으로, 유교적인 지식을 지니고 서구 문물을 접한 학자, 사상가라 할 수 있겠습니다. 국한문혼용체로 쓴 『서유견문』이라는 책을 남겼는데(저작은 1889년, 출간은 1895년. 1000부 간행), 그 시대를 이해하는 데 중요한 자료입니다.

그의 독창적인 생각과 핵심은 제14편 <개화의 등급>에 담겨 있습니다. 그는 '개화(開化)·반개화(半開化)·미개화(未開化)'에 대해 설명한 다음, '실상' 개화와 '허명' 개화, 개화의 ①주인, ②손님(賓客), ③노예, 그리고 개화의 ①죄인(罪人), ②원수(讎敵), ③병신(病身)에 대해서 말하고 있습니다. 특히 개화의 ①죄인(罪人), ②원수(讎敵), ③병신(病身)에 대한 비유가 재미있습니다.[8]

유길준에 의하면, 어떤 사람들은 외국이면 무조건 다 좋다고 여기며, 자기 나라에 있는 것이면 무조건 좋지 않다고 여깁니다. 외국의 사정이나 상태에 대해서는 입에 침이 마르도록 칭찬하면서 자기 나라를 업신여기고 모멸하는 나쁜 풍속도 없지 않다고 합니다. 세상 사람들은 그들을 가리켜 '개화당'(開化黨)이라 하지만 그것이 어찌 참된 개화당이겠는가, 그 실상을 알고 보면 '개화의 죄인(罪人)'에 지나지 않는다고 했습니다.[9]

다른 한 쪽에는 미치지 못하는 자들, 그러니까 성품이 완고해서 사물의 구분과 경계를 알아차리지 못하는 사람들도 있었지요. 외국인이면 무조건 이적(夷狄), 오랑캐로 여기고, 외국 물건은 무조건 쓸모없는 것이라 하면서 말입니다. 외국어로 된 것들은 덮어놓고 '천주학'(天主學)이라 간주해버리고, 자신이 천하의 제일인 것처럼 여긴다는 것입니다.

---

8) 자세한 논의는 김석근, 서구 세계를 접한 유교 지식인의 사유세계: 유길준의 <개화의 등급>을 중심으로"를 참조할 것. 2014년 9월 27일, 성균관대 유교문화연구소 발표논문.

9) 원문은 다음과 같습니다. 한 번 읽어보는 것도 나쁘지는 않겠지요. "過ᄒᆞᆫ者ᄂᆞᆫ毫末의分別도無ᄒᆞ고外國이면盡善ᄒᆞ다하야自己의國에ᄂᆞᆫ如何ᄒᆞᆫ事物이ᄃᆞᆫ지不美ᄒᆞ다ᄒᆞ며已甚ᄒᆞ기에至ᄒᆞ야ᄂᆞᆫ外國의景況을稱道ᄒᆞ야自己의國을慢侮ᄒᆞᄂᆞᆫ弊俗도有ᄒᆞ니此ᄅᆞᆯ開化黨이라謂ᄒᆞ나此豈開化黨이리오其實은開化의罪人이며"

아예 세상을 등지고 피해서 살아가는 사람도 더러 있었습니다. 세상에서는 그들을 가리켜 '수구당'(守舊黨)이라 부르기도 하지만 그들을 어찌 수구당이라 할 수 있겠는가, 그 실상을 알고 보면 '개화의 원수[讎敵]'에 지나지 않는다고 합니다.[10]

또 다른 부류도 있습니다. 입에는 외국 담배를 턱하니 꽂아 물고, 가슴 앞에는 외국에서 온 회중시계를 자랑스레 드리우는 사람들. 그리고 최신식으로 머리를 자르고서 소파에 걸터앉아서 외국의 풍속을 한가롭게 그리고 자랑스레 말하는 사람들. 게다가 외국어를 어느 정도 읽고 말할 수 있는 사람들. 세상에서는 그런 사람들을 가리켜 '개화인'(開化人)이라 부르는 듯하다. 하지만 그들을 어찌 '개화인'이라 할 수 있겠습니까.[11] "그들은 개화의 죄인도 아니오, 개화의 원수도 아니오, 그저 개화의 헛바람(虛風)에 취해서 마음에 주견(主見) 없이 놀아나는 일개 개화의 '병신'일 뿐"이라 합니다.[12]

유길준의 시대에 가장 큰 사안은 '개화'였습니다. 그 개화와 관련해서 원수, 죄인, 병신 같은 비유와 설명은 아주 독창적이지요. 제가 일본에서 소개했더니, 일본 학자들 역시 아주 흥미롭게 듣더군요. 유길준은 후쿠자와 유키치에게 많이 배우기는 했지만 그대로 다 받아들인 것

10) "不及ᄒᆞᆫ者ᄂᆞᆫ頑固ᄒᆞᆫ性稟으로事物의分界가無하고外國人이면夷狄이라ᄒᆞ고外國物이면無用件이라ᄒᆞ고外國文字ᄂᆞᆫ天主學이라ᄒᆞ야敢히取近ᄒᆞ지못ᄒᆞ며自己의身이天下의第一인듯自處ᄒᆞ나甚ᄒᆞ기에至ᄒᆞ야ᄂᆞᆫ避居ᄒᆞᄂᆞᆫ者도有ᄒᆞ니此ᄅᆞᆯ守舊黨이라謂ᄒᆞ나此豈守舊黨이리오其實은開化의讎敵이니"

11) "若其口中에外國卷烟을含ᄒᆞ고胸前에外國時標ᄅᆞᆯ佩ᄒᆞ며其身이拚發이나交椅애踞座ᄒᆞ야外國의風俗을閒話ᄒᆞ야其言語ᄅᆞᆯ略解ᄒᆞᄂᆞᆫ者가豈日開化人이리오"

12) "此ᄂᆞᆫ開化의罪人도아니오開化의讎敵도아니라開化의虛風에吹ᄒᆞ야心中에主見업시一箇開化의病身이라"

은 아니었다는 것도 분명하게 얘기해 주었습니다.[13] 아무튼 '개화'라는 개념을 오늘날의 적절한 용어로 바꾸면 아마 '세계화' 정도가 되지 않을까 싶습니다. 그렇다면 유길준이 그랬듯이, 우리도 세계화의 ①원수, ②죄인, ③병신이라는 범주를 설정해볼 수 있겠지요.

그러면 우리는 어떻게 하는 게 좋을까요. 아니 어떻게 해야 할까요. 백여 년 전에 비슷한 고민을 했던 유길준의 충고는, 오늘을 살아가는 우리에게도 나름 도움이 되지 않을까 합니다. 그에 의하면, '개화'는 다른 사람의 장기와 장점을 받아들이는 것만은 아니며, 자신의 좋고 아름다운 점들을 지키는 것 역시 중요하다고 합니다.[14] 다만 '시세'(時勢: 때와 세)를 헤아리고 자신의 '처지'(處地)를 잘 살펴서, 어느 것이 더 가볍고 무거운지, 그리고 어느 것이 이익이 되고 해가 되는지를 잘 판단해야 한다는 것, 아울러 무엇을 먼저 할 것인지 나중에 할 것인지 잘 분간해야 한다는 것, 그런 다음에 순서대로 시행하는 것이 맞다고 합니다.[15]

하지만 그러기가 어디 말처럼 쉽겠습니까. 자신의 시세와 처지에 딱 들어맞는 것, 그것은 다른 말로 하자면 '중용'(中庸)입니다. 지나침[과(過)]도 없고 모자람[불급(不及)]도 없는 적정한 지점입니다. 그런 '중용'

---

13) 金錫根, "兪吉濬、『文明論之概略』を讀む?", 『福澤諭吉年鑑』30, 2003. <아시아속의 일본정치사상(アジア中の日本政治思想)>이란 주제로 개최된 일본정치사상학회(제10회 연구대회)에서 발표한 내용을 수정해 수록한 것이다. 발표할 때의 제목은 "韓末開化思想と日本: 兪吉濬、『文明論之概略』を讀む?"

14) 嗟呼라開化ᄒᆞᄂᆞᆫ事가他人의長技ᄅᆞᆯ取ᄒᆞᆯᄲᅮᆫ아니오自己의善美ᄒᆞᆫ者ᄅᆞᆯ保守ᄒᆞ기에도在ᄒᆞ니大槩他人의長技ᄅᆞᆯ取ᄒᆞᄂᆞᆫ意向도自己의善美ᄒᆞᆫ者ᄅᆞᆯ補ᄒᆞ기爲ᄒᆞᆷ인故로他人의才操ᄅᆞᆯ取ᄒᆞ야도實狀잇게用ᄒᆞᄂᆞᆫ時ᄂᆞᆫ則自己의才操라"

15) 時勢ᄅᆞᆯ量ᄒᆞ며處地ᄅᆞᆯ審ᄒᆞ야輕重과利害ᄅᆞᆯ判斷ᄒᆞᆫ然後에前後ᄅᆞᆯ分辨ᄒᆞ야次序로施行ᄒᆞᆷ이可ᄒᆞ거ᄂᆞᆯ

의 길을 걷는 것은 예나 지금이나 심히 어렵습니다. 그럼에도 우리가 열심히 찾아서 나아가야 할 방향이라 할 수 있겠습니다. 제가 말씀드린 것들이 오늘날 급격하게 변화해가고 있는 시대에 우리 자신을 되돌아 보는 데에 조금이나마 참조가 될 수 있었으면 좋겠습니다.

정병규	삶은 디자인이다
이동철	알파고와 협업하는 인간은 무엇인가: 4차 산업혁명과 우리의 미래
장문석	유럽 통합은 끝났는가?
김석근	동아시아의 미래를 읽다
김영수	**조선건국의 기획자 '정도전'**
신동원	한국의 과학과 문명
이용주	철학에서 배우는 "가치 있는 삶"
함성호	무에서 유를, 유에서 무를 보는 눈
박홍규	내 친구 톨스토이

김영수

성균관대학교 정치외교학과를 졸업하고 서울대학교 대학원 정치학과에서 박사 학위를 받았다. 일본 동경대학교 대학원 법학부의 객원 연구원을 지냈으며 현재 영남대학교 정치외교학과 교수로 있다. 주요 저서로 『건국의 정치 - 여말선초 혁명과 문명 전환』『한국정치사상』(공저)가 있으며, 옮긴 책으로『현대정치와 군부』,『서양정치철학사』(공역) 등이 있다.

도전이 있으면 그것을 어떻게 극복해나가느냐, 그 과정에서 역사가 이루어집니다.

정도전은 여말선초에 살았던 사람입니다. 조선을 건국한 사람은 이성계이지만 조선의 설계자, 전체적인 계획을 짠 사람은 정도전입니다. 실제로 정도전이라는 사람이 어떻게 그런 사상을 갖게 되고 조선 건국에 참여하게 되었는지 살펴보겠습니다.

혁명이라고 하는 것은 아무 때나 일어나는 것이 아닙니다. 혁명은 아주 드물게 일어납니다. 시대가 아주 어렵고 큰 위기에 직면해 있을 때 혁명이 일어나 전체 틀을 바꿉니다. 역사가 토인비(Arnold Joseph Toynbee)가 이야기한 것처럼 challenge and response, 도전이 있으면 그것을 어떻게 극복해나가느냐, 그 과정에서 역사가 이루어집니다. 혁명의 시대야말로 챌린지의 시대라고 볼 수 있습니다. 국가뿐만 아니라 인간도 그렇습니다. 한 개인의 삶에도 챌린지의 시기가 있습니다.

4차 산업혁명시대가 목전으로 다가와 있고 한국사회도 고성장에서 저성장 사회로 들어가고 있습니다. 60년 만의 큰 전환기가 다가오고 있습니다. 그렇기 때문에 여러분은 시대적 도전 앞에 서 있다고 볼 수 있습니다. 그 도전을 어떻게 이해하고 대답하느냐에 따라 역사와 개인은 몰락할 수도 있고, 새로운 시대를 맞을 수도 있습니다. 어떻게 받아들이고 새것으로 바꾸어 가느냐에 따라 위기가 기회가 될 수도 있습니다. 위기를 적당히 넘기면 위기는 반복됩니다. 한 개인도 마찬가지입니다. 자기에게 주어진 위기를 제대로 인식하고 대응하지 못하면 위기는 계속 반복되어 삶 전체가 피곤해집니다.

고려 말도 그런 시기였습니다. 크게 세 가지가 바뀌는 시기인데요. 첫 번째로 동아시아 전체의 권력구조가 바뀌는 시대였습니다. 150년 정도 지속된된 원나라의 지배가 막을 내리고 명나라가 들어서는 때입니다. 원나라는 처음으로 유라시아 대륙을 연결시킨 전무후무한 세계제국입니다. 그게 붕괴되면서 국제정치의 전체 권력 구조가 바뀌던 시기였습니다.

두 번째는 고려왕조에서 조선왕조로 넘어가는, 한반도 내에서의 권력구조가 바뀌던 시기였습니다. 우리나라 전체 역사를 보면 권력 이동(Power Shift) 시기에는 한반도에서 반드시 전쟁이 일어났습니다. 세 번째는 사상이 변동되는 시기였습니다. 불교에서 유학으로 넘어가던 때였습니다. 보통의 시대에는 한 가지 정도의 변동을 맞이하는데 이때는 세 개의 큰 변동과 도전이 있었던 것이죠. 세 개의 도전이 부딪히게 되면 지진이 일어나는 것처럼 지각변동이 일어납니다. 그런 시대적 도전에 직면해 시대를 살았던 사람들이 그 문제를 창조적으로 대응해 나가면 역사는 한 발자욱 나아가게 되는 것이고, 제대로 대응하지 못하면 역사는 퇴락하고 고통을 계속 겪게 됩니다. 정도전은 이러한 시대의 문제를 인식하고 새로운 대안을 제시하려고 한 사람이었다고 볼 수 있습니다.

우리는 왕조가 세워지면 500년이나 가는 특이한 나라입니다. 보통 동아시아 역사를 보면 정상적인 왕조는 250년에서 300년을 갑니다. 전통 시대의 왕조는 주기가 있습니다. 중국 역사를 보면 그렇죠. 그것은 토지 문제와 연관이 있습니다. 먹고 사는 문제에 따라 국가와 사회 구조가 만들어집니다. 근대 이전의 시대는 토지로 먹고 살았기 때문에 토지 제도가 건전하게 유지되는 것과 왕조의 존속기간이 연관되어 있습니다. 왕조 초기에는 토지 제도가 건전하게 유지되는데, 말기에 가면 타락하게 됩니다. 쉽게 말하면 토지 제도의 문제는 세금 또는 지대 문제입니다.

동아시아에서 가장 이상적인 세금 또는 지대 비율은 10% 정도였습니다. 대체적으로 인류가 국가를 만들고 유지하기 위한 적정 비용이 총 생산의 10% 정도인 거죠. 왕조 말기에 가면 70%까지 갑니다. 그럼 농민은 30%로 먹고 사는데, 이 정도면 한계에 이른 것이고, 그걸 넘어가면 다 죽는 것입니다. 당시는 지금과 달라서 한번 흉년이 들고 크게 전염병이 돌면 인구의 3분의 1이 죽을 때도 있었습니다.

삶이 굉장히 취약한 시대였습니다. 소득의 70%를 지배층이 가져가고, 농민이나 백성은 30%로만 생을 유지해야 하는데, 흉년이 들고 전염병이 들면 엄청나게 많은 사람들이 죽어나갑니다. 그렇게 한계에 이르면 농민들이 곡괭이를 들고 일어나 왕조가 무너지고 새 왕조가 들어섭니다. 그런 식으로 동아시아와 전 세계의 역사가 진행되어 왔습니다. 고려나 조선 같은 경우 500년이나 이어졌으니까 정치적으로 탁월한 관리 능력이 있었다고 볼 수 있습니다. 나름대로 제도의 건전성을 유지하는 대응체계를 갖고 있었다는 것을 알 수 있습니다.

고려를 전후기로 나눠보면, 태조 왕건은 918년에 고려 왕조를 건국하고 18년 뒤에 후삼국을 통일하여 두 번째 통일 왕조를 만들어냈습니다. 그렇게 이어지다가 200년 정도 지난 1170년에 무신난이 일어나, 고려 왕조가 처음 만들었던 문신 지배의 틀이 붕괴되고 100년 정도 무신의 지배로 갑니다. 그러다가 원나라가 침략을 해서 30년 정도 항쟁을 했지만, 결국 항복하고 원나라 지배기로 들어갑니다. 85년 정도 지나서 공민왕의 반원정책에 의해 다시 독립을 찾습니다. 그 후 35년 뒤에 고려가 멸망합니다. 대체로 무신의 난이 일어났을 때를 고려 중기라고 볼 수 있습니다.

이동성을 기반으로 세계화를 진행한 원나라

오늘날 세계화는 정보를 기반으로 일어났지만 원나라는 이동성을 기반으로 세계화를 진행했습니다. 둘 다 '교류(interchange)'라는 점에서 같은 성격을 지니고 있습니다.

원나라 지배기에는 긍정적인 측면도 있었습니다. 역사책에는 원나라 지배기를 일제의 식민지 시대와 비슷하게 그려놓기도 하는데 반드시 그렇지만은 않습니다. 물론 국가의 독립성이 약화되기는 했지만, 세계사적으로 봤을 때 제1차 세계화가 원나라 시대에 일어났습니다. 정보나 상품, 지식을 교류하는 것이 세계화의 핵심인데요. 얼마나 이동성이 강화되는지가 세계화의 중요한 척도입니다. 오늘날 우리가 직면하는 세계화는 기본적으로 정보를 기반으로 일어나지만 그때는 이동성을 기반으로 세계화가 진행됐습니다. 이동성에 기반한 세계화라는 것은 기본적으로 안전에 의해 유지됩니다. 정치권력이 확고해서 치안을 유지할 수 있을 때 이동이 일어납니다.

유라시아, 유럽과 중동, 아시아 전체를 잇는 연결망이 실크로드를 통해 만들어졌는데, 실크로드는 불안했습니다. 중간마다 도적들이 약탈하려고 대기하고 있었기 때문입니다. 그걸 뚫으면서 물품을 유통하려면 이동에 한계가 있었습니다. 그런데 몽고가 세계를 제패하며 역참이라는 것을 만들었습니다. 몽고 말로 잠(Jam)이라고 합니다. 일종의 교통시스템입니다. 20 - 25km 정도마다 베이스캠프를 만들고 말을 대기시켜놓고 빠르게 이동하는 것입니다. 몽고군이 치안을 맡았는데, 몽고군이 한 명만 있어도 다른 군사 100명이 도망갈 정도로 위세가 대단해 도둑을 제압했습니다. 치안이 확보되니 물품 유통도 수월하게 됐습니다. 그렇게 사람이나 상품이 이동하면서 유럽과 중동과 아시아 전체의 교역망이 연결되었습니다. 육지만 연결된 게 아니라 바닷길도 열렸습니다. 그렇게 해서 처음으로 세계화가 일어났습니다.

그 당시 원나라의 수도는 지금의 베이징입니다. 거기에 100만 명이 살고 있었고, 전 세계 문화가 모여들며 처음으로 세계문화가 만들어졌습니다. 이 원나라 수도에서 세계문화를 다 공부하고 고려로 돌아온 이들이 이제현, 이곡, 이색 같은 사람들입니다. 정몽주와 정도전은 이들의 가르침을 받았습니다. 정몽주는 중국, 일본에 사신으로 많이 갔습니다. 한국 역사에서 고려중기 때까지의 문집을 보면 얇습니다. 그 당시 사람들의 생각의 볼륨, 지식의 수준이 작은 것입니다.

고려 말, 1350년대 이후로 넘어가면 고려 사람들의 문집이 폭발하여 오늘날과 같은 책의 형태로 만들어지게 됩니다. 어떻게 갑자기 이런 지적 폭발이 일어났을까요? 몽고의 세계화 경험을 고려가 수용하며 지적 혁명이 일어난 것입니다. 당시 고려의 인구가 한 600만 명 정도 됐는데, 원나라 수도에 살고 있는 고려인의 수가 3만 명 정도였습니다. 고려 인구의 0.5%정도가 원나라 수도에 살았습니다. 요동의 심양에도 고려인이 많이 살았습니다. 그래서 충선왕 때부터는 고려왕이 심양왕을 겸했습니다.

북경에서 개성까지 말을 타고 가면 20일 정도 걸렸는데, 끝없이 왔다 갔다 하며 문화교류가 있었습니다. 정치적으로 봤을 때는 예속적인 상황이었지만, 당시 세계가 만들어내는 최고의 문화를 곧바로 접할 수 있는 시스템을 갖고 있었습니다. 이에 따라 고려 말에 여러 지적 혁명이 일어나고, 그 결과가 축적되어 만들어진 나라가 조선이었습니다. 조선이라는 나라가 세워질 수 있었던 문화적 역량은 몽고 지배기에 만들어진 것이고, 그것을 국가 형태로 만든 것은 정도전, 문화적, 사회적인 제도로 종합한 것은 세종이었습니다.

고려말 네 가지의 국가적 위기

고려말의 위기는 국가-왕권의 약화, 토지제도의 붕괴(경제-재정-행정 위기), 국방-외교의 위기, 사상의 위기, 네 가지로 살펴볼 수 있습니다.

공민왕은 1352년에 즉위하면서 즉위교서를 발표했습니다. 오늘날에도 대통령이 취임사를 하는데, 거기에는 시대를 보는 인식이 모두 담겨 있습니다. 공민왕은 고려가 배출한 가장 훌륭한 왕 중의 한 명입니다. 재위 기간의 절반이 지날 무렵 노국공주가 죽어서 나중에 폐인이 되었지만, 초반에는 정치를 굉장히 열심히 했습니다. 공민왕이 왕위에 올랐을 때는 22살인데 백성들의 기대가 아주 컸습니다.

공민왕을 도왔던 사람이, 원나라를 10년 동안 돌며 세계를 공부했던 이제현입니다. 우리나라 사람 중에 처음으로 중국 전체 여행을 세번이나 한 사람입니다. 지식이라는 것은 책만 봐서 되는 게 아니라 세상을 많이 봐야 합니다. 많이 봐야 식견이 넓어지고 눈이 커집니다. 이제현은 중국에서 넓힌 식견으로 고려에 기여한 것이 많습니다. 공민왕의 즉위교서는 사실 이제현의 작품이 아닌가 생각합니다. 교서는 크게 4가지를 지적합니다.

마침 시세가 쇠퇴하고 풍속이 퇴폐하여,

1. 조정에는 요행으로 얻은 관직이 많고, (인사)

2, 창고에는 평소에 모아둔 저축이 없으며, (재정)

3. 주변 오랑캐가 국경을 침입하고, (국방)

4. 하늘은 재변(災變)을 고하고 있다. (기후)

정치의 기본적인 3가지 요소가 인사, 재정, 국방입니다. 정치에서 제일 중요한 것은 소통이지만, 행정의 관점에서 보면 제일 중요한 게 인사입니다. 인사가 엉망이면 치명적인 문제가 생깁니다. 치안, 국방이 안 좋다는 것은 그 나라가 썩었다는 것을 증명합니다. 왕조시대 때는 왕이 권력이 강해야 이런 문제를 해결하고 개혁할 수 있습니다. 왕권이 강하냐, 약하냐는 그 자체가 중요한 게 아닙니다. 문제를 해결하기 위해 무엇이 필요한지 봐야 합니다.

원나라가 왕위를 좌우해서 왕은 원나라의 눈치를 봐야 했으니, 왕권이 약해 개혁을 할 수 없었습니다. 고려 정치를 움직이는 세력들이 모두 친원 세력이고, 이들의 딸들이 다수 원나라의 유력자들과 결혼했습니다. 그러니 왕이 되어도 왕위를 유지할 수 있을지 걱정해야 했습니다. 원나라가 퇴위시키면 끝이니까요.

원나라가 고려를 지배한 후에 왕들은 아들들과 끊임없이 권력 투쟁을 했습니다. 충렬왕도 충선왕과 끝없이 싸웠고, 충선왕도 아들 충숙왕과 사이가 좋지 않았습니다. 원나라에서 국왕 지명권을 갖고 있었으므로, 왕이 국정을 개혁 할 수 있는 상황이 아니었습니다. 개혁이 지체되는 거죠.

고려 말에는 토지제도가 붕괴되었습니다. 오늘날에 우리가 먹고 사는 재화는 대부분 공장에서 나오지만, 예전에는 토지에서 나왔습니다. 땅이 모든 것을 결정하는 시대였습니다. 땅을 중심으로 인간관계가 맺어지고, 정치 제도가 만들어집니다. 고려의 제도, 근대 이전의 토지 제도의 근본 이념은 공전제입니다. 공전제는, 실제로는 그렇지 않습니다만, 사유 재산이 없는 것입니다. 전국에 토지가 있으면, 국가에서 크게 3가지로 나눕니다. 첫 번째, 왕실비용이 필요합니다. 왕실이 국가를 다스리니까 비용을 줘야겠죠. 두 번째는 관료들이 국가들 위해 일하니까 월급을 줘야 했습니다. 세 번째로 군인도 나라를 지키니까 그에 대한 급여를 지급해야 합니다. 관공서 운영경비도 필요하죠. 그러고 나면 토지가 남지 않았습니다.

고려 말 위화도 회군 뒤에 이성계가 토지 개혁을 하려고 전국의 토지 조사를 해보니 55만 결이었습니다. '결'은 당시의 토지 단위인데, 1

결은 그때 벼 20석 정도를 생산하는 땅입니다. 성인 10여 명이 먹고 살 수 있는 토지의 넓이입니다. 그러니까 550만 명 정도가 먹고 살 수 있는 규모의 토지를 갖고 있었습니다. 당시 인구가 600만 명이었으니까 대략 먹고 살 수 있는 정도였습니다. 그런데 토지를 분배해보면 왕실비용 13만결, 관료들 20만결, 나머지는 군인들에게 주면 백성들에게 줄 수 있는 게 없었습니다.

백성들은 기본적으로 소작인들이었습니다. 문제는 경작을 해서 세금을 얼마나 내느냐입니다. 원래 정상적인 토지 제도라면 10분의 1만 내는 것이지만, 그렇게 되지 않았습니다. 관료에게 토지를 나눠주면 나중에 관직을 그만두었을 때 토지를 국가에 반납해야 합니다. 하지만 먹고 살 길이 없으니 토지를 반납하지 않습니다. 신임 관료가 오면 그 땅을 받습니다. 그게 계속해서 쌓여 가면 나중에는 세금이 소출의 70%까지 올라 갑니다. 고려말에는 이 땅들이 모두 개인 소유로 바뀌었습니다. 세력가들이 개인이나 국가토지를 불법적으로 탈점했습니다. 국가가 약해서 막지도 못했습니다. 그래서 세금을 거둘 수 없으니 국가는 행정체계를 유지할 수 없고, 관료체계, 군대체계가 붕괴되면서 국가 전체의 기능이 와해됩니다.

국가체제가 붕괴되니 외적 침입에 대응하지 못하고, 관료들의 체계가 비정상이니 대륙의 세력 교체 상황에서 외교 문제에 제대로 대응하지 못하게 됩니다. 오늘날의 우리도 마찬가지입니다. 1945년 이후 동아시아는 미국에 의해 세력균형을 유지해 왔는데, 중국이 부상하면서 동아시아에서 권력 이동 현상이 나타나고 있습니다. 한국이 사드배치 문제를 놓고 고민하는 이유도 이러한 동아시아의 세력 변동과 연관이 있는 것입니다. 세력 변동 시기에 대응을 잘하지 못하면 한반도에는 반드시 전쟁이 일어났습니다. 원나라에서 명나라로 넘어가는 시기에 대응을 제대로 못해서, 요동정벌이 추진되고 명나라와 전쟁할 지경까지 갑니다. 그게 외교, 국방 문제에 실패했기 때문에 벌어진 결과들이었습니다.

그 다음으로는 사상의 위기입니다. 오늘날의 사상은 여러 가지 형태가 있지만, 옛날의 사상은 종교의 형태였습니다. 종교가 국가에게 중요한 것은 백성들의 마음을 안정시켜주기 때문입니다. 인간들은 전반적으로 불안하고 불행합니다. 개인이 스스로 인격 완성을 해서 어떤 상황에서도 불안하지 않게 된다면 제일 좋은데, 그런 사람은 많지 않습니다.

인간을 안정시켜주는 것은 첫 번째, 자기 자신이 있고, 두 번째가 가족, 세 번째는 국가입니다. 그게 안 되면 종교로 갑니다. 종교는 인간에게 깊은 안정을 줍니다. 대개 국가나 사회가 어지럽고 가족해체가 일어날 때 신흥종교가 많이 생기는 게 그런 이유입니다. 개인이 감당하기 어려운 불행을 당할 때 사람들은 대체로 종교로 가게 되어 있습니다. 종교가 구체적으로 그 사람을 구해주지는 않지만 정신적으로 구원해줍니다. 종교를 통해 인간은 정신적 세계를 형성하고, 그 안에서 살 수 있게 됩니다.

이처럼 사상이 건전할 때는 백성들을 다 안정되게 만들어줍니다. 정치라는 것은 질서를 만들어주는 게 가장 중요한 임무입니다. 질서를 만든다는 것은 기본적으로 폭력을 수반합니다. 경찰이나 군대 제도도 그렇고, 법 또한 어떤 것을 지키지 않으면 처벌을 가하는 것으로 질서를 수립합니다. 그런데 국가가 질서를 만들려면 비용이 많이 듭니다. 국가의 입장에서 비용이 안 들면서 질서를 만드는 방법이 바로 종교입니다.

물론 종교는 스스로 주장하는 진리가 있습니다. 그런데 정치의 관점에서 볼 때, 국가의 가장 큰 임무인 질서를 만드는 데 비용이 제일 안 드는 방법이 종교입니다. 종교인에게 면세를 해주는 것도 그런 이유입니다.

훌륭한 종교라면 백성들의 마음을 안정시키고, 법을 지키게 하고, 국가에 충성하게 하는 역할을 하며, 더 좋은 종교는 복지까지 합니다. 가난한 사람을 종교기관에서 많이 보살피고 있잖아요. 국가에 훌륭한 종교가 있다면 정치를 하는 게 편안해집니다. 문제는 종교가 서비스에 대한 대가를 원한다는 것입니다. 종교의 헌금이 그런 예이죠. 조금 더 나쁜 경우는 단순히 헌금만 받는 게 아니라 재산을 증식해갑니다. 예전에 서양에서도 가톨릭 교회가 부당한 돈을 거둬서 루터가 종교 개혁을 일으켰습니다.

고려말 혁명적 사상인 성리학의 등장

고려말 사찰은 10만결 이상의 토지를 가지고 있었습니다. 전체 토지의 13-20% 정도입니다. 오늘날 종교가 나라 전체 재산 중 이 정도를 가지고 있다고 한다면 상당히 심각한 문제이겠죠. 거기에 종사하는 사람들은 단순히 봉사하는 게 아니라 그 이익을 향유하기 위해 들어가 있는 사람들입니다. 오늘날에도 종교의 권력을 이용해 부를 이루는 사이비종교가 많죠. 고려 말이 그런 상황이었습니다. 당시 불교가 천 년 동안 이어져 왔고, 오늘날까지 하면 1700년 정도 한국 사회에 이어져 오고 있습니다.

불교는 삼국시대 때 처음 들어온 이후로 고려 때까지 국교였고, 나름의 중요한 기능들을 수행해왔습니다. 그렇지만 고려 말의 불교는 사회에 너무 큰 부담을 주고 있었습니다. 해야 할 일은 하지 않고, 먹는 것만 너무 많이 먹었던 것입니다. 이것을 개혁해야 했는데, 중요한 건 누가 어떤 대안을 제시할 것인가가 문제였습니다. 한국은 근대화과정에서 경제발전에 대해서는 군부가 대안을 제시했습니다. 민주주의에 대해서는 대학에서 대안을 제시했습니다. 고려 말의 위기에 대해서는 누가 대안을 제시했을까요?

지식인들은 사실 평상시에는 특별히 중요하지 않습니다. 그냥 자기 취미 생활을 하는 거죠. 위기의 시대에는 반드시 지식인들이 필요합니다. 세계를 넓고 깊게 볼 수 있는 것은 지식인들만 할 수 있거든요. 그러면 또 어떤 지식인들이냐 하는 문제가 있습니다. 불교는 타락해서 더이상 다른 대안이 나올 수 없었습니다. 유교 지식인들에게서 대안이 나왔어야 했는데, 고려 말의 유교는 너무 문학화되어 있었습니다. 원래 공자부터 맹자까지 살펴보면, 유교는 굉장히 정치적인 사상이고 불교는 완전히 비정치사상입니다. 불교는 정치세계와 세속을 떠나서 자기 구원을 해야 한다는 사상이죠. 유교는 현실에 적극적으로 참여하는 것을 권유합니다.

유교 지식인들이 삶에서 제일 중요하게 여기는 두 가지는 수기(修己)와 치인(治人)입니다. 인격을 완성하고 정치에 종사하는 게 유교 지식인들이 지향하는 삶의 형식입니다. 그런데 고려 중기의 유교는 문학적인 사장(詞章)유학으로 바뀌었습니다. 전체적으로 봤을 때, 불교 지식인과 유교 지식인 모두 국가의 위기 상황에서 대안을 제시할 수 없었습니다.

새로운 형태의 지식이 필요했는데, 그것이 성리학이었습니다. 고려에 성리학을 소개하고 새로운 국가 구상을 제시하여 혁명으로까지 나아가게 한 인물 중 한 사람이 바로 정도전이었습니다.

보통 성리학을 생각하면 보수적이고 뭔가 권위주의적이며 혁명과는 거리가 먼 이미지이죠? 체제 순응적이고 권위주의적인 성리학이 어떻게 혁명의 사상이 될 수 있는지 의문을 품을 수 있습니다. 하지만 성리학이 처음 나올 때는 그런 사상이 아니었습니다. 공산주의도 마찬가지입니다. 공산주의는 마르크스가 처음 시작하고 레닌이 러시아 혁명을 할 때까지만 해도, 현대 세계에서 가장 혁명적인 사상이었습니다. 소련과 중국이 공산주의를 하나의 체제이데올로기로 받아들이고 몇 십 년이 지나니, 공산주의는 완전히 수구의 사상이 되었습니다. 어떤 사상이 혁명적이냐 보수적이냐 하는 것은 처음부터 결정되어 있지 않습니다. 혁명적인 사상이 될 수도 있고, 수구적인 사상이 될 수도 있습니다. 성리학이 처음 시작되었을 때는 보수적인 것이 아니라 상당히 혁명적인 사상이었습니다.

고려의 성리학은 안향이 처음 들여왔습니다. 안향은 47세에 충렬왕을 따라서 처음 원나라 수도에 갔습니다. 4개월 정도 체류하면서 주자의 책을 발견했습니다. 책을 보다가 굉장히 중요한 사상이라는 생각이 들어서 그 책을 가지고 고려로 돌아옵니다. 책을 들여오긴 했지만 학문적 요체에 대해서 잘 알지는 못했기 때문에, 특별히 주자학에 대해 한 일은 없습니다. 안향은 학문적 감수성이 예민한 사람이었습니다.

안향은 제자를 몇 두었는데, 그중 한 사람인 백이정(白頤正)도 충선왕, 충렬왕을 따라 원나라 수도에 가서 10년 동안 성리학을 공부했습니다. 그 후 고려에 돌아와 처음 가르친 사람이 이제현이었습니다. 이제현이 충선왕을 따라 10년 동안 원나라에서 공부하고 고려에 돌아와 가르친 사람들이 이색 등 입니다. 정몽주, 정도전은 이색에게서 배웠습니다. 거기서 일종의 학맥이 형성된 것이죠. 새로운 학문을 공부한 그룹이 하나로 모여 1367년에 개성에 성균관이라는 학교를 중창합니다. 성균관에서 가르친 것이 성리학이었습니다. 그때 참여했던 사람들이 이색, 정몽주, 정도전, 이숭인, 김구용, 윤소종 등이었습니다. 거기서 조선건국의 사상운동이 시작되었습니다.

이렇게 20대 후반, 30대 초반의 사람들이 모여 공민왕 후기 때 성장을 했는데, 그때까지는 정치적으로 중요성을 가진 사람들은 아니었습니다. 학문적인 그룹만 있었던 것이죠. 이 사람들이 처음으로 정치 세계에 자기의 이름을 알렸던 때가, 공민왕이 죽고 난 직후입니다. 공민왕은 재위 5년째인 1356년 반원정책을 단행했으며, 최종적으로 1369년 원나라에서 명나라로 고려의 외교 관계를 바꾸고 원나라와 관계를 끊었습니다. 그런데 1374년 공민왕이 암살된 후 당시 집권자인 이인임이 대외정책을 다시 친명정책에서 친원정책으로 바꿨습니다. 이때 외교정책의 전환에 반대한 인물들이 젊은 성리학자들이었습니다. 대외정책을 바꾸면 안 된다고 했습니다.

오늘날로 치면, 대외관계를 한미동맹에서 한중동맹으로 바꾸는 것과 같습니다. 그렇게 된다면 대외정책을 놓고 국가 안에서 큰 갈등이 일어납니다. 지금도 대중정책, 대미정책, 대북정책을 둘러싸고 여야의 갈등이 깊습니다. 고려말도 마찬가지였습니다. 그때 친원정책으로 돌아가려는 사람들은 고려의 전통적인 권문세족, 특권층이었고, 좀 더 혁신적인 사람들은 친명정책을 주장한 성리학자들이었습니다. 결국 성리학자들이 권력 투쟁에서 패배한 후에 유배를 가게 되는데, 정도전도 그 중 한 사람이었습니다.

정도전은 유배를 가면서 인생은 물론이고 학문과 정신세계에서 중대한 시련에 직면합니다. 성리학의 가르침에 따르면, 이 세계에는 선한 것과 옳은 것이 실현되어, 천도가 이루어져야 합니다. 하지만 자신이 겪은 정치의 세계에서는 반대의 일들이 벌어졌습니다. 자기 자신이 이 문제를 어떻게 해결해야 하는가라는 정치적인 문제, 정신적인 문제에 부닥치게 됩니다. 자기는 국가를 위해서 올바른 것을 주장하다 유배를 당했는데 억울하고 곤란한 처지에 빠지게 되니, 어떻게 이 문제를 해결해야 하는지를 깊이 고민했습니다.

경계적 존재, 지식인

불교와 성리학은 진리의 관점에서 보면 차이가 있습니다. 불교의 진리는 스스로 깨닫는 것입니다. 좀 거칠게 말하면 세상과 상관이 없습니다. 유교의 진리는 그렇지 않습니다. 수기치인의 관점에서 보기 때문에 개인의 인격 완성, 진리의 발견은 세상에서 실현되어야 한다고 봅니다. 혼자 진리를 깨닫는 것도 어렵지만, 세상에서 실현해야 한다는 건 더 큰 문제입니다. 세상은 실제로 우리가 생각한 것처럼 돌아가지 않습니다. 그래서 성리학의 세계관은 현실적으로 봤을 때 훨씬 더 어려운 문제였습니다.

이를테면, 헤겔 철학에서 헤겔은 가이스트(Geist)가 세계를 지배한다고 봅니다. 그런 의미에서 이성적인 것이 현실적인 것이고 현실적인 것이 이성적인 것이라고 합니다. 이 말은 굉장히 그럴듯한데, 현실을 보면 이성적인가요? 지금 대한민국 현실이 이성적인가요? 이런 건 관념의 세계에서는 충분히 가능한 이야기입니다. 세계의 근원이 악하다고는 볼 수 없으니까요. 세계의 근원이 만약 선하다면, 선한 게 현실과 아무 관련 없이 존재한다고 할 수 없습니다. 세계도 당연히 선해야겠죠. 지금 당장이 아니라도 언젠가는 선해야 되겠죠. 그런 논리에서 나온 게 종말론입니다. 언젠가는 선한 세상이 도래한다는 것입니다. 형이상학에서는 이렇게 이야기할 수 있을지도 모르겠지만, 역사학과 정치학에서는 그렇지 않습니다. 현실적인 것은 비이성적인 것이고, 비이성적인 것은 현실적인 것입니다. 성리학의 관점에서 볼 때도 성리학의 천리와 정치학, 역사는 계속 부딪힙니다.

우리가 살고 있는 세계에는 보이는 것과 보이지 않는 것이 있습니다. 사람들은 보통 현실적인 것을 가지고 살아갈 것 같지만, 반드시 그렇지는 않습니다. 보이지 않는 것을 자신의 중심으로 놓고 살아가는 사람들도 있습니다. 대표적인 사람들이 지식인들입니다. 지식인들은 이상이 있기 때문에 보이지 않는 것을 중심으로 놓고 살아갑니다.

이상은 현실에 없는 게 이상입니다. 예컨대 이상 국가, 천도, 진리 같은 것들은 현실에 존재하지 않습니다. 그래서 존재하지 않는 것을 삶의 중심에 놓고 살아가면 문제가 생깁니다. 현실 세계에서는 보이지 않는 것을 실현하는 게 어렵기 때문입니다. 실현되지 않는 것을 삶의 중심에 놓는 사람들이 현실을 산다는 건 사실 경계에 산다는 것입니다. 그런 의미에서 지식인은 '경계적 존재'라고 볼 수 있습니다. 늘 어떤 분열된 상태에서 살게 되고 고통을 겪습니다. 여말선초의 역사에서 이 간극을 가장 민감하게 느낀 것은 정도전과 정몽주 같은 사람이었습니다.

중국 역사 속에도 이런 사람이 있습니다. 초나라 굴원(屈原)인데요. 초나라는 진나라와 붙어 있었는데, 진나라가 커지면서 초나라를 제패하려고 했습니다. 당시 초나라에서는 나라를 어떻게 지킬 것인가를 놓고 합종론과 연횡론이 있었습니다. 연횡론은 진나라와 협력해서 국가를 유지하자는 방식이고, 합종론은 약한 나라들이 힘을 합쳐 진나라에 대항하자는 방식이었습니다. 굴원은 합종론 쪽의 입장에 서 있었는데, 결국 축출되어 고향으로 유배를 갑니다. 그가 고향에 돌아와 생각하기를, 국가에 충성된 말을 하는 사람들은 쓰이지 않는다는 것입니다. 그리고 시를 짓습니다.

> 충성이면 어딜 가나 쓰이는 일이 없고 / 덕이 있는 어진 이는 언제나 버림받네.
> 伍子는 죄도 없이 화를 만나 죽었고 / 比干의 시체는 소금에 절여졌네.
> 옛 세상에서도 다 그랬던 것을 / 지금 사람들을 내가 왜 원망하리.
> 이대로 나는 굳이 바른 길 행하다가 / 햇빛을 못 본 채 이 몸을 마치리.
>
> -楚辭

보이지 않는 것을 추구하는 사람이 현실 세계에서 그것을 실현하려고 하다 보니 죽음에 직면한다는 이야기입니다. 이런 문제는 정치역사적인 세계에서 아주 보편적인 문제입니다. 이런 문제에 직면했을 때 해결할 수 있는 방법이 여러 가지 있습니다. 자신의 이상은 현실과 다르고, 이상을 실현하려고 할수록 사는 게 너무 힘들고 고통스러울 때는, 해결할 수 있는 첫 번째 방법이 은거입니다. 세상과 관계를 끊고 홀로 살아가는 방식, 바로 도연명의 방법입니다. 그 안에서 무한히 고통을 참아가는 방법도 있습니다. 도저히 견딜 수 없으면 자살을 하기도 합니다. 그게 굴원이었습니다. 이 부조리한 현실을 바꿔야겠다는 것은 혁명의 방법입니다. 정도전이 택한 방법이었죠. 굴원은 동양에서 대표적인 경계인적 존재였습니다.

사마천도 그런 사람입니다. 공자나 유교 역사관을 보면 옳은 게 실현되는 것처럼 보입니다. 그러나 사마천은 헤겔처럼 역사란 어떤 진리가 실현되어 나가는 과정이라고 생각할 수 없었습니다. 자기가 직접 고통을 당했거든요. 사마천의 친구 중에 이능이라는 사람이 싸움에 나갔다가 항복을 했습니다. 사마천은 친구를 변호하다가 궁형을 당합니다. 궁형은 생식기를 절단당하는 형벌입니다. 당시에는 사대부로서 거세당하고 사는 사람들이 없었습니다. 명예가 중시되었기 때문에 차라리 죽음을 택하곤 했습니다. 하지만 사마천은 궁형을 감내하고 『사기』를 썼습니다.

『사기』 열전의 처음에 나오는 백이숙제 열전의 의미는 역사가 왜 이렇게 부조리한가라는 내용입니다. 사람들은 천도가 공정하다고 하는데 역사적으로 봤을 때 그렇지 않다, 백이숙제 같은 사람들은 훌륭한데 산에 들어가 고사리를 캐먹다가 죽었다, 현실이라고 하는 것이 무엇이냐, 백이숙제 같은 사람들이 살아남을 수 없는 현실이 무엇이냐, 이게 바로 사마천이 『사기』를 쓴 기본적인 생각이라고 볼 수 있습니다.

"마음이 묻고 하늘이 답한다."

정도전은 사실 처음 유배를 갔을 때는 구차한 삶을 살지 않겠다고 다짐했습니다. 하지만 인간이라는 게 그렇게 강한 존재가 아니죠. 유배 중에 아내에게서 편지가 왔습니다. "우리가 젊었을 때는 가난했어도 당신이 과거에 합격하고 출세하면 다 잘 될 줄 알았습니다. 당신이 공부를 잘하고 과거에 합격해서 잘 살 줄 알았는데, 오늘 당신의 꼴이 이게 무엇인가요. 당신은 유배를 가고 집안이 풍비박산되었으며, 세상 사람들은 우리를 비웃습니다. 이게 현인 군자의 길입니까?"라는 내용이었습니다. 바가지를 긁는 거죠. 정도전은 인생을 멋지게 살고 싶었는데 부인은 생활는 이야기를 합니다. 집 안에 쌀이 떨어졌는데, 성리학이니 뭐니 하지 말고 그걸 해결하라고요. 부인 입장에선 당연한 얘기죠.

정도전 아내의 질문을 가만히 살펴보면 사마천의 질문입니다. 당신 그렇게 잘난 척하고 진리를 위해 살았는데, 오늘날 당신 꼴이 뭐냐는 이야기잖아요? 사마천도 세상은 천도가 지배한다고 하는데, 도대체 백이숙제는 어떻게 된 거냐고 묻습니다. 사마천이 점잖게 이야기해서 그렇지 사실 같은 이야기입니다.

정도전도 아내에게 우리는 하늘이 준 길을 가야 한다고 답장을 했지만 마음 속으로는 회의를 했습니다. 유배 간 첫해에 쓴 '심문천답'이라는 글이 있습니다. 동양철학하는 분들은 불교에 반대하는 글로 이해하는 경향이 있는데, 정치학적으로 봤을 때는 전혀 그렇지 않은 것 같습니다. 정도전이 아내가 준 질문에 대한 자기의 고통을 논리적으로 쓴 글입니다.

"마음이 묻고 하늘이 답한다." 마음은 정도전의 분신입니다. 마음이 "내가 세상을 살아보니 착한 사람들은 해를 받고 오히려 악한 사람들이 득세한다, 도대체 하늘의 원리가 있는 거냐 없는 거냐, 당신 한 번 대답해보시오"라고 하늘에게 질문합니다. 그러자 하늘은 나도 사실 힘이 없다고 합니다. 하늘도 나로선 어쩔 수 없다, 인간이 악한데 어떻게 하냐, 이런 식으로 답을 합니다.

논리적으로 생각해보면, 하늘이 이 세계를 결정하지 못하고 하늘의 원리가 실현되지 않는 거라면, 인간이 세계를 살아가는 기본원리가 존재하느냐고 질문할 수 있습니다. 우리가 세계를 살아갈 때는 원리대로 살아가잖아요. 뭐가 옳고 그른지에 대한 기준을 갖고 살아갑니다. 그런데 기준이 없다, 어쩔 수 없다, 그러면 선한 원리를 갖고 살아가려고 하는 사람들은 도대체 무엇을 의지하고 살아갈 것이냐라는 문제가 생깁니다. 그 문제에 대해 정도전은 이 글에서는 더 깊이 들어가지 않습니다.

그러다가 정도전이 정신병 비슷한 것에 걸리는데요. 도깨비에게 사과하는 글이 있습니다. "정 선생이 홀로 방에 앉아 있는데, 낮은 길고 사람은 없어서 때로는 책을 던지고 문에 나가 뒷짐을 지고 먼 데를 바라본다. … 이에 집으로 돌아오면 울적한 생각이 들어 마음이 혼란하다. 피곤에 지쳐서 잠자리에 들어 눈을 감으면 잠이 든 듯도 하고 들지 않은 듯도 한데, 앞에서 말한 온갖 도깨비들이 서로 야유하고 탄식하며 홀연히 왔다 갔다 하며, 기쁜 것 같기도 하고 슬픈 것 같기도 하며 웃는 것 같기도 했다. 그리고는 뛰기도 하고, 부딪히기도 하고 벌떡 눕기도 하고 비스듬히 의지하기도 한다. 선생이 떠드는 것을 싫어하고 또 상서롭지 못함을 미워하여 손을 들어 몰아내면 갔다가 다시 온다. 성이 몹시 나서 큰소리로 외쳤더니 문득 잠이 깼다.

그러자 그 흔적이 사라지고 깨끗하게 아무 물건도 없었다. 선생은 神氣가 떨리고 두려워서 정신이 나간 것같이 여겨지더니, 오래된 후에 안정되어 정신을 가다듬고 기운을 차려 앉아서 졸았다."

(『三峰集』, 「謝魑魅文」)

가만히 앉아 있는데 도깨비들이 계속 괴롭히는 상황입니다. 정신분열의 상태까지 갑니다. 도깨비는 정도전에게 "그대는 힘써 배우고, 뜻을 두터이 하며, 바르게 행하고 곧게 나가다가, 끝내는 화를 당하여 귀양을 왔는데도, 스스로 밝혀야 할 길이 없으니 또한 슬프지 않습니까." 라고 위로를 해줍니다. 정도전이 처음에는 도깨비를 피하려고 하다가, 나중에는 그래 내가 누구랑 놀겠느냐, 너랑 놀아야지 하면서 "사람 하나 없이 홀로 사는 내가, 너를 버리면 누구와 같이 놀랴. … 이미 시대와 어그러져서 세상을 버렸는데, 또 다시 무엇을 구하랴. 풀밭에서 춤추며, 애오라지 너와 같이 놀리라."라고 합니다.

정신적으로 세계와 완전히 단절된 사람의 이야기입니다. 철학적으로는 내적 망명(internal immigration)의 상태라고 하는데요. 자폐증적 증상입니다.

그러다 정도전은 분노하고 절망합니다.

물은 흘러도 종당 바다로 가고 / 구름은 떠도 항상 산에 있다오.
이 사람은 홀로 시들어 가며 / 나그네로 한 해 한 해 보내고 있네.
옛 동산 아득해 얼마나 멀까. / 가는 길은 깊은 못에 막혀 버렸네.

[중략]

생각은 있어도 가지 못하고 / 푸른 바다의 사이에서 방황하고 있네.

(『三峰集』, 「奉次東亭詩韻」)

이런 시에서 정도전의 절망감을 느낄 수 있습니다.

정도전은 아무런 희망도 없이 유배생활을 하다가 9년 뒤인 1383년 결국 이성계를 찾아갑니다. 당시 42세였고, 이성계는 49세의 신흥무장이었습니다. 정도전은 이성계를 만나 "내가 공부를 열심히 해서 나라와 백성을 구하려고 했지만 아무것도 못했다. 그런 내가 무슨 희망이 있겠는가."라는 내용을 담은 시를 씁니다.

나의 임금을 바로잡고자 경서를 궁구하여 / 어린 시절부터 머리가 하얗도록 공부했네.

盛代의 狂言은 마침내 쓸모없어 / 남방으로 쫓겨나 친구들과 헤어졌네.

임금을 바로잡을 계책은 없고 백성에게 혜택주기 어려워

汾陰을 찾아가 책이나 읽고자 하였네.

십년이라 풍진에 전쟁이 하 많아 / 유생들은 영락하여 구름같이 흩어졌네.

儒術이란 자기 몸 도모하는 데 미숙함을 스스로 알아 / 兵法에 뜻을 두어 孫子 吳子를 배웠네.

세월은 흘러가고 공은 끝내 못 세우니 / 먼지 낀 책상에 병법 책을 폐했다오.

글공부 칼 쓰기 하나도 못 이루고 / 농사터로 돌아가 몸소 밭을 갈았다오.
한재 수재 갈수록 혹심하니 / 문 앞에 찾아오는 땅세 독촉 어찌하리
고금을 통론해도 백 살을 넘긴 사람 없네 /득실을 가지고서 정신을 허비마소.
다만 썩지 않는 斯文(유학)이 있다면 / 후일에도 당연히 鄭氏같은 사람 나올 걸세.

(『三峰集』, 「自詠」)

유배기에 정도전은 크게 세 가지를 자각합니다.

첫 번째로 '가만히 있는다고 하늘의 원리가 실현되는 것이 아니다. 누군가 적극적으로 나서지 않으면 하늘의 원리가 실현되지 않는다.'는 결론에 도달합니다.

두 번째는 자기가 왜 10년 동안 복권되지 않았을까를 고민합니다. 정도전의 친구들은 다 복권됐거든요. 정도전 가문에 천민의 피가 섞여 있었습니다. 그래서 과거에 합격해 들어갈 때부터 그걸 계속 막는 사람들이 있었습니다. 고려 귀족 사회 내에서 정도전은 천민 출신이기 때문에 배제된 것입니다. 정도전은 천민 출신으로 국가에 봉사하는 것에 한계가 있다는 걸 느꼈죠.

세 번째가 제일 중요한데요. 백성에 대해 자각했다는 것입니다. 정도전은 나주에 유배를 갔는데, 처음엔 기세가 등등했습니다. 나주의 원로들을 불러서 훈시도 했습니다. 그런데 유배를 가서 있는 동안 친구들이 편지도 안 해주고 혼자 고립되어 있었습니다. 정도전에게 잘 해준 사람

들은 천민들이 살고 있는 부곡의 사람들이었습니다. 부곡의 사람들은 정도전을 따뜻하게 대해 주었습니다. 처음에 정도전은 백성은 가르쳐야 할 대상이라고 생각했는데, 직접 접해보고 그렇게 무식하지 않다는 걸 발견했습니다. 백성은 자기가 돌봐야하는 줄만 알았는데, 부곡에서 3년 정도 살다 보니 오히려 백성들이 자기들을 위해 일한다는 걸 깨달았습니다. 그래서 지난날의 자기 모습을 아주 부끄러워했습니다.

「소재동기(消災洞記)」라는 글에 이 이야기가 나옵니다. 소재동은 유배가서 생활한 전라도 나주의 동네 이름입니다.

이런 정도전의 생각의 전환이 위민론으로 이어집니다.

> "대저 남들이 만들어 놓은 음식을 먹는 자는 남의 책임을 맡아야 하고, 남들이 만들어 놓은 의복을 입는 자는 남의 근심을 알아야 한다."
>
> (『三峰集』「經濟文鑑」下, 縣令-守令不任事)

남들이 만들어 놓은 음식을 먹고, 남들이 만들어 놓은 의복을 입는 자는 세금을 먹고 사는 사람들입니다. 국가의 통치자들이죠. 이 사람들이 자기가 주인이라고 생각해서는 안 되고, 그 반대로 자기들을 먹고 입게 해주는 사람들을 위해 무엇을 해야 할지를 고민해야 한다고 합니다. 유교의 사상에서는 위에서 통치하는 자로서의 입장만 있지 진짜 백성이라는 존재가 자기들 삶의 근거라고 하는 생각까지는 가지 못했습니다. 정도전은 유배 생활을 통해 그 생각까지 도달했습니다. 그리고 조선을 건국할 때 가장 핵심에 위민을 두었습니다. 백성을 위해 국가가 존재한다는 점을 가장 중요하게 생각했습니다. 백성을 위해 존재하지 않는 국가는 존재 가치가 없다고 혁명론까지 이야기했습니다. 이성계의 즉위교서 앞부분에 이런 내용이 나옵니다.

> "왕은 이르노라. 하늘이 많은 백성을 낳아서 군장(君長)을 세워, 이를 길러 서로 살게 하고, 이를 다스려 서로 편안하게 한다. 그러므로, 군도(君道)가 득실이 있게 되어, 인심이 복종과 배반함이 있게 되고, 천명의 떠나가고 머물러 있음이 매였으니, 이것은 이치의 떳떳함이다."
>
> (『태조실록』 태조 1년 7월 28일)

묻고 답하기

강의 내용에서 생략한 뒷부분 이야기를 해주세요.

정도전은 기본적으로 백성을 위한 국가를 만들어야겠다고 생각했습니다. 백성을 위한 제도를 만들기 위해서는 먼저 왕이 왜 존재해야 하는지 목적을 분명히 해야 합니다. 건전한 국가를 만들 때 제일 큰 걸림돌은 권력입니다. 권력을 어떻게 통제하느냐의 문제가 있습니다. 권력은 일을 하게 하기 위해 준 것입니다. 문제는 권력을 인간에게 줘야한다는 것입니다. 인간의 인격은 취약해서 권력을 갖게 되면 타락할 수밖에 없습니다. 권력을 인간에게 주되 그 권력에 사로잡히지 않도록 하는 것이 국가를 설계할 때 가장 중요한 일입니다. 민주사회에서는 권력을 나누는 게 중요합니다. 조선도 기본적으로 그렇게 설계되었습니다.

정도전의 『조선경국전(朝鮮經國典)』에 보면 왕의 임무는 한 명의 훌륭한 재상을 임명하는 것이라고 합니다. 민주주의에서는 선거를 통해 권력을 이어가지만 왕조에선 혈연으로 이어갑니다. 혈연을 통해 권력을 이어 가게 하되 권력을 정당성 있게 하기 위해서는 국가의 목적에 합당하게 권력을 사용해야 합니다. 그 방법중 하나는 권력을 나누는 것입니다.

권력은 정통성과 집행권과 비판권으로 나눌 수 있습니다. 그 중에 국가의 구체적인 일을 하는 건 오늘날의 행정부인 의정부 체제입니다. 영의정에게 장관들을 지휘할 수 있는 권한을 줍니다. 행정은 의정부에 보고해서 결정하게 되니 왕은 실권이 없다고도 볼 수 있습니다. 또 사관이 있습니다. 왕의 양옆에 붙어서 말과 행동을 다 기록하게 해서 왕은 사생활이 없었습니다. 또 간관이 있어서 왕과 대신의 잘못을 비판합니다. 이렇게 조선은 권력 분담을 통해 권력 균형을 이루었습니다. 이성계의 즉위 교서에는 왕이 정치를 잘못하면 혁명을 해도 좋다는 이야기가 담겨 있습니다.

정도전이 현대의 대의민주주의를 본다면 어떤 평가를 내릴 수 있을까요?

정치는 서로 다른 사람이 모여살기 때문에 필요한 것입니다. 공동으로 무언가를 하려면 조직, 힘, 돈이 있어야 합니다. 사람들이 일을 공동으로 하기 위해 국가를 만들었는데, 국가를 임시로 맡은 사람이 사적 목적으로 권력을 악용할 때 어떻게 할 것인가가 큰 문제입니다. 그래서 권력을 나누는 방법이 있고, 더 좋은 방법은 선거를 통해 정기적으로 평가하고 교체를 하면 가능합니다. 그리고 공개가 중요합니다. 투명하면 사유화해서 나쁜 짓을 할 수 없습니다. 언론이 정부기관은 아니지만 언론의 자유가 있으니까 부패나 권력남용이 드러나는 것입니다.

문제는 여러 가지 시스템을 만들어놨지만 숨어서 하는 일이 가능하다는 것입니다. 그래서 사람들이 계몽되어야 하기 때문에 교육이 필요한데 우리 정치문화가 거기까지 가지는 못했습니다. 대통령의 친인척, 지인들이 부패에 연류되거나, 정보기관들이 은밀히 사찰을 한다거나 하는 일련의 사태들이 한국사회에 비민주적인 부분이 뿌리깊게 존재한다는 것을 보여줍니다. 그런 문화들을 빨리 바꿔야 합니다.

87년 체제 이후 30년 동안 한국 정치의 제일 중요한 목표는 민주화였습니다. 민주화는 권력분할입니다. 대통령이 절대권력을 가지고 있었기 때문에 민주주의가 안 됐잖아요. 그래서 지난 30년 동안 대통령 권력을 줄이고 그 권력을 국회로 이동시켜왔습니다. 그런데 여전히 대통령은 검찰, 경찰, 감사원, 국세청, 국정원 등 권력기관에는 막강한 인사권을 가지고 있기 때문에 초법적인 조치가 적지 않습니다.

한국은 중요한 터닝 포인트에 와 있는데 아무것도 바꾸지 못하고 있습니다. 민주적이면서도 효율적인 제도를 만드는 게 제일 중요한 과제입니다. 논의는 자유롭게 하되, 정해진 시간내에 결정을 내리고, 그 결정을 실천할 수 있는 제도와 문화를 만들어야 합니다. 인맥 중심의 혈연주의적 정치문화를 어떻게 바꿀 것이냐가 한국의 미래를 결정할 것입니다.

이성계가 제왕학 교육을 받았다는 부분에 대해 더 말씀해주세요.

동아시아에서 제일 중요한 제왕학 책은 『논어』입니다. 『논어』는 정치, 윤리, 교육이 다 뒤섞여 있습니다. 그 이유는 유교가 정치를 윤리, 교육과 떼어서 생각하지 않았기 때문입니다. 또 다른 제왕학 책은 『정관정요(貞觀政要)』입니다. 당나라 태종의 정치를 기록한 것입니다. 중국 역사 전체에서 제일 위대한 황제를 당태종이라고 합니다. 고려시대까지만 해도 『정관정요』는 왕들의 필독서였습니다. 이 책을 제일 싫어한 사람이 주자(朱子)였습니다. 성리학을 완성시킨 주자는 『정관정요』를 패도의 길이라고 생각 했습니다. 힘에 의해 정치하려는, 속임수가 가득 찬 책이라고 비판했습니다.

왕도에 맞는 제왕적 책은 잘 없었습니다. 그래서 주자의 재전(再傳) 제자였던 진덕수라는 사람이 『대학연의(大學衍義)』라는 책을 만들었습니다. 「대학(大學)」은 원래 『예기(禮記)』의 한 장이었는데, 따로 떼어내 독립적인 체계를 만들고 사서(四書)의 커리큘럼으로 만든 것이 주자였습니다. 유학 전체에서 제일 중요한 책은 『논어』이고, 성리학에서 제일 중요한 책은 『대학』입니다. 주자가 「대학」을 독립적으로 만들어 단락을 다 나누고 재편집한 책의 서문을 보면 성리학 공부의 요체는 「대학」으로부터 시작된다고 했습니다.

그런데 「대학」은 너무 간략합니다. 수신제가치국평천하라는 게 나오는데, 이것이 정치적으로 어떻게 작용하는지는 쉽게 이해하기 어렵습니다. 그래서 여기에 역대의 역사적 사례와 성인들의 말씀, 그리고 자세한 해설을 덧붙인 것이 『대학연의』입니다. 이 책이 성리학이 만들어낸 제왕적 책이고, 이성계가 읽었다고 합니다. 사실 말에서 태어나고 자란 이성계가 그걸 읽을 시간이 있었을까요? 상당히 상징적인 것이죠. 하지만 조선을 건국한 사람이 그 책을 읽었고, 그 내용이 조선 정치의 핵심적 원리가 되었다고 선언하는 것입니다. 성리학, 수신제가치국평천하, 개인이 인격을 완성해서 국가와 천하의 평화를 가져온다는 생각이 조선 건국의 핵심 이념입니다.

불교 사회에서 유교 사회로 전환되며 여러 가지 모험적인 이야기들이 많았습니다. 예컨대 화장을 하던 풍습들이 유교의 매장 풍습으로 전환되는데도, 250년 가까이 걸렸다고 합니다. 주자의 가르침에 따라 예법이 세워지는 과정들을 보면 한 국가가 탄생하는 것은 쉬운 것이 아닌 것 같습니다. 불교에서 유교 시스템으로 바뀌는 과정에서 문제점은 어떤 게 있었나요?

조선의 제일 중요한 특징은 학교입니다. 유학의 목적은 수신제가치국평천하라고 했는데, 인격을 완성하기 위해서는 배워야 합니다. 배움은 격물치지(格物致知)와 성의정심(誠意正心), 두 가지로 나뉩니다. 격물치지는 지적인 앎을 통해 인격이 완성된다는 것입니다. 그런데 공부를 열심히 한다고 성격이 좋아지지는 않습니다. 성격이 좋아지려면 자기가 갖고 있는 욕망을 잘 이해해야 합니다. 성격이 좋다는 건 자기를 참고 남을 위하는 것입니다. 유학에서는 인욕(人欲)이라고 합니다. 사람의 욕심을 참을 때 제일 중요한 방법은 자기를 들여다보는 것입니다.

자기 정신이 어디로 가는지 보고 있는 것, 그런 상태의 정신 상태를 경(敬)이라고 합니다. 자기를 잘 단련하면 어느 순간 마음이 깨끗해지고 경이 오래가면 하늘에 통하는, 인품이 만들어진다고 합니다. 그걸 매일 생활 속에서 실천해야합니다. 청소하는 것, 인사하는 것, 효도하는 것. 세 가지를 하면 매일 습관이 되어서 몸에 딱 붙는다고 합니다.

그런데 마음이 착하다고 세상에서 적절하게 행동할 수 있는 것은 아닙니다. 선의를 갖고 일을 하다가 전혀 다른 결과가 나타날 수도 있습니다. 그것은 지혜가 없기 때문입니다. 격물치지, 세상의 이치를 이해해야 합니다. 매일 겪는 일상생활에서 자신의 행동이 적절한지 반성을 하다 보면 어떤 일을 어떻게 처리해야 하는지 기준이 생깁니다. 기준에 적절하게 행동하면 지혜로운 행동이고, 그걸 중(中)이라고 합니다. 중용(中庸), 가운데에 맞게 행동하는 거죠.

인품을 완성하고 세상의 현상을 잘 이해해서 수기를 한다. 인품과 능력을 갖고 세상에 봉사하고, 더 나아가 세계 평화를 이룬다. 이런 것이 유학적 지식인이 하는 이야기입니다. 이런 걸 배우기 위해선 학교가 필요합니다. 효는 인륜의 근본입니다. 살아서도 잘 해야 하지만 돌아가셔서도 잘 해야 합니다.

장례풍습도 마찬가지입니다. 장례를 지낼 때 화장은 오랑캐가 하는 것이고, 귀중한 부모의 몸은 함부로 태우면 안 된다는 것이 유학의 가르침입니다. 묘지에 잘 묻어 철 따라 제사를 지내며, 살아계신 것처럼 모시면 효의 으뜸이라고 합니다. 효가 잘 이루어지면 군이 정치를 할 필요가 없습니다. 어버이한테 효도를 잘하는 사람은 정치를 어지럽힐 일이 없고 도둑질할 일이 없습니다. 그런 습관이 만들어지고 문화가 바뀌는 데 200년이 걸렸다고 합니다. 서서히 바뀌어 나가는 것입니다.

정도전 같은 지식인은 혁명을 일으켰는데, 오늘날의 지식인인 대학생은 어떻게 해야 할까요?

지금 대한민국이 위기라고 하는데 큰 위기는 아닙니다. 하지만 세계의 판도가 바뀌고 있기 때문에 위기이긴 합니다. 국책을 정해야 하는데 그걸 못 하니까요. 민주주의도 위기입니다. 혁명적 상황이라고 보기는 어렵고요. 독재가 아니라 부패가 문제이므로 시스템의 문제라고 볼 수 있습니다. 30년 전에는 학교가 혁명의 발화소였습니다. 한국의 민주화는 대학생들이 이끌어왔습니다. 그만큼 정치화된 대학이었고, 대학에 들어오면 전공에 상관없이 사회과학, 민주주의 공부를 했습니다. 그때가 바람직한 것은 아니라고 생각합니다. 학교에 들어와서 젊음과 다양한 것을 즐겨야하는데, 우리 때의 대학은 너무 정치화되어서 매일 돌맹이를 던지고 증오하며 보냈습니다.

여러분 시대는 좋죠. 그런데 여러분이 시대적 상황에 너무 빠져있는 것은 문제입니다. 취직이 잘 안 되니 꿈이 너무 작아져 있습니다. 허황된 꿈을 품으라는 것은 아닙니다. 이제현처럼 세상을 넓게 봐야 합니다. 좁은 눈으로 보면 좁게만 보입니다. 대학시절이 지나고 직장에 들어가 결혼하면 은퇴하기 전까지 시간이 별로 없습니다. 그러니까 지금 세상을 널리 보며 무전여행도 하고 음악도 하고 여러 가지 다양한 것을 접하면서 풍부한 생각을 해야 합니다.

정치도 그렇습니다. 요즘은 젊은 사람들이 제일 어렵잖아요. 예전에는 빈부문제가 계급문제였는데 지금은 세대문제이기도 합니다. 나이든 세대가 너무 많은 자산을 가지고 있습니다. 대표적인 게 집 문제입니다. 여러분은 평생 동안 직장 생활을 해도 집을 사지 못합니다. 나이 든 세대가 부동산을 갖고 있어서 여러분은 임대료 내면서 살게 될 것입니다. 나쁘게 이야기하면 나이든 세대가 젊은 세대에 얹혀 사는 것이죠. 사회구조가 잘못된 것입니다. 그런데 누가 바꾸겠습니까? 목마른 사람이 먼저 바꿔야 합니다. 특권을 가지고 있는 사람은 바꾸지 못합니다.

우리 사회가 절망적인 사회는 아닙니다. 우리가 직면한 문제는 역사에서 살펴볼 때, 큰 문제는 아닙니다. 쉽게 개선할 수 있는데 동력이 없다는 게 문제입니다. 개혁을 지지하는 세력이 있어야 합니다. 지역주의 때문에 아무나 나와도 뽑아주는 국민이 있는 이상 정치는 바뀌지 않습니다. 좌우의 문제가 아니라, 일을 못하거나 잘못된 사람들은 떨어뜨려야 합니다. 필요하면 액션도 취해야 합니다. 그래야 나라가 바뀝니다. 물론 취업도 중요하지만, 그런 의식이 없고 관습적으로만 생각하면 문제겠죠.

정병규	삶은 디자인이다
이동철	알파고와 협업하는 인간은 무엇인가: 4차 산업혁명과 우리의 미래
장문석	유럽 통합은 끝났는가?
김석근	동아시아의 미래를 읽다
김영수	조선건국의 기획자 '정도전'
신동원	**한국의 과학과 문명**
이용주	철학에서 배우는 "가치 있는 삶"
함성호	무에서 유를, 유에서 무를 보는 눈
박홍규	내 친구 톨스토이

신동원

서울대학교 농과 대학을 졸업하고 같은 대학교에서 한국 과학사 연구로 박사 학위를 취득했다. 영국 케임브리지 니덤 동아시아 과학사 연구소 객원 연구원, 카이스트 인문사회과학과 교수를 지냈고, 현재 전북대학교 과학학과 교수 및 전북대학교 한국과학문명학연구소 소장으로 일하며 한국의 과학사, 의학사, 과학 문명사를 연구하고 있다. 직접 지은 『동의보감과 동아시아 의학사』를 첫째 권으로 한 「한국의 과학과 문명」 시리즈의 간행을 총괄하고 있으며, 『카이스트 학생들과 함께 풀어보는 우리 과학의 수수께끼 1·2』, 『한 권으로 읽는 동의보감』(공저), 『조선사람의 생로병사』, 『조선사람 허준』, 『호열자, 조선을 습격하다』, 『의학 오디세이』(공저), 『한국 과학사 이야기 1·2·3』, 『호환·마마·천연두 - 병의 일상개념사』, 『조선의약생활사』등 여러 권의 책을 썼다.

한국 과학사를 대표하는 38가지 과학유물

저는 한국 과학의 역사를 공부하고 있습니다. 얼마 전 뉴스를 보니까 지진으로 첨성대가 흔들렸고 불국사의 기왓장 몇 개도 깨졌다고 합니다. 이런 자연 재해를 봤을 때, 역사를 공부하는 사람은 중요한 유적과 유물이 어떻게 되었는지가 큰 관심사입니다. 첨성대는 790년대에 지금보다 더 센 강진에서도 살아남은 구조물입니다. 첨성대가 강진에도 쓰러지지 않고 살아남은 이유는 무엇일까요?

학자들의 연구에 따르면 첨성대 내부가 비어있지 않고 아랫부분에 흙이 가득해서 전체 구조물의 안정성을 높여 준다고 합니다. 다져진 흙이 첨성대 안에 상당량 있습니다. 아마 흙이 없었다면 구조물들이 붕괴될 가능성이 높았을 것입니다. 흙이 바람에 의해 들어갔을 것이라는 추측도 있지만 현재는 구조적 안정성을 위해 의도적으로 넣었을 것으로 보고 있습니다.

제가 카이스트에서 근무할 때 학생들이 대전의 중앙과학관에 있는 모조 첨성대에 들어간 적이 있습니다. 경비 아저씨가 못 들어가게 했지만 학생들은 알고자 하는 욕망을 참지 못해 몰래 들어가서 놀라운 것을 발견했습니다. 들어가서 보니 거기에서 별을 관측하기에는 너무 어렵다고 했습니다. 그 장소가 옹색하긴 하지만 상단 부분에 올라가면 네모 모양의 공간이 있어 널빤지를 깔고 충분히 별을 관측할 수 있을 것으로 알려져 왔습니다. 그런데 학생들이 실제로 올라가서 본 결과 그렇게 하기 힘들 것이라는 것을 직접 알아냈습니다. 저는 이런 자세가 중요하다고 생각합니다. 비록 몰래 들어갔기는 했지만 그렇기 때문에 첨성대와 관련해 한마디를 할 수 있게 된 겁니다.

한 번은 미국 뉴욕에 있는 드류 대학(Drew University)의 학생들이 제가 있는 전북대학교 한국과학문명학연구소에 탐방을 왔습니다. 드류 대학은 미국에서 아이비리그에 속해 있는 좋은 대학교입니다. 한 학생이 드류 대학 학생들에게 한국 과학에 대해 느낀 점이 무엇이냐고 물었더니 세 가지 답변이 나왔습니다.

첫 번째, 한국이 굉장히 청결하다고 했습니다. 뉴욕의 지하철은 100년쯤 된 만큼 악취가 심한데, 한국의 지하철은 어딜 가나 깨끗하고 안전하게 되어있다고 했습니다. 두 번째, 첨단 과학이 매우 발달되어 있는 것 같다고 했습니다. 예로 든 것이 버스정류장의 도착 정보 전광판입니다. 전 세계에서 이런 시스템을 갖고 있는 나라는 많이 없는데 유일하게 비슷한 곳이 타이완입니다. 그러나 타이완도 한국처럼 많은 지역에 있지는 않습니다. 한국은 몇 번 버스가 전 정거장 통과, 몇 분 후에 도착 이런 정보를 실시간으로 확인할 수 있으니 미국 대학생들이 깜짝 놀란 것입니다.

특히 미국 대학생들은 빠른 인터넷 속도에 깜짝 놀랐다고 합니다. 우리나라는 스마트폰 보급률도 굉장히 높습니다. 반면 뉴욕은 인터넷이 너무 느려 미국 사람들이 한국에 오면 눈이 휘둥그레집니다. 미국에서는 요즘 조금 나아졌지만, 인터넷이 고장 나면 고치는데 보름 정도 걸립니다. 우리나라는 고장난 지 하루가 지나면 답답해서 통신사를 아예 바꿔버리죠? 우리는 그런 시대에 살고 있습니다.

세 번째 대답은 한국 과학사에 관련된 것입니다. 한국에 와서 대전 국립중앙과학관 내에 있는 전통과학관을 갔습니다. 거기에서 한국이 1000년 전부터 아주 높은 과학 기술을 이룩하고 있다는 것을 알게 되었다고 합니다. 첨성대도 거의 1300년이 넘었습니다. 그것뿐만 아니라 우리나라는 그 이후에 인쇄술, 청자를 만드는 기술, 조선술, 천문학, 의학 등 모든 분야에서 1000년 넘는 전통이 있습니다. 건국된지 얼마 안 된 나라에서 과학 기술 문명의 역사가 깊다는 사실을 확인하고 미국 학생들이 놀란 것이죠. 우리가 안에만 있어서 느끼지 못하는 것들을 밖에 있는 사람들을 통해 깨닫게 됩니다. 저는 케임브리지 출판사와 협업해 한국과학사 통사의 집필을 맡고 있는데, 미국 대학생들의 이런 반응과 대답이 도움이 많이 되고 있습니다.

한국의 과학사를 대표하는 유물들에 관해 살펴보겠습니다. 여러분들도 많이 들어본 유물들입니다. 강의이므로 다소 두서없게 제시된 느낌이 들지 모르겠습니다. 이것들의 의의는 사례를 살핀 후 말씀드리겠습니다.

칠정산(七政算)

독자적인 천체관측을 통해 달력 체계를 만든 것입니다. 칠정산의 칠정이란 해와 달, 그리고 다섯 개의 별의 움직임을 관찰하는 것입니다.

이것은 하늘과 우주의 일이 인간의 정사에 영향을 미친다는 뜻을 담고 있습니다. 역법인 탄생된 전통을 살펴보면 첫 번째는 그리스 로마 시대에서 중세의 코페르니쿠스까지 이어지는 서양 역법 체계입니다. 그 다음이 인도에서 만든 역법인 태음력과 이슬람 지역에서 10세기 이후에 만든 역법입니다. 중국에서도 오래전부터 역법 체계를 만들기도 했습니다. 이렇게 네 가지가 있고 다섯 번째가 조선에서 만든 역법 체계입니다.

칠정산 내·외편에서 내편은 중국의 역법인 수시력을, 외편에서는 이슬람 역법인 회회력을 살펴보고 있습니다. 이슬람 역법은 또 로마의 역법을 본받았습니다. 이런 양대의 역법을 공부해서 우리나라 한양을 기준으로 한 독자적인 역법을 만들었습니다. 역법을 공부해서 새로운 역법을 만든다는 것은 초등수학을 하다가 대학 공업수학을 푸는 정도의 난이도입니다. 우리나라는 독자적으로 연구하고 공부해서 관측 체계를 만들었습니다. 일본은 조선의 역법을 연구해서 18세기에 독자적인 역법을 만들어 냅니다. 달력을 만드는 것은 천문학이고, 천문학은 수학의 꽃이며 정밀과학입니다. 달력을 만들었다는 것은 과학의 수준이 정점에 달하지 않고서는 해낼 수 없는 것입니다. 그래서 개인적으로 한국 과학의 수준을 논할 때 베스트는 칠정산이라고 생각합니다.

대동여지도(大東輿地圖)

대동여지도가 탄생하기 이전에 100년이상 전국지도뿐만 아니라 대구, 부산 등 각 지역에서 상세한 개별 지도를 만들었습니다. 대구, 부산 등 각 지역에서 개별적으로 지도를 만들었습니다. 각각 특정한 전통적인 방법으로 지도를 만들었지만 김정호는 그것들을 종합하여 하나의 전국 지도를 만들었습니다. 더 중요한 것은 관청이나 창고 등 현대 지도에서 볼 수 있는 부호표를 만들었다는 사실입니다. 조선의 지도 제작 전통을 종합한 것이 바로 대동여지도입니다. 서양지도와 다른 형태로 전통 지도가 도달할 수 있는 최고의 수준이 대동여지도입니다.

칠지도(七支刀)

이렇게 강한 철을 만들기 위해서는 보통의 제조법으로는 안 됩니다. 철을 만들 때는 산소와 탄소가 얼마나 섞이는지가 굉장히 중요합니다. 그래서 칠지도를 만들 때 단조라는 방법을 사용했습니다. 단조는 수없이 때려서 만드는 고강도의 기술입니다. 이는 당시 백제에서 사용했던, 금속 제련 기술이 아주 높은 수준이었음을 보여줍니다. 칠지도에는 보통의 수준을 넘어선, 고강도의 철강을 만드는 방식과 그것을 형상화하는 제조 단련 기술이 같이 있습니다. 그 당시에 저렇게 강한 철을 얻을 수 있었다는 것은 굉장히 놀라운 일입니다.

동의보감(東醫寶鑑)

동의보감은 해외에서 가장 많이 출판된 조선의 책으로 한의학의 가장 모범적인 교과서입니다. 지금까지도 중국과 일본에서 계속 출판되고 있습니다. 그만큼 동의보감보다 한의학을 잘 정리한 의학책은 없습니다.

고려사 천문지·고려사 오행지

10~14세기(중세)의 천문 기록과 땅에 관한 자연 관찰을 정밀하게 기

록해놓은 것입니다. 이 둘 자료는 현대에서 과거를 살펴볼 수 있는 좋은 자료입니다. 조선시대에도 천문은 정치의 일환이었기 때문에 관측하고 매일같이 단자를 보고합니다. 단자는 보고서입니다. 어제 지진이 있었다면 단자가 올라옵니다. 보고서를 쓸 때는 어느 지역에서, 얼마만한 강도로, 얼마큼 피해가 났는지 적혀 있어야겠죠. 이 단자를 통해서 지금 우리가 신라시대에 강진이 일어났다는 것을 알 수 있습니다. 하늘과 땅의 온갖 이상 현상을 모두 기록해서 나중에 역사를 쓰는 사람들이 묶어낸 것이 「천문지(天文志)」와 「오행지(五行志)」입니다. 놀랍게도 여기에는 아주 정밀한 혜성관찰이 포함되어있습니다. 옛날의 우주가 어땠는지를 연구하는 사람은 '고려사 천문지'를 꼭 봐야 합니다. '고려사 오행지'는 땅에서 발생한 것을 기록한 책입니다. 여기에는 고려시대 때의 한라산 대폭발이 정밀하게 기록되어 있습니다.

임원경제지(林園經濟志)

조선 후기 실학자 서유구가 조선의 민간 일상생활에 대해 기록한 실용백과사전입니다. 농사부터 의학, 놀이, 음식 등 모든 것에 대한 가장 풍부한 민속지입니다. 당시 서유구의 라이벌이 다산 정약용 선생이었습니다. 서유구는 정약용의 학문을 탐탁지 않게 봤습니다. 정약용은 경학, 오경 등 사람이 어떻게 살 것인가에 관해 이야기했는데 이것은 물질생활에 전혀 도움이 안 되는 공론이라고 생각했던 것입니다. 서유구는 민간에서 이루어지고 있는 철저한 복리후생을 연구하여 생산성을 높이는 방법을 골몰했고 연구한 것을 16가지로 나누어 <임원경제지>에 기록했습니다. 동아시아 전체를 놓고 봤을 때 이만한 민속지가 없습니다. 18세기 프랑스의 계몽주의자가 만든 <백과전서(Encyclopedia)>가 여기에 견줄 만합니다.

첨성대

현재까지 남아있는 굉장히 오래된 천문 관측소입니다. 그때 봤던 별은 오늘날의 천문학과 다를 것입니다. 그 당시의 천문은 하늘의 이상 현상이 정치의 잘못으로 나타난다는 맥락으로 이해했습니다. 오늘날의 자연 관측은 빅뱅이 어떻게 되는가, 천문계산은 어떻게 할 것인가에 초점이 맞춰져 있는데 그것과는 다소 거리가 있다는 것이 학계의 일반적인 견해입니다.

직지심체요절(直指心體要節)

한국의 금속 활자가 어땠는지를 보여줍니다. 구텐베르크와 비교를 해보면, 구텐베르크는 인류사의 최대 사건이라고 할 만큼 거대한 지적 혁명이었습니다. 직지심체요절로 대표되는 금속활자 인쇄술은 그만한 혁명을 일으키지는 못했지만, 한국이라는 작은 나라에서 다품종의 책을 찍어 내기에는 적합한 방식이었다고 할 수 있습니다. 목판으로 찍어 낸다면 한 장당 떠야 해서 품이 많이 드는데 금속활자는 재활용할 수 있으므로 수백 종의 책을 (편의에 따라 수십 부씩 쉽게) 찍어 낼 수 있었습니다. 그런 장점으로 고려 후기부터 조선 초까지 책의 형태로 지식을 보급하고 체화하여 한국의 지적 혁명을 일으키는 데, 아주 중요한 역할을 했습니다. 중국에서는 수많은 값싼 노동력을 이용해서 목판으로 찍어 내는 게 더 나았기 때문에 금속활자 기술을 발명하지 않았지만, 한국에서는 우리의 규모에 맞게끔 금속활자가 발전된 것입니다.

훈민정음

문자가 있는 민족과 문자가 없는 민족으로 나누어 생각할 때 한글은 대단히 놀랄만한 사회적인 영향을 끼쳤습니다. 일단 남녀 간의 문자 소통이 가능해졌습니다. 그 이전까지 여성은 거의 한문을 배우지 못해 그들의 이야기는 구전으로만 전달되었지만, 여성들도 문자를 사용할 수 있게 되면서 글을 쓰기도 하고 소설 같은 것을 읽을 수 있게 되었습니다. 남성이 어머니와 부인과 서간을 서로 주고받으며 소통도 할 수 있게 되었습니다. 세상의 절반인 여성이 문자 생활의 영역 안으로 들어오게 되었다는 것은 굉장히 큰 혁명이며 많은 의미가 있습니다.

우수성(한글의 우수성)에 대해서도 주목할 만합니다. 고도로 체계화한 문자를 만들어 내건, 일본 문자가 되건, 복잡한 중국 문자가 되건 문자를 사용하는 데는 별 차이가 없다고 이야기합니다. 문자의 과학성과 문자 생활은 별개의 차원이기 때문에 한글을 통해 문자 생활이 다른 나라보다 더 좋아졌다는 것은 검증이 더 필요합니다. 하지만 한글이 나오게 됨으로써 우리 역사에서는 한민족으로서의 정체성을 형성하는 데 결정적인 영향을 끼쳤습니다.

자산어보(玆山魚譜)

흑산도 지역의 해양 생물을 중심으로 기록한 책입니다. 물론 다른 지역의 내용도 있습니다. 이 책은 오늘날의 어보(魚譜)와 비슷합니다. 이전까지의 본초학에서는 우리 생활에 필요한 것들 중심으로 생물을 이해했는데 자산어보는 정약전이 눈으로 보고 겪은 생물들을 분류해서 기록한 책입니다. 바다의 갯장구 같은 것은 잘 안 먹는 것인데도 이런 것들이 다 기록되어 있습니다. 이러한 분류는 오늘날의 자연과학 분류와 상당히 흡사한 측면이 있습니다. 이전의 중국과 동아시아 본초학에서는 논의되지 않았던 분류방식을 사용하였고 연구하게 된 동기가 완전히 다르기 때문에 많이 읽히지는 않았지만 가치가 있다고 생각합니다.

혼천시계

동양의 전통적인 시계 모델과 서양의 톱니바퀴 시계가 합쳐진, 유일한 동·서양의 천문 전통이 결합된 시계입니다. 만 원짜리 지폐 뒷면에 혼천시계가 그려져 있습니다. 혼천의 가운데 우주 전통 부분만 그려져 있는데 사실 혼천시계는 겉에 네모 박스가 있습니다.

혼일강리역대국도지도(混一疆理歷代國都之圖)

현존하는 가장 오래된 세계 지도 중 하나입니다. 원나라 때 세계를 경영했던 전통들이 같이 결합되어 있는 세계 각국의 수도가 표기된 지도입니다. 아프리카와 아라비아반도도 나옵니다. 조선 후기에 접어들면서 세계관이 계속 줄어들었는데, 적어도 조선 초기인 15세기까지는 조선이 중국의 4분의 1 규모라고 생각했습니다. 중국이 아무리 커봤자 우리의 4배 정도밖에 안 될 것이라고 생각한 겁니다. 그만큼 배포가 컸는데 점점 위축되고 있는 시대에 우리가 살고 있습니다.

최한기의 기학(氣學)

동양철학과 밀접합니다. 뉴턴의 천문학과 전통적인 '기(氣)'라는 학문을 결합한, 대담한 사상 체계를 구성한 것입니다.

풍수와 온돌

최고의 학문으로 꼽는데 그 이유는 현재까지도 실생활에 영향을 미치고 있기 때문입니다. 대학에 가보면 교수연구실이 북쪽에 있는 경우는 거의 없습니다. 대부분 남쪽이나 동쪽에 있습니다. 학생들 실습실은 북쪽에 있습니다. 이것이 바로 풍수의 잔재입니다. 제가 근무했던 카이스트 대학도 그런 구조였습니다. 경험과 풍수의 관념이 과학의 요람인 카이스트 대학도 따르게 한 것입니다. 우리나라에만 유독 심한 전통이라고 볼 수 있습니다.

넓게 퍼져 있고 단순한 것 같지만 큰 혜택을 보고 있는 것의 총량을 따진다면 고차원적인 발명품보다 '온돌'을 최고의 과학 기술로 꼽을 수 있습니다. 기술의 수준이 높고 대단한 것만 중요하다고 보지 않고 우리의 실생활에 얼마나 밀접하게 연결되어있는지를 통해 과학 기술을 바라보는 것도 필요합니다.

천상열차분야지도(天象列次分野之圖)

천문학에서 오래된 별자리표입니다. 청동기시대 고분벽화부터 고구려의 고분에 나타나는 별자리 이해에 대한 전통으로부터 이어지는 고도의 복잡한 별자리표가 오래전부터 있었던 것입니다.

농사직설(農事直說)

세종 때 나온, 농사에 관한 최초의 책입니다. 실제로 농업 생산성을 올리는 데 필요한 정보가 다 나와 있습니다. 지방의 농업 경험까지 모두 기록되어 있습니다. 왜 농사를 짓는 것이 중요할까요? 과거에는 지금과 달리 농업사회였기 때문에 가장 필요하고 중요한 기술이었던 것이죠.

측우기

실제로 농사에 직접 도움이 되기 보다는, 세금을 공평하게 매기는 데 활용하고, 농정을 중시한다는 이데올로기 아래에서 탄생한 것입니다. 가뭄이 들었을 때 애타는 마음에서 비에 대한 고마움을 정량적으로 측정합니다. 그런 정량적인 측정 방법이 세계 최초로 이루어졌다는 점에서 높은 평가를 받고 있습니다.

신편집성마의방(新編集成馬醫方)

말의 건강관리에 관한 책입니다. 지금은 교통수단이 자동차로 보편화되어 있지만 예전에는 걷거나 가마를 타거나 말을 타거나 셋 중에 하나였습니다. 기동성을 확보할 수 있는 것은 말이었기 때문에 말이 교통수단의 핵심이었습니다. 좋은 말을 몇 마리 가지고 있는지를 통해 얼마나 뻐대 있는 집안인지 알 수 있었습니다. 과거를 보러 갈 때 말을 타고 가는 사람과 짚신을 신고 가는 사람 중에 누가 유리했을까요? 말을 타고 가는 사람이 유리했습니다. 시간도 아끼고 덜 피곤했으니까요. 걸어오는 사람들은 시험을 보러 가는 동안 지쳤을 것입니다. 지금으로 생각하면 말이 자동차였는데 우리나라에 3만 마리 정도가 있었습니다.

신편집성마의방은 중요한 교통수단인 말에게 생긴 병의 치료와 좋은 말 고르는 방법 등에 관한 내용을 담고 있습니다.

신주무원록(新註無冤錄)

법의학 책입니다. 살인사건이 났을 때 얼마만큼 타당한 기준으로 합리적인 판단을 했는가에 따라 문명과 사회적 발전의 수준을 알 수 있습니다. 이 책의 지침은 철저하게 검증된 법의학 지식에 따라 사체 조사가 이루어지게 하여 원통함이 없게 하라는 내용입니다.

자격루

자동 물시계입니다. 세종 때 만들어졌고 당시 장영실이 이슬람에 있었던 유명한 시계의 메커니즘을 응용해서 만들었을 것으로 추정됩니다. 자격루는 아주 정교한 물시계입니다.

시헌력(時憲曆)

서양의 천문학적 지식이 중국에 들어온 후 그것을 150년에 걸쳐 소화해서 만든 새로운 달력 체계입니다. 조선에서는 이를 소화해서 천세력, 만세력을 만들었습니다. 만세력은 지금도 음력 날짜를 따질 때 사용하고 있으니, 사주팔자 볼 때도 이를 사용하는 셈입니다.

사상의학(四象醫學)

중국 의학과는 다릅니다. 중국은 음양오행을 이야기하지만 우리 전통의 사상의학은 4가지의 체질을 이야기합니다. 중국은 병 중심이지만 사상의학은 몸이 중심인 체계입니다.

오주서종박물고변(五洲書種博物考辨)

19세기 조선시대에 나온 가장 뛰어난 과학 기술을 모아놓은 책입니다. 조선시대에는 기술 책이 드문데 금속과 화약 등에 관한 내용을 모아두었습니다.

성덕대왕신종

경주에 있는, 가장 아름다운 소리를 내는 종입니다. 그것을 만들기 위해서는 음향지식이 엄청나게 축적되어 있어야 했습니다. 거기에 더해 금속공예와 제련 등이 복합적으로 결합되어 있는 한국을 대표하는 과학유물이라고 할 수 있습니다.

석빙고

얼음을 저장하는 곳으로 오래전부터 존재했던 기록이 있습니다. 석빙고에 있는 얼음으로 여름철에 시체가 썩지 않도록 했고 관직의 등급에 따라 얼음을 차등적으로 지급했습니다.

석굴암(석불사)

8세기에 만들어진 가장 뛰어난 석조 건축물입니다. 모든 부분에서 수학적 비례가 완벽하게 조화되어 있습니다. 불국사도 마찬가지입니다. 수학적 비례로 설명되지 않는 것이 하나도 없습니다. 이러한 공간 배치와 불상 조형을 통해 아름다운 미학을 만들어 냈습니다.

수원화성

정조 때 만들어졌고 동서양의 아름다움이 결합된 유일한 성이라고 평가받아 세계문화유산 유네스코에 등재되었습니다. 정조 때 새로운 시대를 열어가겠다는 꿈을 안고 만들어진 수원화성은 이것을 만든 공사 보고서인 『화성성역의궤(華城城役儀軌)』를 통해 훗날 대부분 파괴된 성을 복원할 수 있었습니다.

향약집성방(鄕藥集成方)

세종 때 간행된 향약에 대한 의약서입니다. 향약 전통이 신라 때부터 있었습니다. 우리나라에서 나는 약재만 갖고 병을 고치는 처방이고 그것을 최대한 모아 놓은 책이 향약집성방으로서, 중국 의학에서 독립 선언을 한 것입니다. 중국의학을 포함해 모든 의학을 집대성한 것이 '의방유취(醫方類聚)'입니다.

이밖에도 불화살이라고 말할 수 있는 '신기전(神機箭)', 핵심적인 조선술로 임진왜란시 나라를 구한 '거북선', 화약을 만든 비법을 담은 책인 '신전자취염초방(新傳煮取焰硝方)', 청동기시대부터 천문학 지식이 있었음을 알려주는 '고인돌 별자리' 등 많은 유물에서 조상들의 과학기술을 찾을 수 있습니다.

전통과학은 시대와 분야별로 각각 배치할 수 있으며 하늘에 관한 것, 인체에 관한 것, 테크놀로지로 구분할 수 있습니다.

시대별로 구분하면 삼국시대 이전에는 고인돌 별자리, 삼국시대에는 칠지도·첨성대, 통일신라 시대에는 에밀레종·석굴암(석불사), 고려시대에는 직지심체요절·고려사 오행지, 조선 전기에는 측우기·자격루·농사직설, 조선 후기에는 동의보감·사상의학·임원경제지 등이 있습니다.

땅에 관한 것은 풍수와 대동여지도, 천문학에 관한 것은 칠정산·고인돌 별자리·고려사 오행지·자격루, 인체에 관한 것은 동의보감·향약집성방·신주무원록 등, 테크놀로지에 관한 것은 거북선·석굴암 등이 있습니다.

과학의 수준과 과학의 역사성·사회성을 비교해볼 수 있습니다. 기술수준이 높은 것은 아니지만 의식주와 관련해서 영향이 큰 것이 풍수·사주팔자·온돌 등입니다. 많은 사람들이 사용한 것은 아니었지만 기술수준이 높은 것은 대동여지도, 사상의학, 자산어보 등이 있습니다. 한국 과학사는 기술의 수준으로만 봐서는 안 됩니다. 역사적·사회적 영향력이 큰 것도 함께 고려해야 합니다.

한국의 전통과학사와 서양과학사의 다른점

이렇게 우리의 하늘과 땅, 인체와 테크놀로지라는 구분에서 알 수 있듯이 현대의 과학 정의와 전통과학사에서의 정의가 같지 않습니다. 오늘날의 과학이란, 자연을 대상으로 해서 관찰이나 실험을 통해 지식을 입증해가는 것입니다. 기술은 절대적인 영역입니다. 그러나 한국의 전통과학은 이런 서양 과학과는 달리 하늘과 땅, 인체에 대한 체계적이고 전승되는 전문적인 형태의 지식이 존재했습니다.

한국의 전통과학은 일방적이기보다는 당시 사람들이 갖고 있는 자연에 대한 태도와 자연에서 일궈낸 체계적인 지식이었습니다. 인간의 창의성을 통해 이루어낸 테크놀로지와 발명을 같은 범주에서 논의하는 것을 허락하였고, 이것이 바로 한국 과학사가 서양 과학사와 다른 점입니다. 하늘, 땅, 인체에 대한 것과 각종 기술을 함께 볼 수 있어야 하고 제가 제시한 것들도 이 둘을 합한 것들입니다.

조셉 니덤(Joseph Needham)은 케임브리지 대학교 생리학 전공 교수를 지냈고 <중국의 과학과 문명>이라는 책을 집필한 분입니다. 저는 <한국의 과학과 문명> 시리즈의 총책임자인데, <중국의 과학과 문명>을 집필하고 있는 분들이 한국은 이런 실수를 범하지 말라고 합니다. "50년이 지나니 학문 풍토가 바뀌어서 요즘에 나온 책은 안 읽는다. 빨리 10년 안에 승부해서 책을 출판해라"는 충고를 받았습니다. 그 당시 남들이 형편없다고 생각했던 아시아의 과학에 대해 조셉 니덤은 관심을 가지고 책을 썼습니다.

이분은 아주 뛰어난 생화학자였는데 학교에서 중국 학생들에게 이야기를 듣고 중국과학사에 대해 뛰어들며 시리즈가 30여 권 정도 나오고 있습니다. 그런데 조셉 니덤이 50년대에 분류의 기준으로 삼았던 과학은 현대과학이었습니다. 현대의 과학적 분류는 수학, 물리학, 화학, 생물학으로 분류하는 것인데 그 당시에도 물리공학, 화학공학, 생명공학 등 현대의 과학과 공학에서 쓰는 카테고리를 그대로 썼습니다. 이런 분류로 새롭게 밝혀낸 것은 19세기까지는 중국이 서양보다 과학 분야가 뒤떨어지지 않았고, 과학에 대한 인식전환도 동양이 서양보다 뒤처지지 않았다는 것입니다.

이런 긍정적인 평가도 있지만 비판받고 있는 부분도 있습니다. 현대과학의 잣대를 적용했다는 것은 역사적 현상을 총체적으로 보지 못하고 자기 입맛에 맞는 것만 골라서 적용했다고도 볼 수 있습니다. 즉, 과학의 당대적 성격에 대한 몰이해라는 측면에서 비판을 받고 있기도 합니다.

여기에 대해 미국 펜실베니아대 교수인 네이산 씨빈(Nathan Sivin)은 동아시아의 과학은 다른 과학관을 가지고 봐야 한다고 합니다. 현대의 과학적 잣대가 아니라 역사적으로 존재했던 것을 잘 찾아서 정리해주어야 한다고 합니다. 중국의 과학이란 중국인들이 자연에 대한, 인간과 자연의 관계에 대한 자신들의 합리적·추상적 이해라고 합니다. 여러 분야에서 방법론, 높은 수준의 내적 일관성, 그리고 의식적인 지식의 축적을 가진 분야들이 있었다고 하면서요. 그런 것들이 정량적인 것과 정성적인 것들로 나뉘어 있습니다.

정량적 과학 분야에는 수학(산), 수리화성학(율려), 수리천문학(역법)이 있습니다. 정성적 과학 분야에는 의학과 약재에 관한 지식, 연금술, 천문(점성술), 풍수(지리), 물리(자연철학의 개념들)가 있습니다. 정량적이라는 것은 숫자로 표현할 수 있는 것인데 음양오행, 기(氣) 같은 것은 숫자로 표현할 수 없으니 정성적 과학으로 분류합니다.

제가 봤을 때 네이산 씨빈의 분류도 오늘날의 가치관이 많이 들어간 것 같습니다. 역사적으로 봤을 때 우리나라도 마찬가지지만 중국 고대부터 존재했던 것은 하늘, 땅, 인체에 대한 학문입니다. 저는 역사성에 따라서 과학을 분류했습니다. 천·지·인 삼재 자연학에서 천학은 천문, 역법, 수학, 지학은 풍수, 지도, 지지, 인학은 의약과 양생이 있습니다.

삼재는 천지인이 기(氣)로 엮여 있으며, 음양, 오행, 사상, 팔괘 등의 개념의 응용으로 표현됩니다.

농공 테크놀로지에는 농업 테크놀로지, 어업과 임업, 백공, 신기술이 있습니다. 농업 테크놀로지는 작물 품종, 경작, 파종, 관개, 시비, 농기구 등이 있고, 백공은 제련, 요업, 토목, 건축, 의식주, 일상생활, 공예 관련 각종 기술들이 있으며, 신기술은 도자, 인쇄술, 화약과 화포 등이 있습니다.

묻고 답하기

전통과학의 우수성을 이야기할 때 현대 과학관이 아니라 당시의 역사적 상황을 고려해서 분류한 부분이 인상 깊었습니다. 그런데 풍수지리 같은 것에는 동양철학에서 말하는 음양오행이 필수적으로 수반되며 철학, 민속학이 다 만나게 됩니다. 이처럼 과학이 앎의 전반적인 것으로 뻗어간다면 과학인 것과 과학 아닌 것을 어떻게 분류할 수 있는지 궁금합니다.

과학이라는 것을 어떻게 정의할 것이냐에 대한 부분은 논쟁적이라고 이야기할 수 있습니다. 서양 과학 내에서도 과학을 어떻게 볼 것인가에 대해 과학 철학자들 사이에서 의견이 분분합니다. 과학이 한 개냐, 열 개냐 하는 논쟁이 있습니다. 여기에서 자연과학을 하는 사람들은 과학이 하나라고 생각하고 공부하는 사람들입니다. 가설을 세우고 실험과 관찰을 통해 입증하고 다시 그것을 적용하는 것이 과학이라고 봅니다. 그런데 다른 문명권에서 다른 시대에 있었던 것은 어떻게 볼 것이냐 하는 문제가 생깁니다.

동아시아에는 추상적이고 합리적인 과학에 대한 이해가 있었습니다. 원시인들은 어떤 체계가 없었냐 하면 그것은 또 아닙니다. <총, 균, 쇠>를 쓴 재레드 다이아몬드(Jared Mason Diamond)가 원주민과 같이 생활해 보았는데 그들이 자신을 바보 취급하더라는 것입니다. 거기 원주민들은 2000여 개의 식물이 무엇인지 다 아는데 자신은 그것이 식물인지 아닌지만 알 수 있으니까요. 그렇다면 원주민이 갖고 있던 2000여 개의 식물에 관한 지식들은 무엇일까요? 그 지식들도 체계성이 있습니다. 이 체계성은 환경과 생존에 관련된 것입니다. 재레드 다이아몬드도 원주민들 사이에서 바보가 되긴 했지만 거꾸로 그 사람들이 우리 사회에 오면 미개인, 야만인이라고 욕을 먹기도 합니다. 개개의 전통을 중시해야 합니다.

흔히 미개인, 야만인이라고 해서 전통이나 과학이 없는 것이 아니라 다른 것입니다. 동아시아도 전통 지식들이 동아시아적인 관료 체제와 농업사회에 필요한 것들을 기반으로 하고 있습니다. 농사가 중요한 이유는 농업사회이기 때문입니다. 유목민들은 또 다르겠죠. 동아시아 사회는 농업사회를 중심으로 해서 이루어진 학문들이 많습니다. 천문학이 중요한 이유도 같습니다. 관상수시(觀象授時), 하늘의 상을 보고 농사의 때를 안다는 뜻입니다. 서양은 도시 중심의 사회이기 때문에 그 사회에 필요한 지식들로 학문이 이루어졌습니다. 동양과 서양의 과학은 이렇게 다르기에 각각의 방식을 존중해줘야 합니다.

과학이란 말을 하면 주눅 드는 사람들이 많습니다. 과학이라는 말은 라틴어 '앎 일반'에서 왔습니다. 과학사의 목차, 분류법, 위계를 짤 때 조셉 니덤, 네이산 씨빈과 신

동원 교수님의 분류가 다릅니다. 이때 주목해야 할 부분은 누가 그것을 분류했냐는 것입니다. 누가 어떻게 위계를 결정하고 그런 권력을 가지는가? 새로운 목차를 짜는 역량과 지성을 누가 가졌는가? 그게 재편된 역사였고 앞으로도 그렇게 갈 것입니다. 그렇게 보면 한국인이 새로운 패러다임으로 세계 과학사를 끌고 갈 수도 있습니다. 한국이나 지역에 토대를 둔 분류법이 왜 나올 수밖에 없는지 이해할 수 있을 것입니다. 그렇지 않다면 철학, 디자인, 과학 등 모든 분야에서 서양을 따를 수밖에 없을 것입니다. 여기에서 융합의 의미와 직업과 삶을 새롭게 볼 수 있을것 같은데, 이에 대한 교수님의 생각이 궁금합니다.

디아스포라(Diaspora)라는 말을 많이 들어봤을 것입니다. 한국인은 서양에 대해서도 변경인이고 중국에 대해서도 변경인입니다. 그러므로 양자의 사이에서 관계를 생각하지 않을 수 없습니다. 우리를 어떻게 규정하느냐가 관계 속에서 규정됩니다. 주류 쪽에서는 잉크를 확 뿌리듯 자기 쪽의 확산만 생각합니다. 그렇지만 받아들여서 정체성을 만들어 가는 사람들은 단순한 잉크의 확산이 아니라 나름대로의 관계적 고민을 한다고 합니다.

한국 과학 문명사에 관한 책이 영어본, 중국본 등으로 나왔을 때, 중국과학사를 하는 사람들은 자기들의 일면으로 봤을 때와 굉장한 차이를 느낄 겁니다. 우리들은 관계 속에서 보기 때문에 훨씬 깊은 이야기가 나오는데 중국의 입장에서는 두루뭉술하게 중앙 패권적으로 넘어간 부분들이 있습니다. 그런 부분을 되짚어야 하기 때문에 중국도 우리를 통해 다면적이고 입체적인 생각을 할 수 있습니다. 한국의 과학을 한다는 게 우리가 잘났다는 것만 알리는 게 아니라 기울어지고 비뚤어진 시각의 편향을 바로 잡아주는 구실을 할 수 있습니다. 그래서 디아

스포라, 변경에 있는 것들이 좋은 자극이 되어 한쪽으로 쏠린 것을 바로 세울 수 있습니다.

제가 쓰는 <한국의 과학과 문명>이 기존 총서와 다른 점이 있습니다.

"과학에 대한 현대주의적 접근을 취하지 않는다."

"과도한 민족주의를 배제한다."

신토불이, 우리 것이니 좋다고만 할 필요가 없습니다. 있는 현상을 객관적으로 잘 기술하면 됩니다. 마치 없는 것을 있는 것처럼 하는 것은 불필요합니다. 대신 있는 것을 제대로 기술하지 않는 것은 방기하는 것입니다.

"기층 민중의 과학 기술 활동도 주목한다."

온돌이나 풍수 같은 것도 살펴봐야 한쪽으로 기울어진 과학사를 바로 잡아줄 수 있습니다.

"한국과학기술의 국제적 성격을 규명한다."

국제적 맥락을 한국 쪽에서 나가서 보는 것입니다.

기존의 총서는 이런 특성을 갖지 못했습니다. 현대주의적 관점을 취했거나, 과도한 중화 민족주의 시각이 드러났거나, 국제성을 너무 단순하게 생각했거나, 기층민중성을 배제했습니다. 그런 부분들을 채워 넣음으로써 동아시아가 발신하는 과학사를 쓸 수 있습니다.

문화재가 된 과학유물은 무엇이 있고, 어떤 점을 인정 받아 오늘날 우리가 가치 있게 생각하는 것인지요?

청자나 백자, 금속활자, 불교 건축물과 장식물 등 넓은 의미의 과학기술로 본다면, 과학기술 유물이 국보나 보물의 매우 많은 양을 차지하고 있습니다. 일단 국보가 되기 위해서는 오래된 것으로 희귀하며 역사적 가치가 높아야 합니다. 과학유물의 경우에는 창의성과 역사성, 세계성을 갖춘 것들입니다. 과학기술을 천문학과 의학, 지리학 등 좁은 의미로 한정해서 본다면 천문학 분야에서는 천상열차분야지도 각석(국보 228호), 혼천시계((국보 제230호), 덕수궁 소재 자격루(국보 제229호) 등이 있고, 의학 분야에서는 완질 급의 동의보감 초간본(국보 제319-1,2,3호) 등이 있습니다. 비교적 근래에 제작된 대동여지도(보물 제850호)는 보물로 지정되었습니다.

천상열차분야지도 각석은 1395년(태조 4년)에 제작된 것으로 현존하는 동아시아 최고(最古)의 별자리 그림이며, 당시의 천문학 활동까지 반영한 것으로 높이 평가되고 있습니다. 혼천시계는1669년(현종 10년)에 송이영이 제작한 것으로서 동아시아의 혼천의와 서양의 추시계가 결합된 동서과학 융합형 시계로 세계 유일의 것으로 높은 평가를 받고 있습니다. 자격 장치가 달린 자격루는 1434년(세종 16년) 장영실이 제작했지만 이후 소실되었고, 현재 남아 있는 것은 1536년(중종 31년)에 제작된 물시계 부분만 남아 있습니다. 자격장치는 당시 이슬람 시계 장치의 원리까지 파악해 반영한 장영실의 놀라운 창의력의 소산으로 평가되며, 그것과 결합한 물시계는 도성의 개폐를 결정짓는 조선의 표준시계로 작동했습니다. 『동의보감』 초간본은 임진왜란 직후인 1613년 목활자로 간행되었는데, 당시까지의 동아시아 의학을 놀라운 수준으로 종합한 의서로서 이후 조선에는 물론이거니와 일본과 중국에서도 대단한 명성을 누렸습니다.

'문명'의 승패를 결정할 과학이 결정적인 영향을 끼친 적이 있는지, 있다면 어떤 것인지요?

흔히 4대 발명품이라 일컫는 화약과 화포, 나침반, 종이, 인쇄술 등이 문명의 획기적 전환을 가져온 과학기술입니다. 한국의 경우 과학이 결정적인 영향을 끼친 사례로 임진왜란 때 거북선과 판옥선에는 조선기술과 화약·화포 제작 기술이 결합하여 실전에서 엄청난 위력을 발휘했습니다. 판옥선은 밑바닥이 평편하여 낮은 곳에서 선회하기가 용이하며, 화포 발사의 반동을 견딜 수 있어 화포 탑재가 가능했습니다. 거북선은 배에 뚜껑을 덮고 창·칼 등을 꽂아 적의 접근을 막아냄으로써 상대방의 장점을 무력화하는데 크게 기여했습니다. 이순신 장군은 거북선을 돌격선으로 하고 판옥선의 화력을 무기로 하여 왜군의 수군을 완전히 무력화했습니다.

최근의 과학문물 중, 인류의 유산이 될 만한 것은 어떤 것들이 있을까요?

최근의 과학 문물은 짧은 기간 동안 너무나도 큰 변화를 가져오고 있다는 것이 큰 특징입니다. 유발 하바리가 『호모 싸피엔스』에서 지적했듯이 우주탐사기술, 유전공학기술, 로봇제작, AI 등의 기술은 인류의 유산 차원을 넘어 인류종(호모 싸피엔스) 자체를 재정의해야 하는 단계에까지 이르렀습니다.

정병규	삶은 디자인이다
이동철	알파고와 협업하는 인간은 무엇인가: 4차 산업혁명과 우리의 미래
장문석	유럽 통합은 끝났는가?
김석근	동아시아의 미래를 읽다
김영수	조선건국의 기획자 '정도전'
신동원	한국의 과학과 문명
이용주	**철학에서 배우는 "가치 있는 삶"**
함성호	무에서 유를, 유에서 무를 보는 눈
박홍규	내 친구 톨스토이

이용주

현재 광주과학기술원(GIST)교수이며 인문학을 가르치고 있다. 문학·동양학·비교종교학 등을 공부했으며, 전통적인 문文·사史·철哲의 영역뿐만 아니라 '과학' 자체도 인문학의 대상이 되어야 한다고 생각한다. 주요 저서로『주희의 문화이데올로기』『동아시아 근대 사상론』『죽음의 정치학 - 유교의 죽음 이해』『성학집요 - 군자의 길 성찰의 힘』『세계관 전쟁 - 근대 중국에서 과학신앙과 전통주의 논쟁』등이 있으며, 역서로 『세계종교사상사』『신화란 무엇인가』『세계종교의 역사』『중세사상사』등이 있다.

무엇이 진정한 행복인가?

21세기 백척간두의 위기에 처한 대한민국에서 살고 있는 젊은이들이 추구해야 할 가치 있는 삶의 모습, 언젠가 반드시 실현해야 할 삶의 의미에 대해 생각을 나눠보려고 합니다.

인생에서 진정 추구해야 할 하나의 궁극적인 목적이 있을까요? 여러분은 그 문제에 대해 나름대로 진지한 관심을 가져 본 적이 있을 겁니다. 물론 어려운 문제이고, 이런 문제에 명확한 답을 갖는다는 것은 쉽지 않습니다. 저 또한 명쾌한 답을 가지고 있지는 않습니다. 그러나 철학을 연구하는 사람으로서 몇몇 철학자가 제시한 답을 실마리 삼아 이 문제에 대해 이야기해 볼까 합니다.

서양 철학의 원조라고 할 수 있는 아리스토텔레스는 인생에서 추구해야 할 궁극적인 목적은 행복이라고 했습니다. 그런데 오늘날 행복이라는 말은 너무 오용, 남용되고 있습니다. 행복이라는 말이 물질적 만족, 감각적 기쁨, 지위의 명예 등 피상적이고 말초적인 즐거움이나 세속적인 성공을 의미하는 것으로 받아들여지고 있습니다. 이런 상황에서 인생의 목표와 의미를 생각할 때, 행복을 추구한다는 게 그다지 적절하지 않다는 생각이 듭니다. 그렇다고 해서 행복을 추구하지 않는다거나, 행복을 멀리한다는 주장도 이상하기는 마찬가지입니다. 따라서 우리는 행복이라는 말을 사용하되 통속적인 의미를 넘어선 가치있는 삶의 의미로 사용해야 합니다.

위기와 삶의 비전

다시 생각해보면, 이럴 때일수록 우리는 우리가 살아야 할 삶과 나라에 대해 고민해야 합니다. 이런 위기의 시대야말로 진정 우리가 살고 싶은 삶을 꿈꾸는 것이 가능하고, 또 그런 꿈을 이룰 수도 있는 희망이 있기 때문입니다. 낡은 것이 무너지고, 강고한 폭력적 권력이 물러날 때 새로운 가능성을 꿈꿀 수 있습니다.

좋은 삶, 가치 있는 삶에 대한 관심은 결코 한가한 생각이 아닙니다. 철학이란 한 마디로 좋은 삶, 가치 있는 삶의 질서, 좋은 사회의 탐색이기 때문입니다. 누가 어떤 이야기를 했고 어떤 책을 썼는지 등 단순한 지식 정보를 수집하는 것이 철학 공부의 목표가 아닙니다. 철학은 선인들의 지혜를 토대로 살만한 가치를 가진 삶이 무엇인지, 존재의 의미에 대해 생각하는 사유의 훈련입니다.

소크라테스는 철학이란 '죽음의 연습'이라고 말했습니다. '죽음'에 대한 사유를 통해서 삶의 의미를 숙고할 수 있기 때문입니다. 또한 숙고하지 않은 삶이란 가치가 없는 삶이라는 말도 했습니다. 철학이란 좋은 죽음을 사유하면서, 그 전제인 가치 있는 삶을 실천하는 활동 자체라는 말입니다. 좋은 삶을 살아야 비로소 좋은 죽음을 맞이할 수 있습니다. 소크라테스가 말한 '죽음의 연습'인 철학은 결국은 '좋은 삶의 탐색'이 되는 것입니다.

동양철학의 원조라고 할 수 있는 공자도 비슷한 생각을 했습니다. "아침에 도를 들으면 저녁에 죽어도 회한이 없다." 아침에 도를 들었으니 저녁에 자살하겠다는 의미가 아닙니다. 공자가 말하는 '도'는 삶을 이끌어 주는 방향 설정을 의미합니다. 인생의 바른 길을 충분히 이해하고 실천한 사람이라면 죽음이 다가와도 그것을 두려움 없이 받아들일 수 있다는 것입니다. 죽음 자체는 운명으로 다가오기에 내가 어찌해 볼 수 없는 것입니다. 죽지 않는 것을 모두가 바라지만, 죽음을 피할 수 없고, 때로는 죽음을 선택해야 하는 경우도 있습니다. 굳이 일부러 자살하는 사람이 아니라면 내가 언제 죽을지 누구도 확실하게 말할 수 없습니다.

이 세상에 나와 성인이 되면 죽음을 생각해야 합니다. 죽음에 대해 진지하게 고민할 때, 비로소 내가 어떻게 살아야 하는가를 생각할 수 있습니다. 젊은이라고해서 죽음을 남의 일이라고 생각해서는 안됩니다. 그것이 철학의 시작과 종교의 시작입니다. 제대로 된 인생의 시작이라고도 말할 수 있습니다. 죽음의 사색은 결국 삶의 사색이기에 종교든 철학이든 위대한 사상의 핵심에는 죽음의 사유를 통해 가치 있는 삶을 탐색하려는 동기가 자리하고 있습니다. 스티브 잡스도 죽음에 대한 사유는 빠르면 빠를수록 좋다는 말을 한 적이 있습니다.

나라가 망하든 사회가 무너지든 세상일에 눈 감고 이기심으로 가득 차서 나만 잘 먹고 잘 살면 그만이라는 식의 통속적 행복론이나, 인터넷 쇼핑에서 선전하는 웰빙이 다가 아닙니다. 죽음을 통해 삶에 대한 사유를 실천해야 합니다. 그런데 우리의 현실을 보면 세상이 어찌되든 나만 잘 살면 그만이라는 맹목적 이기주의가 성공적인 삶으로 여겨지고 있는 것 같습니다.

가치 있는 삶

바로 이런 때야말로 좋은 삶에 대해 생각하고 이야기해야 합니다. 가치 있는 삶은 좋은 사회의 수립과 연결되어 있습니다. 낡은 가치가 무너지고 새로운 방향이 보이지 않는 이 시점에, 우리는 새로운 시대를 구상하고 어떻게 살 것인지를 고민해야 합니다. 아무리 좋은 삶, 건강한 행복을 추구하려고 해도 상식이 작동하지 않는 사회, 근본 질서가 무너진 사회, 나라 같지 않은 나라에서는 그런 것을 추구할 수도 실현할 수도 없습니다.

가치 있는 삶 혹은 행복의 탐색은 항상 좋은 사회의 탐색과 표리를 이루고 있게 마련입니다. 앞에서 말한 아리스토텔레스의 궁극적인 관심은 좋은 사회를 만드는 방안을 찾는 것이었습니다. 그는 세상 모든 것에 관심을 가진 엄청난 탐구자였지만, 특히 그의 철학이 목표로 삼는 것은 좋은 정치적 질서의 수립과 그런 질서 안에서 행복한 삶을 어떻게 만들 것인가 하는 것이었습니다. 고대 그리스 철학자들이 추구했던 행복이라는 목표는 좋은 사회 안에서 이루어지는 행복한 삶과 인간다운 삶이었습니다. 행복한 삶은 좋은 사회 안에서만 실현 가능하기 때문입니다. 좋은 사회라는 전제가 없는 상황에서 우리가 추구할 수 있는 것은 기껏해야 불의의 피해를 입지 않는 삶이지 진정한 의미의 행복하고 좋은 삶일 수는 없습니다.

우리가 '정말로' 나라 같지 않은 나라에 살고 있다면 길은 두 가지가 있습니다. 이 나라를 떠나거나 남아서 이 나라를 바꾸는 것입니다. 그렇다면 어떻게 하면 나라 같은 나라를 만들 수 있을까요? 나라다운 나라는 어떤 나라인가에 대한 시민들의, 특히 청년들의 비전이 수립되어야 합니다. 청년들이 나라의 주인이기 때문이죠. 지금 우리나라를 87체제라고 하지 않습니까? 6월 항쟁의 청년들이 앞장서서 만들어낸 체제가 87체제입니다. 그리고 30년이 지나면서 모순이 축적되고 제대로 작동하지 않게 되었습니다. 이제 다시 청년들이 나서서 기존의 체제를 욕하고 새로운 체제를 만들어야 하는 역사적 순간이 온 것입니다. 새로운 체제의 수립을 낡은 기성 정치인들에게 맡겨 놓고 손을 놓으면 정말로 여러분의 미래가 사라집니다.

좋은 삶과 좋은 사회는 사실은 표리일체이고 상호 원인과 결과입니다. 젊은이들은 이런 시대일수록 근본으로 돌아가 좋은 삶, 좋은 사회에 대한 비전을 획득하기 위해 진지한 관심으로 탐색해야 하고 청년들이 살고 싶은 나라를 만들어 가는데 온 힘을 다해야 합니다.

닥치고 공부하라고? 무엇을?

대학생이 해야 할 공부는 무엇인가요? 시험공부? 아닙니다. 세상의 부조리와 모순과 부정과 부패와 무능과 사악함을 직시하는 공부를 해야 합니다. 그런 공부에 근거하여, 좋은 나라란 어떤 나라인가? 그 좋은 나라에서 사는 좋은 삶이란 어떤 삶인가? 그것을 탐색하는 것이 대학의 공부여야 합니다. 대학은 일방적으로 주입식으로 암기하는 지식을 전수하는 곳이 아닙니다. 교육이 무너졌기 때문에 대한민국이 헬조선이 되었다는 사실을 알아야 합니다. 오로지 대학가고 취직하고 사회에서 지위를 얻고 다른 사람과 경쟁하기 위한 지식 습득과 무작정 암기하는 것을 유일한 공부라고 가르치는 교육이 우리 사회를 여기까지 몰고 왔다고 생각합니다.

대학은 현재 우리 사회가 해결해야 할 문제를 놓고 청년과 함께 고민하고 토론하고 답을 모색하는 과정을 함께 하는 곳입니다. 저는 대학의 할 일이 오직 그것뿐이라고 생각합니다. 지금 대학을 보십시오, 모든 학생들이 취직을 위한 시험공부에 목을 매고 있지 않습니까? 남보다 더 잘 먹고 잘 살기 위해 혈안이 되어 경쟁에 목을 매고 있습니다. 대한민국 대학에는 토익학과와 공무원학과 둘 밖에 없다는 웃기지만 슬픈 이야기가 있다고 하더군요. 대학의 존재 이유가 오직 취직이라고 생각하는 것이 상식 아닌 상식이 되어 버렸습니다. 밥 먹고 자기 지위를 확보하는 문제가 아무것도 아니라는 말을 하는 것이 아니라, 그것이 대학의 유일한 목적이라고 말하는 가짜 이데올로기에 저항하자는 것입니다.

왜 취직이 어려운가요? 세계 경제의 성장 둔화, 우리나라의 구조적 한계, 중진국의 함정, 기계화 등 복합적인 이유가 있습니다. 세계는 이미 문명의 전환과 탈성장의 시대를 맞이하고 있습니다. 지구적 차원에서, 자본주의가 추구해 온 성장 중심의 시대는 끝났기 때문에 성장 중심의 사고방식으로는 미래를 제대로 대처하기 어렵다고 말하는 사람이 적지 않습니다. 국내의 문제도 반드시 짚어봐야할 것이 있습니다. 바로 재벌 문제입니다.

대한민국 GDP의 75%를 차지하는 10대 기업 집단이 겨우 노동자의 7~8%를 고용하고 있습니다. 10%도 안 되는 고용을 하는 그런 대기업 집단을 국가가 밀어주고 키워주고 도와주는 이유는 무엇일까요? 우리가 당장 직면한 문제의 해결 실마리는 사실 거기에 있을 수도 있습니다. 대기업, 공무원이라는 직업 기준이 이 나라를 포획하게 된 이유를 깊이 생각해야 합니다. 왜 대기업은 기업의 논리를 대학에 강요하는가, 그것에 대해 명확히 밝혀야 합니다.

어느 대기업의 CEO가 촛불 들고 다니지 말고 공부를 하라고 하셨다지요. 취직에 도움이 되는 공부를 하라는 그런 말 아닌가요? 저항하려고 하지 말고 수긍하라, 어차피 대기업이 주인인 세상에 살려면 그 논리에 순응하고 납작 엎드려라, 그런 말이겠지요.

우리가 어떤 사회를 만들어야 하고 어떤 삶을 살아야 하는지에 대한 고민을 해 본 적이 없기 때문에, 누군가가 만들어 놓은 제도 안에 끼워 넣어져 그 안에서 한낱 일회성 부품으로 쓰이고 버려지는 것은 아닌가요? 이러한 문제들에 대한 근본적인 질문을 던져야 합니다. 청년이 좋은 사회와 좋은 삶에 대한 질문을 포기하면 최종적으로 남는 것은 고통과 눈물뿐입니다. 그렇다면 무슨 공부를 해야 할까요?

'나라에 도가 없는데, 부와 권세를 가진다는 것은 오히려 부끄러운 일이다. 나라에 도가 있는데도 부와 권세를 가지지 못한다는 것 역시 부끄러운 일이다.' 공자님 말씀입니다. 썩어 빠진 부패한 나라에서 잘 먹고 잘 살고 소위 부귀권세를 누린다는 것은 안 봐도 뻔하지 않습니까? 도둑질과 사기질의 결과로 그렇게 된 것이 뻔할 뻔 자일 것이기 때문입니다.

하인리히 법칙, 사고는 일어날만해서 일어난다

하인리히 법칙이라고 들어 본 적이 있을 것입니다. 큰 사고가 한번 발생하기까지 경미한 사고는 29회, 사고까지 이어지지는 않았으나 사고로 이어질만한 조짐이 무려 300번이 있더라는 통계적 원리가 하인리히 법칙입니다. 세월호 참사가 났을 때 우리는 모두 이렇게 말했습니다. 대한민국이 거대한 세월호라고요. 그 엄청난 세월호 참사가 일어날 수밖에 없는 구조가 있었다는 것이지요. 어쩌면 앞으로 더 큰 것이 올 수도 있겠다는 두려움이 들지 않습니까?

나라에 정의가 수립되어 있고 공정한 룰이 작동하고 있는데도 성공하지 못한다는 것 역시 부끄러운 일이 아닐 수 없습니다. 무능하거나 게으르거나 등 뻔한 이유가 있을 것입니다. 여기서 우리는 조금 더 생각해 볼 필요가 있습니다. 모든 실패가 무능의 탓인가요? 아닙니다. 마찬가지로 모든 성공이 실력의 덕분 만도 아닙니다. 세상일에는 실력만으로 가늠할 수 없는 운과 우연이 개입합니다. 내 탓이 아닌 수많은 요소들, 어떻게 해 볼 수 없는 많은 요소들이 인생에 개입합니다. 그럼에도 불구하고 나라에 도가 없는데 부와 명예를 누린다는 것은 분명히 문제가 있습니다. 도가 없는 나라, 정의가 사라지고 공정한 룰이 실종e

되고 국가와 기업이 결탁하여 국민을 속이고 능멸하는 나라에서, 그들이 만들어 놓은 리그에 진입하지 못해 안달복달 아무리 노력해봐야 돌아오는 게 많지 않습니다. 그런 와중에서 뭔가를 얻어도 결국은 하루살이 인생입니다. 아무리 '노오력'해도, 우리 사회를 옥죄고 있는 구조적 불의를 바로 잡지 못하면 결과는 허망할 수밖에 없습니다.

대기업에 취직하거나 공무원이 되는 게 나쁘다는 말이 아닙니다. 부자가 되고 사회적 지위를 얻는 게 나쁘다는 말이 아닙니다. 그런 성공이 공정한 사회, 정의로운 사회라는 전제 없이 추구되어서는 안 되고, 정의롭지 않은 성공은 뜬구름에 불과하다는 것을 말하는 것입니다. '나라에 도가 실현되어 있지 않은 상태에서 얻는 재산과 명예는 뜬구름 같은 것이다.' 역시 공자님 말씀입니다.

무엇이 좋은 사회이고 무엇이 좋은 삶인가에 대한 고민 없이 누군가가 만들어 놓은 목표만 달성하면 된다는 생각을 하는 사람이 대부분이라면 그런 사회는 미래가 없습니다. 무슨 직업이 중요한 것이 아니라 어떤 사람이 되는가 그게 정말 중요한 일입니다.

부모의 재산도 실력이라는 명언을 남긴 청년이 있었지만 그 청년은 또 다른 진실 하나를 몰랐던 것 같습니다. 운이 좋아서 금수저를 물고 태어나는 것, 언뜻 보기에는 부럽고 좋은 일일 수 있습니다. 그러나 그 금수저가 영원하지도 않고, 부모가 금수저를 입에 물려주었다고 내 것이 되지는 않는다는 아주 단순한 진실을 몰랐던 것입니다. 더구나 그 아이가 물고 나온 금수저가 사실은 도둑질을 해서 얻은 것이고, 결과적으로 보니 똥수저였다는 사실을 어려서 판단하지 못했던 것입니다.

우리는 행운 앞에서 겸허해야 합니다. 불행 앞에서는 의연해야 합니다. 더구나 불의로 주어진 것이라면, 그것은 절대로 자기 것이 아닌 것임을 알아야 합니다. 정당하게 얻은 것이라도 불운한 사람을 보면서 미안한 마음을 가져야 합니다. 하물며 정당하게 얻은 것이 아니라면 더 말할 필요도 없습니다.

분노하고 저항하라

철학자 헤겔은 주인과 노예의 변증법이라는 아주 중요한 철학적 테제를 제시했습니다. 노예는 영원히 노예로 남는 것이 아니며 주인이라고 영원히 주인으로 군림하는 것도 아니라는 말입니다. 노예는 고통스러운 삶을 견뎌야 합니다. 노동하고 그 노동으로 세상과 만나고 결국 세상을 바꾸는 힘과 지혜를 얻게 됩니다. 그러나 주인은 어떤가요? 노동은커녕 제 손으로 밥을 지어 본 적도 없습니다. 양말이나 속옷 한번 빨아본 적이 없을 것입니다. 그러니 세상과 만날 기회가 없습니다. 그는 노동을 통해 세상을 경험하지 못합니다. 점점 더 세상에서 멀어지고 세상으로부터 소외됩니다. 세상에 관해 아는 것도 없어지고 침대머리의 꼼수만 늘어갑니다. 처음에는 꼼수가 통할 수도 있지만, 종국에는 세상을 근본적으로 이해할 힘도 세상을 변혁할 힘도 갖지 못하게 됩니다. 결국 노예와 주인의 관계가 역전되는 사태가 일어날 수 있습니다.

노예였던 순시리가 주인이 되고 공주였던 그네가 노예가 되는 역전이 발생한 것입니다. 그리고 사리가 부족한 국민은 노예인 그를 우리의 리더로 선택했습니다.

정확히 말하자면, 우리가 판단력과 눈이 부족해서 그를 알아보지 못한 것입니다. 그리고 우리는 꼴 같지 않은 나라를 만들었습니다. 적어도 우리 스스로 그런 나라를 만드는데 일조하고 방조했다는 사실은 부정할 수 없습니다. 그리고 한탄을 합니다. 에잇, 이게 나라냐고…. 헬조선이라고. 그런다고 달라지는 것은 없습니다. 이런 위기가 반복되어도 노예 제도가 없는 이 현실에서, 헤겔이 말한 노예라는 말은 은유로 읽어야 할 것입니다. 가진 것 없고, 빽도 없어서 자기의 힘과 노력으로 살아야하는 자. 그게 21세기의 노예입니다. 이런 상황에서 빽을 쓸 수 있는 사람은 언제든 그것을 활용하려 하겠지요. 사실 그렇게 빽에 의존해서 견딜 수밖에 없는 약한 자인 우리가 이 시대의 노예라는 자각을 가져야 합니다. 주인의 시혜에만 의존하는 나약한 삶을 살아서는 안 된다는 것입니다.

청년은 공부와 노동이라는 매개를 통해서 세상을 이해하고 세상을 바꾸는 능력을 획득해야 합니다. 그 과정에서 기성세대가 만든 질서의 본질을 파악하고 질서가 지닌 모순점, 그 질서의 부정적인 측면을 이해하는 것입니다. 그냥 아는데 그쳐서는 안되며 냉철하게 바라보고 더 나은 방향을 고민해야 합니다. 그리고 자신들이 원하는 세상을 만들기 위해 노력해야하고 실제로 세상을 바꾸어야 합니다. 바람직한 제도, 바람직한 법률, 바람직한 사회를 만들어야 합니다. 그렇지 못하면 노예로서 느낀 불합리, 울분으로 몰아넣은 불법과 불의의 먹이가 되고 희생은 대물림될 것입니다.

나를 위해서도 바꾸어야 하지만 나의 후손을 위해서도 바꾸어야 합니다. 정치인와 대기업, 기득권 집단이 결탁해서 만들어내는 불의와 모순을 직시하지 못하고, 화려함에 눈이 부셔 불나방처럼 모순의 불꽃 안으로 나를 던져 활활 타올라 사라지고 마는 수동적인 존재로 남아서는 미래가 없습니다.

세상의 모순을 꿰뚫어보고 세상의 불합리와 불의에 저항해야 합니다. 저항하면서 바꾸어 나가야 합니다. 그냥 수동적으로 받아들일 것이 아니라 그들이 만든 나쁜 세상을 바꾸어야 합니다. 더 나은 세상, 더 좋은 사회, 더 좋은 삶을 구축하려는 비전을 결여한 반항은 답이 아닙니다. 진지하게 좋은 삶의 비전을 탐색하고, 좋은 삶의 조건이 되는 사회를 만들기 위해 탐구하고 사색하고 분노하는 것이 진짜 저항이고 젊은이들이 해야 할 공부입니다. 민주 국가의 진짜 주인으로서 자율적이고 자주적인 주인이 되어야 합니다. 주인이 주인 역할을 못하고 주인으로서 지배할 능력을 상실하면 곧바로 노예로 전락합니다. 세상과 만나 공부와 노동으로 세상을 바꿀 능력을 갖추지 못하면 진짜 노예로서 굴종의 삶을 살게 됩니다.

전환의 위기와 가치있는 삶

국내적인 위기와 국제적인 문명의 전환기에 처한 우리는 여러 가지 고민을 해야 합니다. 내적인 위기를 극복하고 외부에서 닥쳐올 어려움에 대항할 수 있어야 합니다. 문명의 전환기를 맞아 우리는 인류 문명이 처음 틀을 갖추기 시작한 처음으로 되돌아가 인간이란 무엇인가? 사람이 산다는 것의 의미는 무엇인가? 처음 인간은 어떤 각오로, 어떤 방향을 추구하면서, 최초의 문명을 만들었는가? 그런 원초적 지점에서의 고민을 살펴보고, 그 고민의 원점에서 현재와 미래의 비전을 수립해야 합니다. 위기의 시대일수록 인류가 문명의 방향을 수립했던 원초적인 시대, 소위 '축의 시대'(AXIAL AGE)의 정신적 성취에서 많은 것을 배울 수 있을 것입니다.

서양 철학의 할아버지 아리스토텔레스는 '행복'(eudaimonia)이 인생의 목표라고 말했습니다. 그가 말한 '행복'은 작은 욕구의 만족, 단순한 안락함, 기분 좋음, 사랑, 결혼하여 오순도순 꾸미는 가정 등의 통속적 의미를 지닌 행복이 아닙니다. 그가 말하는 행복이란 '신적인 부름에 응답'하는 삶을 사는 것입니다. 세상에 던져질 때 짊어지고 나온 자신의 본래적 가치를 회복하는 일이 그것입니다. 신적인 부름에 응답하는 것이라는 의미의 행복이라는 말입니다. 행복을 다른 말로 '가치 있는 삶', 혹은 '좋은 삶'이라고 불러도 좋습니다.

아리스토텔레스가 말한 행복이나 가치 있는 삶이란 어떤 것일까요? 결론을 먼저 말하자면, 아리스토텔레스가 말하는 좋은 삶, 즉 행복은 주어진 자신의 자질과 능력을 충분히 발휘하는 삶입니다. 본래적으로 주어진 탁월함 혹은 자질을 그리스 말로는 아레테(arete)라고 합니다. 이 아레테를 충분히 발휘하는 삶, 자신의 잠재적 능력을 최대한 발휘하는 삶이 가치 있는 삶이고 행복한 삶이라는 말입니다.

아리스토텔레스는 『니코마코스 윤리학』에서 "모든 기술, 모든 탐구, 그리고 모든 행위와 선택은 반드시 좋음을 지향한다."고 했습니다. 인간의 모든 행위는 좋음을 지향한다는 뜻입니다. 어떤 사람이 좋다고 생각하는 일이 정말로 진실한 좋음인지는 다른 문제이긴 하지만, 어쨌든 인간의 행위는 반드시 목적 지향적이고 그 목적은 '좋음'입니다.

'목적'이라는 말을 조금 더 살펴보겠습니다. 예를 들어, 전철을 타고 학교에 왔다고 할 때 학교에 오는 목적은 강의를 듣기 위해서 혹은 학점을 취득해야 하는 등일 것입니다. 그렇게 공부하고 강의 듣고 학점을 따는 이유는 무엇일까요? 취직을 잘하기 위해서 혹은 유능한 사람이 되기 위해서 지식을 얻기 위해서 등일 것입니다. 취직은 돈을 벌기 위해서 할 것이고, 돈을 버는 이유는 … 이렇게 목적은 끝 없이 이어질 것입니다. 이처럼 인간의 모든 행위는 반드시 무언가 목적을 이루기 위한 수단으로 행해집니다.

인생의 궁극적 목적은 있는가?

인생에 다른 목적을 위한 수단이 아닌 그 자체로 궁극적인 목적이 존재할까요? 아리스토텔레스는 인생의 궁극 목적이 '행복'이라고 말했습니다. 어떤 일을 하는 것은 적어도 행복할 것이라고 믿기 때문에 그 일을 하는 것입니다. 그런데 막상 하고 나면 그 행복은 지속되지 않습니다. 그러나 어쨌든 당신은 '왜' 행복해지려고 합니까? 이런 질문을 하는 사람은 잘 없습니다. 실제로 플라톤은 <향연>에서 "왜 행복해지려고 하는가 라는질문은 의미가 없다."라고 말했습니다. 이처럼 행복은 궁극 목적입니다.

그렇다면 여기서 말하는 '행복'이란 무엇일까요? 재산을 많이 가지는 것, 세상에서 말하는 성공을 쟁취하는 것, 돈을 많이 버는 것, 명예를 가지는 것 등 다양한 의견이 있을 수 있습니다. 그러나 하나하나 짚어보면 그 어떤 것도 궁극 목적이 되기는 어렵습니다. 이런 점에서 미다스 왕 이야기는 의미심장합니다. 그는 많은 재산을 갖는 것이 최고의 행복이라고 보고 만지는 것마다 모두 황금이 되게 해달라고 신에게 기도했습니다. 기도가 받아들여져 그가 만지는 것 모두 황금으로 변했습니다. 결국 미다스 왕은 음식물을 먹을 수 없게 되어 죽어 버리고 말았습니다. 이 이야기는 재산이 행복이 될 수 없다고 말해주고 있습니다. 모든 인간이 신으로 모시는 돈은 그것만 추구할 때는 결국 나를 죽이는 악마가 되어 버리고 만다는 이야기입니다.

유명해지면 행복할까요? 왜 유명한 사람들이 울렁임과 불면증과 공황장애를 호소할까요? 명성이나 평판은 바람과 같은 것입니다. 촛불은 바람 불어도 꺼지지 않게 LED로 만들 수 있지만, 바람은 그야말로 바람처럼 왔다가 바람처럼 가는 것입니다. 명성은 내가 가진 자질이 아니라 남이 나에게 주는 선물이기 때문입니다. 그것도 아주 변덕스런 선물일 뿐입니다. 동양적 지혜의 보고寶庫인 주역周易에 이런 말이 있습니다. “귀해도 지위가 없고 높아도 백성이 없으며, 뛰어난 사람들이 아래서 보좌해주지 않는다. 움직일수록 후회할 일만 생긴다.”(貴而無位, 高而無民, 賢人在下而無輔, 是以動而有悔也.) 이렇듯 단순한 부귀, 명예, 재산은 인생의 목적이 될 수는 없습니다.

아름다움이나 건강은 어떤가요? 그것은 좋은 것이긴 하지만 일시적인 것일 뿐 지속적이지 않습니다. 아무 할 일도 없는데 건강하기만 하다면 참 슬픈 일이 아니겠습니까? 건강을 통해서 무엇인가 다른 것을 성취할 수 있을 때 건강은 좋은 것이 될 수 있을 것입니다. 건강 자체가 목적이 될 수는 없습니다. 건강 역시 좋은 삶을 이루기 위한 조건의 하나일 뿐입니다. 아름다움 역시 마찬가지입니다.

여기서 아리스토텔레스의 통찰이 등장합니다. "좋음이란 어떤 존재자가 그것 본래의 활동이나 기능을 수행했을 때 실현된다." 좋은 자동차, 좋은 야구 방망이 등의 도구는 그것의 본래적인 기능을 수행할 수 있으면 좋음을 실현하는 것으로 인정받을 수 있습니다. 자연물의 경우도 마찬가지입니다. 좋은 양, 좋은 나무, 좋은 눈처럼 그것 본래의 존재 방식이나 기능을 가지고 있고 그 기능이 실현되었을 경우 좋음이 실현됩니다. 그러나 전체로서 인간의 경우는 조금 복잡합니다. 아리스토텔레스가 생각하는 인간은 다층적 생명 구조를 가진 존재이기 때문입니다.

생명의 구조와 인간다움

아리스토텔레스는 인간이 다중적인 영혼(anima)를 가진 존재라고 보았습니다. 인간의 생명은 3층적 구조를 가지고 있습니다. 그가 말하는 '영혼'은 요즘 우리가 사용하는 '영혼'이라는 말과 의미가 조금 다릅니다. 다시 말해, 사람이 죽으면 육체는 사라지지만 영혼은 남는다든지 영혼의 불멸이라든지 할 때의 영혼과는 의미가 좀 다르다는 것입니다.

아리스토텔레스가 말하는 '영혼'은 생명체에게 생명을 부여하는 힘, 생명을 형성하는 힘, 혹은 생명의 기능이라고 말하는 것이 더 적절한 개념입니다. 인간의 생명은 다른 생명체와 달리 3층의 구조를 가지고 있습니다. 가장 낮은 단계의 영혼은 영양과 생식의 기능을 담당하는 영혼입니다. 그 영혼은 단순하고 맹목적이기 때문에 개체와 종의 존속을 목표로 삼고 있습니다. 생물로서의 인간 역시 당연히 그런 영혼을 가지고 있고, 생명의 가장 기본적인 기능인 그 영혼을 갖지 않는다면 인간은 생존할 수 없습니다. 그러나 이 기능은 식물이나 동물도 가지고 있는 것이기 때문에 특별하게 인간만 가진 것이라고는 말할 수 없습니다.

이런 영양-생식의 영혼 위에 감각과 운동을 관장하는 영혼이 존재합니다. 식물에게는 없지만 동물에게는 존재하는 기능으로서, 매우 중요합니다. 그러나 그것만으로 인간의 인간다움을 설명할 수는 없습니다. 인간의 인간다움을 확인하고 그것을 확대, 발휘하는 것이 철학의 목표이기 때문에, 철학자는 인간다움의 본질이 어디에 있는지에 대해 더 깊이 생각해야 합니다. 식물이나 동물과 다른 인간다움은 어디서 찾을 수 있다고 생각하나요?

사실 이 문제에 대해서 우리가 2500년 전의 아리스토텔레스보다 더 뛰어난 사고를 가지고 있다고는 말하기 어렵습니다. 비슷한 시기에 중국의 사상가인 맹자나 순자도 아리스토텔레스와 다르긴 하지만, 비슷한 결론에 도달했습니다. 아리스토텔레스는 인간의 인간다움, 즉 인간의 독특한 영혼을 정신활동에서 찾았습니다. 아리스토텔레스에 따르면 '이성', 즉 '로고스'라고 불리는 기능입니다. 이성이라고 불리는 생명의 힘이 인간을 다른 동물, 다른 생명과 구별한다는 것이 아리스토텔레스의 주장입니다. 이성이라는 말은 사실은 서양철학에서 가장 어려운 개념 중의 하나입니다. 아리스토텔레스가 말하는 이성이란 언어 능력에 근간을 둔 논리적인 능력, 수학적 능력, 인과성을 따지는 추론능력을 기본으로 보고 있습니다. 그러나 그것에만 그치지는 않습니다. 이런 이성의 바탕 위에 윤리적 탁월함을 포괄하는 능력이 정신활동으로서의 영혼입니다. 서양철학은 그리스에서 이성의 개념을 발견한 다음, 그 개념을 확대하고 충실화해 가는 역사라고 말할 수 있습니다.

비슷한 시기에 중국 철학자 맹자와 순자는 인간의 인간다움을 도의(道義), 혹은 인의(仁義)에서 찾으려고 했습니다. 아리스토텔레스의 이성이 도덕을 포함하지만 이론적 논리적 이성에 더 기울어지는 개념이었다면, 중국의 철학자는 이런 이성보다는 도덕성을 더 중시한다는 점에서, 동서양 철학의 방향 설정 차이가 이 시기에 어느 정도 결정되었다는 것을 알 수 있습니다. 현대서양의 철학은 이성을 사회적 존재로 여기며 소통과 윤리를 더 강조하는 방향으로 옮겨가고 있지만 기본적인 방향에서 이성은 논리적인 사고력에 치우쳐있다고 말할 수 있습니다.

인간다움의 핵심은 이성과 덕성

지금까지 말한 것을 정리해보면 인간은 '영양 - 생식', '감각 - 운동', '이성 - 덕성'이라는 3층의 영혼, 3중의 정신적 능력을 가진 존재입니다. 이 세가지는 다시 비이성적인 활동과 이성적 활동으로 구분될 수 있는데, 인간이란 결국 이성적 영혼과 비이성적 영혼, 이성적 정신 기능과 비이성적 육체적 기능을 동시에 갖춘 이중적 존재라고 말할 수 있습니다. 오늘날에도 그대로 통용될 수 있는 극히 상식적이고 일반적인 관점입니다. 현대철학은 이성적 기능을 정신(마음)이라고 부르고 육체적 기능을 신체 혹은 몸이라고 부르면서 이 둘 사이의 관계에 대해 복잡한 이론을 전개하고 있지만 사실 크게 새로운 것은 없다고 생각합니다.

아리스토텔레스는 인간의 생명을 형성하는 '이성적 활동'이 '비이성적 활동'을 전체적으로 통제하고 조절하는 경우에만, 인간의 본래적인 생명 활동을 영위할 수 있다고 주장하고 있습니다. 비이성적인 육체적 생명 활동, 즉 인간의 욕망이 이성의 조정 능력을 벗어나서 독자적으로 폭주할 때, 인간의 인간다움은 종말을 맞게되고 인간 존재의 목적론적 구조가 파괴되는 것입니다.

아리스토텔레스의 철학적 행복론은 자연철학적 인간론의 기초 위에서 인간의 행복이란 "아레테에 입각한 생명의 활동"이라고 규정하고 있습니다. 앞에서도 잠시 언급했지만, 아레테(arete)는 적어도 소크라테스 이후 인간다움을 보증해주는 가치, 인간을 인간이게끔 만들어주는 가치, 전체로서의 인간의 능력과 자질을 의미하는 말로 사용되었습니다. 간단히 말해, 아레테는 인간다움을 만들어 주는 '윤리적인 덕성'을 의미하는 말로 사용되었던 것입니다. 정신 능력으로서의 이성이라는 개념 안에 윤리적인 덕성으로서의 '아레테'가 포함되어 있다는 사실이 중요합니다.

그렇다면 왜 윤리적인 덕성이 중요할까요? 답은 간단합니다. 인간은 다른 동물과 달리 사회를 만들고 사회를 통해서 인간의 본성을 성장시키고 완성하는 존재이기 때문입니다. 동물 중에서도 사회를 형성하는 동물이 없지는 않지만 그 수준이 다릅니다. 인간은 사회적인 존재이기 때문에 사회를 형성하고 유지하기 위한 본성적 자질을 가지고 있고 그 능력과 자질을 사회 안에서 발휘, 발전시켜야 하는 존재론적 책무를 가지고 있다는 것입니다. '인간은 정치적 동물'이라는 말의 의미가 바로 그것입니다. 그 점에서 그리스 철학과 중국 철학의 근본 지향은 상당히 유사한 것이었습니다. 그후 기독교가 등장하고 근대과학이 완성되면서 동서양의 사유의 차이가 확연하게 벌어지게 됩니다,

아리스토텔레스가 말하는 윤리적인 덕성, 즉 '아레테'는 구체적으로 정의, 절제, 용기, 지혜, 경건 등의 다양한 덕목을 포함하고 있습니다. 그런 구체적인 덕목들이 다 합쳐서 인간다움의 '아레테'를 완성한다고 말할 수 있습니다. 이런 덕성을 통괄하는 인간의 '이성'이 비이성적인 욕망과 욕구를 통제하고 조정하는 것이 바람직한 인간다움의 실현이 이루어진 상태입니다.

예를 들어, 정의는 물질적 욕구의 영역에서 이성이 비이성적 충동이나 감정을 통어하는 상태를 가리킨다고 말합니다. 절제는 식욕과 성욕의 영역에서, 용기는 공포와 두려움의 영역에서 이성이 비이성의 충동과 감정을 통제하는 하는 것입니다. 이런 식으로 구체적인 덕목이 확대되어 갈 때, 인간의 아레테는 성장하고 발달하면서 완성을 향해 나아갑니다. 이런 식의 아레테 발휘가 존재론적 측면에서 본 인간의 본래적 존재 방식인 동시에 행복의 핵심이 된다고 보는 것이 아리스토텔레스의 생각입니다.

인간이 어떤 직업을 선택하는가, 어떤 상황에서 사는가, 그런 것은 사실 크게 중요하지 않습니다. 물론, 어떤 직업이나 어떤 상황은 인간의 자연적 아레테를 성장, 발휘하는데 불리한 경우가 없지는 않을 수도 있습니다. 그러나 더 중요한 것은 어떤 영역에서 어떤 직업에 종사하든 모든 영역에서 이성, 즉 정신적 생명 기능이 육체적 생명 기능인 욕망

을 콘트롤할 수 있다면 그 사람은 근본적으로 행복한 사람이 될 수 있다는 사실입니다. 반드시 부자여야 하는 것은 아닙니다. 빌게이츠 수준의 재산이 있어야 행복이 가능한 것도 아니고, 가난한 농부나 공장 직원이라고 해서 행복이 불가능한 일도 아닙니다.

욕망을 콘트롤한다는 말은 무조건 욕망을 억압하거나 욕망을 소멸시킨다는 말이 아닙니다. 먹고, 마시고, 생명을 낳고, 감각적 즐거움을 추구하고, 운동의 자유를 누리고자 하는 육체적 욕망은 인간 생명의 욕구, 즉 인간의 첫 번째, 두 번째, 영혼에서 자연스럽게 나오는 것이기 때문에 그것을 말살시키는 것은 곧 생명을 말살시키는 일이고 인간 영혼의 중요한 구조를 파괴하는 일이 될 것입니다.

나의 아레테는 무엇인가?

내가 무엇을 잘 하고 무엇을 할 수 있는지를 파악하는 것은 쉬운 일이 아닙니다. 인간은 신이 아니기 때문에 엄정한 한계를 가지고 있습니다. 그렇기 때문에 마음먹은 대로 뭐든지 할 수 있다는 말은 거짓말입니다. 제가 아무리 박지성이 되고 싶어도 저는 축구선수의 자질을 가지고 태어나지 않았기 때문에 박지성이 될 수 없습니다. 하면 된다? 그것은 근대 산업주의의 허구이자 가짜 이데올로기입니다. 해서 되는 일이 있고 해도 안 되는 일이 있습니다. 그런데 하면 된다는 허구의 신화가 생겼고 그 신화가 우리 사회를 지배하고 있습니다. 우리 사회가 망가져버린 데는 그런 이데올로기가 크게 역할을 했을 가능성이 농후하다고 생각합니다. 우리는 할 수 있는 일을 하고 잘하는 일을 하고 좋아하는 일을 해야 합니다. 그것이 아레테를 최대한 발휘하는 삶으로 나아가는 출발점이며 그것이 자기실현, 자기완성, 자기성장으로 나아가는 길입니다.

할 수 없는 일, 해서는 안 되는 일, 좋아하는 일은 아니지만 남이 하니까 좋아보여서 그냥 하는 일에서는 자기성장과 자기실현을 이루어 내기 어렵습니다. 정말 송충이라면 솔잎을 먹어야 합니다. 나를 실현하는 자질을 발견하고 노력을 반복하다 보니 나비가 될 수 있겠다고 한다면, 나비가 되어야 합니다. 송충이라서 나비는 되지 않겠다고 말하고 좌절하고 자포자기하는 것은 자기실현의 삶이 아니며 아레테를 최대한 발휘하는 삶이 아닙니다. 그러나 그렇다고 하더라도 송충이가 노력만 기울이면 호랑이가 될 수 있는 것은 또 아닙니다.

마음만 먹는다고 200살을 살 수 있는 것이 아니고, 로또에 당첨될 수 있는 것도 아니며, 날아서 달나라로 갈 수 있는 것도 아닙니다. 이런 것을 운명이라고 말할 수 있는데, 노력을 통해서 바꾸거나 성취할 수 없는 일을 하기 위해 노력하는 것은 어리석은 짓입니다. 그것은 나의 자질, 나의 아레테 바깥의 일이기 때문입니다.

우리는 노력을 통해 많은 지식을 얻을 수 있고 농사짓는 능력이나 어떤 기능을 익힐 수 있습니다. 노력하여 좋은 대학에 들어갈 수 있습니다. 설사 내가 원하는 대학에 들어가지 못했다고 해도 좌절하고 목숨을 끊을 것이 아니라 적성과 능력을 제대로 다시 평가하여 좋아하는 일을 찾아가면 됩니다. 이런 것은 자신의 노력으로 얼마든지 성취할 수 있습니다. 이것이 바로 아레테를 성취하는 삶입니다.

타고난 적성과 능력에 어울리는 일을 하기 위해 '정당하게' 노력했는데도 노력과 재능을 인정하지 않는 사회라면 어떨까요? 부조리와 부정의가 판을 치고 있어서 재능과 노력이 평가받지 못하는 사회에 살고 있다면 우리는 그런 세상을 바꾸기 위해 노력해야 합니다. 재능이나 정당한 노력과는 무관한 다른 방법으로 성공의 길에 다가간 사람을 응징하는 공정한 룰을 만들어야 합니다. 민주주의 사회에서 이런 룰을 만드는 일이 간단하지는 않지만 그렇게 어렵지도 않습니다. 대기업이 횡포를 부린다면 그 기업을 망하게 만드는 일은 크게 어렵지 않습니다. 정치인이 사기를 친다면 그 정치인을 응징하는일 역시 할 수 있습니다. 그러나 우리는 응징할 각오를 하기가 어렵고 최소한의 지식을 기르기 위해 노력하지도 못하는 게 사실입니다.

공정만으로는 부족하다

공정이 실현되어 있다는 것만으로 경쟁의 결과 만들어지는 불평등을 전적으로 용인해야만 할까요? 아닙니다. 저는 공정만으로는 부족하다고 생각합니다.

우리는 자유롭고 평등한 민주주의 사회를 살고 있다고 믿고 있습니다. 만약 그런 공정한 민주주의가 실현되어 있다고 가정해 봅시다. 100년 전 미국의 자유주의와 경쟁 사회의 미래를 탁월하게 예견한 토크빌이 말했듯이, 자유와 평등은 부자유와 불평등으로 쉽게 전환될 수 있는 위험성을 가지고 있습니다. 자유는 쉽게 방임으로 흐르고 빈부의 격차를 낳는 법입니다. 자유사회에서는 경쟁이 격화될 수 있고, 그 결과 능력의 차이가 만들어 내는 불평등이 발생할 수 있습니다. 한편 평등을 강조하다 보면 국가의 권력을 가진 자만이 자유로운 사회가 실현되고 말 것입니다. 절대적 평등을 추구하다 보면 결국 절대적 불평등이 만들어 지는 것이 인간 사회의 법칙입니다.

이런 점에서 자유와 평등은 양립하기 어려운 가치라고 말할 수 있습니다. 그런 문제를 해결하기 위한 기본적인 전제는 공정한 룰을 만들고, 공정한 방식으로 계층의 이동이 가능한 절차를 확립하는 것입니다. 이런 룰과 절차를 만들고 보호하기 위해 권력분립이 확립된 국가를 만들 필요가 있습니다. 시대의 요청과 필요에 따라 적절한 정책적 방향을 선택하고 실행할 수 있는 국가를 만들어야만, 안정적인 토대 위에서 자기의 자질과 능력에 따라 자신의 아레테를 백분 십분 발휘하는 자기실현의 삶을 살 수 있기 때문입니다. 유토피아적 이상 사회를 꿈꾸는 것이 아닙니다. 우리의 정치적 결단과 건강한 정치적 참여로 얼마든지 이루어 낼 수 있는 일입니다. 시민정신의 성장과 이성적 감성적 능력의 성장을 통해서 충분히 실현가능한 상식적인 비전이라고 생각합니다.

아리스토텔레스가 말하는 가치 있는 삶은 아레테를 최대한 발휘하는 삶입니다. "아레테에 입각한 생명의 활동이 행복이다." 그것은 "각자 자신이 가진 탁월한 능력을 발휘하는 삶"이라는 결론으로 이어집니다. 자신의 탁월한 능력을 발견하여 육성하고, 그런 능력을 발휘하면서 사는 것이 쉽지는 않습니다. 그럼에도 불구하고 우리는 그런 삶을 목표로 살아야 합니다. 아리스토텔레스의 이런 주장은 '자기실현'과 다르지 않습니다.

아레테를 발휘하고 자기실현을 이루기 위해서 재산이라든가 명예라

든가 하는 사회적 지위가 필요할 수 있습니다. 그것을 아리스토텔레스는 "외적인 선"이라고 부릅니다. '외적'이라고 말하는 이유는 그런 조건들은 그 자체가 행복이 아니라 행복이나 가치 있는 삶을 만드는데 필요한 보조수단이기 때문입니다.

가치 있는 삶, 행복은 그 중심에 윤리적 덕성이 놓이고, 이런 기초 위에 각자의 고유한 능력의 발휘가 있을 때 성립하는 것입니다. 덕성과 능력의 발휘의 양자가 전체적으로 조화를 이룰 때, 자기실현이 가능합니다. 그러나 '외적인 선'은 있으면 좋지만 반드시 필요한 것은 아닙니다. 재산이나 사회적 지위 등, '외적인 선'은 본질적인 생명 활동을 지지하면서 덕성과 아레테의 발휘라는 활동을 실현할 때에만 의미를 가지기 때문입니다. 우리 사회가 경험하고 있듯이, 재산과 지위를 이용한 악덕의 실현이 얼마든지 가능하고 실제로 그런 일들이 자주 일어나고 있기 때문에 보통 사람은 절망하게 됩니다. 그것 자체로는 무의미한 재산이나 지위가 덕성의 발휘를 통해서 비로소 유의미해진다는 사실을 망각할 때, 그런 외적인 선은 무의미한 것으로 전락하고 결국 그것 때문에 인생이 망가질 것입니다.

자기실현이 가치 있는 삶으로 나아가는 길이라는 사실은 결코 부정할 수 없지만, 아무래도 그것만으로는 충분하지 않다는 생각이 듭니다. 자기실현의 과정에서 경쟁은 어쩌면 불가피한 것이라고 생각되기 때문입니다. 공정한 사회가 실현되었다고 해서 모든 사람이 동일한 정도의 자기실현의 기회를 가지는 것은 아닙니다. 능력과 노력의 차이를 부정하기 어렵기 때문입니다. 게다가 운과 우연의 개입 역시 무시할 수 없습니다. 자유롭고 공정한 사회라고 한다면 결과에 대해서 자신이 전적으로 책임을 져야 한다고 말할 수 있을까요? 모든 것이 너의 의지와 너의 능력 때문에 그렇게 된 결과라고 말할 수 있을까요?

어떤 사회가 좋은 사회이기 위해서는 능력만으로 보답 받고 평가받는 사회여서는 곤란합니다. 이것이 저의 문제의식입니다. 능력을 발휘하기 위한 공정한 룰이 존재하는 사회라고 하더라도, 이것만 가지고는 부족하다는 것입니다. 능력 중심 사회는 언뜻 보기에는 좋은 사회인 것 같지만 실제로는 승자 독식의 사회, 일등만 기억하는 사회로 나아갈 위험이 있기 때문입니다.

정말 좋은 사회라면 정당하게 노력했지만 경쟁에서 패배한 사람이 당하는 고통을 모두 개인의 책임으로 미루고 그들이 나락에 떨어지는 것을 방치해서는 안됩니다. 좋은 사회는 노력과 재능이 정당하게 보상받는 사회이기는 하지만, 그렇다고 결과만을 절대시하는 사회여서는 안됩니다. 운이 나빠서 경쟁에서 뒤처진 사람, 신체적 핸디캡 때문에 경쟁에 불리한 사람, 배우고 공부하고 노력할 기회 자체가 박탈된 사람, 한 순간의 실수로 경쟁의 대열에서 낙오된 사람, 예측할 수 없는 변화로 인해 실패를 맛보게 된 사람… 가정적 불운, 신체적 불운, 사고로 인한 불운, 온갖 불운이 자기실현을 방해합니다. 이런 불운을 모두 노력부족, 능력부족, 재능부족 때문에 일어난 당연한 결과라고 내팽개칠 수는 없지 않을까요? 더구나 능력대로 자유롭게 자기실현할 수 있는 경쟁만을 강조하다 보면 또 다른 형태의 불평등이 만들어질 가능성이 커진다는 사실을 기억해야 합니다.

사회가 공정한 룰을 확립하고 있다고 하더라도, 자유로운 경쟁에 의해 만들어진 불평등과 격차는 결국 사회 자체의 존립을 위협하게 합니다. 그런데 공정한 룰조차 갖추어지지 않은 경쟁사회는 그야말로 지옥이 될 것입니다. 지옥 같은 사회에서 오래 견디다보니 공정한 룰만 만들어지면 모든 문제가 해결될 것 같지만 실제로는 공정한 사회가 만들어져도 문제가 완전히 사라지지는 않습니다. 왜 일부 젊은이들이 우리나라를 헬조선이라고 부르는 것일까요? 우리 사회가 공정과는 턱없이 거리가 먼 오직 경쟁 사회이기 때문 아닌가요? 대통령을 바꾼다고 하루아침에 모든 것이 바로 잡힐 것이라고는 생각하지 마십시오. 대통령이 바뀌고 나면 약간의 표면적인 변화는 일어나겠지만, 근본적인 구조적 변화가 일어나기 위해서는 수십 년이 필요합니다. 공정을 열망하는 젊은이들의 염원에 충분히 공감합니다. 하지만, 공정만으로는 충분하지 않다는 사실을 잊어서는 안 됩니다.

우리는 여기서 자기실현을 위한 경쟁을 완화하는 윤리를 진지하게 고민해야 하는 것이 아닐까 생각합니다. 저는 그것을 자기비움이나 자기희생의 윤리라고 말하고 싶습니다. 인간은 더불어 사는 존재입니다. 사회는 사람의 집단이고 개인의 삶 역시 관계적 삶이 전제되어 있습니다. 아무리 잘난 사람이나 못난 사람이라도 사회 안에서 더불어 살아야 합니다. 사법시험에서 수석을 거둔 인재나 돈을 산처럼 쌓아두고 사는 재벌의 자녀라도 절대 혼자 살 수 없습니다. 그런 사람은 자신의 삶이 못난 사람의 희생 위에 서 있다는 사실을 잊어서는 안 됩니다. 못난 사람은 잘난 사람의 도움을 받고 있다는 사실도 기억해야 합니다. 못 나고 잘 나고는 상대적인 차이나 운의 차이일 뿐 능력의 차이가 아니며 인간의 본질에 있어서의 차이는 더욱 아닙니다.

경쟁을 넘어 우정으로

아리스토텔레스가 말하는 인간의 존재 구조에서 최상에 있는 이성은 폴리스적 존재로서 인간의 본질에서 도출되는 것이라는 사실을 보았습니다. 인간은 다른 사람과 함께 살아가는 존재입니다. 따라서 어떻게 살 것이며, 좋은 삶이나 가치 있는 삶이란 무엇인가? 이런 질문을 던질 때에는 자기실현이라는 개체가 지닌 자유로운 능력의 완성이라는 관점에만 몰두하면 제대로 된 답을 얻기 어려워집니다. 더불어 사는 존재인 인간은 자기실현을 생각할 때에도 반드시 '타자'의 존재를 고려해야 합니다.

타자의 존재를 도외시하는 경쟁주의와 능력주의가 만연한 사회는 아레테를 발견하고 그것을 최대로 발휘하는 것을 어렵게 만듭니다. 경쟁에서 밀리면 영원히 나락으로 떨어질 수도 있기 때문에 자기만의 특별한 능력을 찾으려는 여유와 시간을 벌기가 쉽지 않습니다. 실패의 불안으로 인해 자기만의 아레테를 발견하고 개발할 수 있는 여유를 가질 수 없습니다. 경쟁에 이기지 못한다면 일단 무능한 자로 낙인이 찍혀버릴 수도 있습니다. 한번 찍히면 끝인 분위기가 우리 사회에 만연해 있습니다. 결국 어떤 수를 써서라도 경쟁에서 이기는 것만이 답이 되어버렸습니다. 어떻게든 경쟁에서 유리하게 만들어줄 '외적인 선'을 추구하는 것이 답이 되어 버렸다는 말입니다. 실력도 중요하지만 돈, 연줄, 운 등 갖은 외적인 선을 찾아나서야 합니다. 그런 외적인 선이 있어야 경쟁에 유리하다는 생각이 진리가 되어 버렸습니다.

경쟁 제일주의 사회 안에서는 도구에 불과한 재산이나 지위가 목적이 되어 버리고 진짜 목적인 '아레테'의 발휘는 시야에서 사라지게 됩니다. 도구가 목적을 대체하는 전도가 일어나게 된 것입니다. 도구적 이성이 극대화되고 가치와 목적은 어느새 사라집니다. 능력주의와 엘리트주의가 뼛속까지 뿌리내린 사회는 거기에 아무리 공정한 룰이 작동한다고 하더라도 출발부터 불공정을 낳고 구조적 부자유를 만들어내기 때문에 결국 불공정이 판을 치는 약육강식의 지옥을 만들 수도 있습니다.

나 혼자만이 아니라 모두가 아레테의 덕을 발휘할 수 있는 사회는 단순히 공정한 사회가 아니라, 타인의 존재를 나의 자기 존재의 근거로 받아들이는 사회일 것입니다. 아리스토텔레스는 그 타자의 문제를 친구와의 우정에서 찾고 있습니다. 아레테의 발휘라는 아리스텔레스의 행복론은 어느새 타자의 윤리, 필리아의 윤리로 이동하게 됩니다.

요즘 우리 사회는 대단히 우울한 사회가 되어 버렸습니다. 힘들 때 선뜻 도와줄 이웃이나 친구가 있는가? 라는 질문에 없다고 답을 한 사람의 비율이 훨씬 높다고 합니다. 전 세계적으로 최하 수준이라는 사회조사 결과가 나온 적도 있습니다. 가볍게 보고 넘길 일이 아닙니다. 한편 대한민국 국민의 삶의 질이 최하위권에 머물러 있다는 조사도 들어보았을 것입니다. 삶의 질과 행복감의 정도, 우정을 나눌 친구의 숫자, 어려울 때 도움을 요청할 수 있는 이웃이나 친구의 존재, 이런 것들은 서로 밀접한 관계를 가지고 있습니다. 그런 친구나 이웃이 없다는 것은 서로가 서로의 경쟁자요, '각자도생'만이 답인 약육강식의 사회라는 것을 반증하고 있다고 볼 수 있습니다.

우정과 나눔으로 얻는 행복

아리스토텔레스가 제시한 행복의 조건인 아레테에 입각한 생명 활동은 당연히 중요합니다. 그러나 이것만으로 인간은 행복해지지 않습니다. 사회적 지위가 높아지거나, 돈이 많아질수록 더 행복해지는 것은 절대 아니라는 말입니다. 아레테의 활동이 필수적이지만 그것이 살아감의 궁극적인 의미를 주는 것은 아닙니다. 자기실현은 필연적으로 경쟁을 요구하기 때문에 진정한 행복으로 나아가는 가능성을 잃어버리는 경우가 적지 않습니다.

사람의 행복은 타자와 만나고 교류하는 과정에서 얻어집니다. 외로운 사람이 행복한 경우는 거의 없습니다. 『자살론』이라는 책으로 유명한 뒤르켐이라는 학자의 관찰에 따르면 외로운 사람, 결혼하지 않은 사람, 생존이 위협을 받을 정도로 가난한 사람일수록 자살을 선택할 가능성이 높다고 합니다. 키에르케고르라는 철학자는 "고독은 죽음에 이르는 병"이라고 갈파한 바 있습니다. 그는 자유로운 경쟁으로 인해 초래된 사회적 유대의 파괴가 근대 사회의 최대 문제라고 보았습니다. 다른 사람을 사랑하고 다른 사람으로부터 사랑을 받는 사람이 행복감을 더 많이 느낀다는 것은 상식입니다. 사람은 타자와의 진실한 교류를 통해서 살아 있음의 의미를 느끼는 존재이니까요.

'아레테'의 발휘가 자기실현이 행복의 조건이라고 강조했던 아리스토텔레스 역시 그 사실을 잘 알고 있었습니다. "모든 재산과 권력을 손안에 넣었지만 친구가 없는 삶을 선택할 사람은 없을 것이다." 공자 역시 "멀리서 친구가 나를 이해하고 찾아오는 것"이 인생의 진정한 기쁨이라고 주장했습니다.

친구란 술 마시고 같이 게임하면서 시간을 부수는 동료가 아니라는 사실을 기억해야 합니다. 나의 성장을 도와주고 무지를 일깨워주며 나의 가치를 함께 추구하는 길의 도반이자 동고동락을 같이 하는 사람이 친구입니다. 아무리 재산이 많고 학식이 높고 큰 권력을 가지고 있다고 해도, 그것을 함께 나눌 친구가 없다면 외로움이라는 감옥살이를 벗어날 수 없습니다. 생각과 기쁨을 나누고 고통을 토로할 수 있는 친구가 없는 사람의 인생은 사막이나 다름없기 때문입니다.

즉 자기실현만으로 우리는 행복해질 수 없고, 아레테의 발휘를 통해 경쟁에서 승리한 것만으로 우리는 가치 있는 삶을 살았다고 말할 수 없습니다. 아리스토텔레스는 이 문제를 '필리아'(사랑, 우정)의 문제로 고찰하고 있습니다.

아리스토텔레스에 따르면 필리아는 세 가지의 근거를 가지고 있습니다. 하나는 유익함이고, 둘은 기쁨이고, 셋은 좋음 혹은 선입니다.

첫째 유익함이라는 근거만으로 사랑과 우정이 완성될 수 있는 것일까요? 물론, 우정과 사랑이 성립하기 위해서는 상호 유익한 교류가 필요하다는 것을 부정할 수는 없습니다. 공자 역시 손해를 주는 친구가 아니라 유익한 친구를 사귀라고 말한 적이 있습니다. 그러나 유익함이 일방적인 것이어서는 사랑이나 우정이 지속될 수 없습니다. 상호유익함이 아니면, 두 사람의 관계는 유지되기 어렵기 때문입니다. 그런 점에서 유익함이라는 기준은 우정이나 사랑의 조건으로는 상당히 취약한 것이 아닐 수 없습니다.

둘째, 기쁨이나 쾌락이라는 근거는 어떤가요? 매력 있는 사람, 예쁜 사람, 재미있는 사람, 유머가 풍부한 사람은 분명히 누구에게나 인기가 높습니다. 그런 의미에서 매력이나 자질은 유능함의 일부이며 어떤 의미에서는 유익함과 연결되어 있습니다. 그런데 그 매력과 자질을 잃어버린다면 어떨까요? 사실 그런 조건은 그리 오래 지속되지 않습니다.

파스칼이라는 철학자는 흥미로운 이야기를 전해 주고 있습니다. 어떤 청년이 대단한 미모를 가진 여인을 사랑했습니다. 그녀의 미모 때문에 그 여인을 사랑했지요. 그런데 이 여성이 천연두에 걸리고 미모를 잃어버리고 말았습니다. 그럼에도 불구하고 그 여인을 계속 사랑할 수 있을까요? 미모는 오래 지속되지 않습니다. 사람이 가진 다른 자질들 역시 비슷합니다. 쾌락과 기쁨이라는 조건 때문에 누군가를 사랑했다면 그 사람을 진정으로 사랑했던 것이 아니라 자신의 쾌락과 기쁨을 사랑한 것일 뿐입니다. 일반적으로 사람은 언젠가 사라지게 될 성질이나 능력 때문에 사랑을 하게 됩니다. 모든 부속적 성질을 배제하고 어떤 사람을 그 자체로서 사랑하는 것은 거의 불가능에 가까운 일입니다. 따라서 이런 파스칼의 통찰은 냉혹하다고 말할 수 있겠지요.

아리스토텔레스는 유익함이나 기쁨, 쾌락 때문에 다른 사람을 사랑하는 것은 결국 자신의 이익이나 쾌락을 존중하는 것일 뿐, 상대방을 진정으로 존중하는 것은 아니라고 말하고 있습니다. 나아가 그런 유익함이나 기쁨을 만들어 내는 상대방의 성질은 안정성을 결여하고 있기 때문에 지속적이지 않다고 했습니다. 그렇다면 유익함이나 쾌락, 기쁨에 근거를 두는 사랑은 사랑이라는 이름에 적합하지 않다고 말할 수 있겠지요. 그것은 사랑이 아니라 '이기주의'(에고이즘)의 또 다른 형태일 뿐입니다. 내가 잘하면 너도 잘할 것이므로 너에게 잘한다고 하는 '상호주의'에 입각한 행위도 크게 보면 이익 추구가 뿌리에 놓여 있는 에고이즘의 한 형태라는 것도 기억할 필요가 있습니다.

에고이즘을 넘어서는 우정, 나눔의 사랑

셋째, 선에 근거한 사랑만 남게 됩니다. 상대방을 사랑하는 것이 그 사람이 지닌 다양한 성질이나 능력을 사랑하는 것이 아니라 그 사람의 인격을 사랑하는 것이어야 하는 이유는 무엇일까요? 앞에서 본 것처럼 이익이나 아름다움의 속성은 지속되지 않기 때문입니다. 그러나 그 사람의 인격이 선에 근거하여 성립한 것일 경우 사람이 가진 다양한 속성 중에서 가장 항상적이고 안정적인 것이라고 할 수 있습니다. 그것은 변하지 않는 것이므로 신뢰할 수 있는 것입니다.

아리스토텔레스는 선(the good)에 근거한 인격만이 진정한 덕으로서 지속성과 안정성을 지닌다고 말합니다. 그러나 아리스토텔레스의 주장은 의문의 여지가 있습니다.

선은 어디에서 오는 것일까요? 그 선이 단순히 관계적인 좋음의 결과인지 아니면 평판이나 평가의 결과인지 살펴봐야 합니다. 선이 인격 자체 안에 존재하지 않은 것이라면 그것은 안정적인 것이 될 수 없을 것입니다. 그런 선은 바람처럼 지나갈 위험이 있습니다. 인격으로서의 선이 재산이나 명예 같은 '외적인 선'의 하나로 전락하게 될 위험이 있다는 것입니다. 아리스토텔레스는 인격의 선함이 인간 본성의 일부인지 혹은 노력을 통해 획득 가능한 것인지 분명히 말하지는 않습니다.

그는 '아레테'의 최고 단계를 선함이라고 단순히 가정하는데 머무르는 것 같습니다.

이 점에 대해 중국의 철학자 맹자는 분명하게 선언하고 있습니다. 인격이 근거를 두어야 할 선함 그 자체는 외적인 것이 아니라 인간의 본성 속에 본래부터 주어진 것, 선천적으로 타고난 것이라고 말합니다. 맹자는 인간이 지닌 본래적 선에 근거하여 사람의 사람다움을 실현할 수 있는 가능성을 가지고 있다고 주장합니다. 그렇게 선에 근거한 인격을 실현했을 때만 사람은 사람이라고 불릴 자격이 있다고 했습니다. 사실, 선에 근거하여 형성된 인격의 덕만이 항상적이고 안정적입니다. 이러한 인격의 덕에 입각하여 확립된 사랑과 우정만이 시간의 노화와 쇠퇴를 넘어서 지속될 수 있습니다. 아리스토텔레스의 주장은 맹자의 성선설과 맥을 같이 하는 것이지만 맹자의 입장이 더 근원적이라고 볼 수 있을 것 같습니다.

선한 사람과 선한 사람의 관계, 그런 관계만이 진정한 사랑, 진정한 우정이라고 이름붙일 수 있습니다. 인격으로서의 선은 진실함을 전제로 하기에 보통 말하는 '순하다', '착하다'는 말과 반드시 일치하지 않습니다. 조폭이나 사기꾼의 관계는 그들이 목숨을 걸고 그 관계를 지킨다고 할지라도 결코 진정한 우정이나 사랑이라고 말할 수 없습니다.

자신의 인격이 선하지 않은 사람도 다른 사람의 선한 인격을 사랑할 수는 있습니다. 그러나 그런 사랑이나 우정은 사랑을 빙자한 에고이즘에 불과합니다. 그 경우, 타자의 선한 인격은 에고이스트가 이용하는 도구로 전락하고 말게 됩니다. 진정한 사랑을 나누는 사람이 타자의 존재를 통해서 얻는 것은 쾌락적이거나 물질적인 어떤 것이 아니라 인격 자체의 선을 공유한다는 사실 그 자체입니다. 이 점에서 그들의 사랑은 대가 없이 주는 것, 아낌없이 주는 것이 됩니다. 진실한 사랑은 값으로 매길 수 없는 사랑입니다. 진실한 사람끼리 나누는 사랑과 우정은 선한 인간과 선한 인간의 만남에 다름 아니기 때문입니다. 그 자체가 목적일 뿐 서로를 이용하거나 도구로 여기지 않는 관계입니다. 칸트가 사람을 도구가 아닌 목적으로 대하라고 할 때의 인간관계가 바로 아리스토텔레스가 말하는 필리아, 즉 우정이고 사랑이라는 사실을 잊지 말아야 합니다.

진실한 사랑은 어떤 구조를 가지고 있을까요? 아리스토텔레스는 단적으로, "친구란 다른 나"(hetros autos)라고 정의를 내리고 있습니다. 진실한 이웃과 나누는 사랑은 결국 자기 자신에 대한 사랑과 동일한 것이라는 말입니다. 진실한 관계 안에서 친구는 바로 자기 자신입니다. 여기서 곧바로 공자의 말을 떠올리게 됩니다.

공자는 사람과 사람의 관계에서 지켜야 할 윤리의 기본 원칙을 두 문장으로 요약했습니다. "자신이 원하지 않는 것을 다른 사람에게 행하지(요구하지) 말라.(己所勿欲, 勿施於人)", "자신이 가지기를 원하는 것이 있다면 먼저 다른 사람이 가질 수 있도록 하라.(己欲達而達人, 己欲立而立人)"입니다. 첫 번째는 '최소요구의 원칙', 두 번째는 '최대실행의 원칙'이라고 부를 수 있습니다. 첫 번째 것은 '하지 말라'고 말하는 소극적인 원칙이고, 두 번째는 '하라'고 명령하는 적극적인 원칙이기도 합니다. 두가지 모두 이기주의로 무장된 경쟁원리가 지배하는 사회에서는 실현하기 어려운 것입니다. 공자의 도덕 원칙, 특히 전자는 소위 '황금률'이라고 불립니다. 그 원칙은 이웃, 타자, 다른 사람이 나와 같은 존재라고 하는 자각과 신뢰 없이는 성립하기 어렵습니다.

이 지점에서 아리스토텔레스가 말하는 '다른 나'로서의 친구, 선한 존재 사이로서의 필리아(우정)과 공자의 소극적 원칙은 근본적으로 동일한 근거를 가진 것이라고 말할 수 있습니다. "당신의 이웃에게 당신이 원하지 않는 것을 행하지 말라!" 이 말은 당신이 원하는 것을 다른 사람에게 하라는 말과는 아주 다릅니다. 공자가 말하는 원칙은 어디까지나 소극적인 원칙에 그칠 뿐이라는 사실을 기억해야 합니다. 그 이웃은 바로 당신 자신입니다. 나는 선한 덕을 가진 존재이기 때문에 스스로 악을 행하기를 원하지 않습니다. 그렇다면, 다른 나인 나의 이웃과 친구 역시 선한 덕을 가진 존재이기 때문에 악을 행하거나 악을 강요받기를 원하지 않을 것입니다. 그런 나(=친구)에게 내가 원하지 않는 일을 요구해서도 안 되고 악을 가해서도 안된다는 전제가 깔려있다는 말입니다. "내 이웃은 다른 나"라는 자각이 공자의 말 속에 내포되어 있습니다.

공자의 적극적 원칙, 즉 당신이 바로 서기를 원하면 먼저 그 이웃이 바로 설 수 있도록 해주라는 말은 어떤가요? 그 말은 당신이 '원하는' 것을 이웃에게 '강요하라'는 말이 아닙니다. 그가 진실로 원하지 않는다면 나는 그가 원하지 않는 것을 강요해서는 안 됩니다. 나는 내가 원하지 않는 것을 강요받기를 거부하기 때문입니다. 다만, 그가 원하는 것을 가지도록 해주는 것은 결국 나의 이익을 이웃의 이익 다음에 놓는다는 의미입니다. 이웃의 이익을 먼저 챙기는 것은 그 이웃이 바로 다른 나이기 때문에 가능한 일입니다. 따라서 공자가 제시한 두 원칙은 이웃이 나의 경쟁자가 아니라, 나와 이익을 공유하는 나 자신이라는 자각 하에서만 실천 가능한 것이 됩니다. 자기희생이란 자신을 스스로 포기하는 것이 아니라 적극적인 자기실현의 한 방식으로 승화시키는 것입니다. 우정을 나누는 사람이 서로 그런 생각을 가지고 관계를 맺는다면 상호희생은 상호이익으로 되돌아옵니다.

앞에서 공정만으로는 부족하다는 말을 했습니다. 공정이 필요 없다는 말이 아닙니다. 공정에 입각하여 경쟁하는 것은 중요하지만, 경쟁은 반드시 차별을 만들어낼 것이고 시간이 쌓이면 그것 역시 불공정을 만들어 내는 방향으로 흐를 것이기 때문입니다. 그런 불공정을 최소화하는 원칙이 사회적 윤리로서 뿌리를 내리지 못하면 그 불공정은 결국 새로운 갈등과 폭력을 낳게 될 것입니다. 따라서 우리에게 필요한 윤리적 원칙은 선한 인격의 수립과 그 인격자들 상호 간의 희생, 이웃을 자기라고 여기는 우정의 수립으로 귀결됩니다.

우정과 연대성은 좋은 사회의 기초

아리스토텔레스는 진정한 우정에 근거한 친구를 이렇게 규정하고 있습니다.

1) 친구를 위해 선을 행하고, 또한 그 선을 실천하는 사람
2) 상대방이 존재하고 존속하는 것을 상대방 자신을 위해 기원하는 사람
3) 함께 시간을 보내고 싶은 사람
4) 같은 일을 함께 하고 싶은 사람
5) 함께 슬퍼하고 함께 기뻐하는 사람

아리스토텔레스가 말하는 친구는 각자가 자신의 존재와 삶을 긍정합니다. 친구의 존재를 긍정하는 그런 사람은 자기의 존재 가치를 받아들입니다. 왜냐하면, 그 역시 친구와 마찬가지로 선한 존재이기 때문이지요. 결국, 그런 사람은 자신을 위해 선을 원하고 자신의 존재를 긍정하고 자신과 대화하면서 시간을 보낼 수 있습니다. 그는 홀로 있는 것을 불안해하지 않기에 정신분석학에서 말하는 '홀로 있을 수 있는 능력'(the ability to be alone)을 가진 사람입니다. 그리고 그는 자기 자신 안에서 분열을 일으키지 않습니다. 자신에게 다가오는 고통과 슬픔, 기쁨과 행복을 있는 그대로 받아들일 수 있는 사람이기 때문입니다.

자기 자신을 긍정하지 못하는 사람은 결국 자기 안에서 분열을 일으킵니다. 그는 자신을 미워하고, 친구를 받아들일 수 없는 사람입니다. 그는 친구를 가질 근거인 자기 긍정을 결여한 사람입니다. 아리스토텔레스의 '필리아'론에서, 나와 타자의 관계는 선에 근거를 둔 자기동일성의 실현을 의미합니다. 내가 어떤 존재인지 불문하고, 무조건적인 자기긍정을 말하는 것이 아닙니다. 인간의 사랑은 부모, 자식, 형제, 동족 등 혈연적 사랑에 기초를 두고 있습니다. 그런 강고한 토대 위에서 생물학적 연대가 희박한 타자, 친구에게로 사랑을 확대하는 것이 우정이고 연대입니다. 아리스토텔레스와 동시대를 살아간 맹자 역시 그런 사랑의 확대를 이야기했습니다. 사실 그런 사랑과 우정과 연대 없이 세상은 유지되지 않을 것입니다.

정병규	삶은 디자인이다
이동철	알파고와 협업하는 인간은 무엇인가: 4차 산업혁명과 우리의 미래
장문석	유럽 통합은 끝났는가?
김석근	동아시아의 미래를 읽다
김영수	조선건국의 기획자 '정도전'
신동원	한국의 과학과 문명
이용주	철학에서 배우는 "가치 있는 삶"
함성호	**무에서 유를, 유에서 무를 보는 눈**
박홍규	내 친구 톨스토이

함성호

1990년 『문학과 사회』 여름호에 시를 발표했으며, 1991년 『공간』 건축평론 신인상을 받았다. 시집으로 『56억 7천만 년의 고독』, 『성타즈마할』, 『너무 아름다운 병』, 『기르티무카』가 있으며, 티베트 기행 산문집 『허무의 기록』, 만화 비평집 『만화당 인생』, 건축 평론집 『건축의 스트레스』, 『당신을 위해 지은 집』, 『철학으로 읽는 옛집』, 『반하는 건축』, 『아무것도 하지 않는 즐거움』을 썼다. 현재 건축 실험 집단 'EON'의 대표로 있다.

무(無)와 유(有)의 관계에 의해 지금 우리가 살고 있는 관계가 설정됩니다

무(無)에서 유(有)를, 유(有)에서 무(無)를 보는 눈을 가지는 게 우리에게 무슨 필요가 있는지 의문이 드실 겁니다. 결론부터 이야기하자면, 무와 유의 관계에 의해 지금 우리가 살고 있는 관계가 설정됩니다.

사랑에는 왜 항상 증오가 섞여 있을까요? 부모님을 사랑하지만 왜 어떨 때는 그 사랑이 못 견딜 만큼 부담스럽게 느껴질까요? 그런 감정들이 왜 솟아날까요? 이런 것들에 대한 문제를 이야기해보겠습니다. 여러분은 학점 때문에 여기 앉아 있을 수도 있고 마음에 드는 여학생을 보기 위해 여기에 있을 수도 있습니다. 나는 왜 여기에 앉아 있나, 이런 것들만 생각해봐도 여러 가지 이유가 있습니다. 그런 것들이 우리에게는 하나씩 개별적으로 나타나지 않습니다.

사랑하는 사람, 미워하는 사람이 따로 있지 않습니다. 사랑과 미움이 동시에 일어납니다. 항상 우리는 정반대되는 것들이 동시에 일어나는 모순을 겪습니다. 좋은 일도 한꺼번에 생기고 나쁜 일도 한꺼번에 생기고, 어떤 때는 좋은 일과 나쁜 일이 동시에 생기기도 합니다. 이런 사건들이 어떻게 동시에 나타나는가를 살펴볼 때, 무와 유의 개념을 잘 생각해야 합니다. 결론은 무는 유라는 것입니다. 형이상학, 철학, 종교 등에서 무와 유를 이야기하면 걷잡을 수 없습니다. 아주 손쉽게 물리학의 개념부터 잡아가며 무와 유를 설명해보겠습니다. 먼저 유에 대한 것입니다.

보이저 1호가 우주에서 돌아오기를 기다리며
—왜 무가 아니라 유일까?

함성호

어머니 햇빛보다는 바람을 주세요
직진하는 사랑보다는 간지럽히는 사랑을 위해서죠
지금 우리들 머리 위에서 작렬하는 태양은
조금 후 풍선처럼 부풀어
이 푸른 지구를 집어삼키고
나중에는 우주의 먼지로 사라질 거예요
아름다울까요?
우리 우주의 마지막은—
어머니 햇빛보다는 바람을 주세요
나는 빛의 전위에서 모든 풍경을 바라볼 거예요
먼지와, 먼지가 될 별들과, 블랙홀 같은 내 사랑을
모든 소리들이 소음으로 들리고
소음이 음악이 될 때까지
어머니 햇빛보다는 바람을 주세요
아, 우리는 왜 이런 순간 속에 던져진 걸까요?
나는 태양의 중심에서 아이스크림처럼 녹아내리고 있어요

한 줌의 시와 한 소절 같은 시간이 필요해요
나는 빛의 정상에 있어요
순간의 시간을 가장 멀리서 즐기고 있죠
코끼리 발자국에 고인 빗물에서
물고기들이 놀고 있어요
우리가 자유로운 건
하필
우리가 불완전한 존재이기 때문이지요
어머니 햇빛보다는 바람을 주세요
눈을 감고 들어 보세요
바다와 숲과, 지구를 가득 메운 마천루 사이를 지나가는
바람의 노래를
중요한 건 그것뿐이죠
나는 미안해하지 않아도 돼요
아무것도 생각할 필요가 없지요
중요한 건 그것뿐이죠

이 시를 낭송시켜보면 "어머니 햇빛보다는 바람을 주세요"를 그냥 한 번에 읽었습니다. 그런데 '어머니'를 '엄마'로 바꿔서 읽어보라고 하면, "엄마, 햇빛보다는 바람을 주세요"하고 자연스럽게 쉬는 곳이 생깁니다. 그냥 죽 읽는 것과 쉼이 생기는 것은 다르죠. 요즘은 어머니라고 잘 하지 않으니, 이 말이 갖는 시상이 여러분한텐 지워져 있습니다. 시를 낭송할 때는 어떤 상(像)이 맺히는가가 중요합니다. 상이 맺힐 때만

의미가 들어옵니다. 이때 의미라는 것은 언어체계가 아닙니다. 감정, 감각을 통해 들어오는 전체적인 것입니다. 인간은 항상 실제의 몸과 함께, 감각적으로는 모순들과 같이 살고 있습니다.

내가 여기에 왜 있는가, 여기에 와있다는 것, 이 두 개가 항상 겹쳐져 있습니다. 만약 아름다운 경치를 보거나 남한테 큰 배신을 당하면 감각은 그것을 온몸으로 느낍니다. 화가 나서 몸이 아프기도 합니다. 그런데 여러분이 누군가에게 그것을 전달할 때는 동시에 일어난 일을 쪼개고 있는 자신을 발견할 것입니다. 인간의 몸은 모순된 어떤 것을 한꺼번에 받아들이지만, 사고체계는 그것들을 시간적으로 하나하나 쪼개놓아야 합니다. 그래야 이해하고 전달하는 것이 가능합니다.

이 두 개가 모순입니다. 내가 느끼는 것은 모든 것이 한꺼번에 들어옵니다. 쟤가 나한테 못되게 했던 것은 이런 말을 해서 그래, 하고 생각한 다음에 화가 나는 게 아니라 그냥 순식간에 화가 납니다. 내가 그 화를 잊지 말아야겠다고 생각했을 때는, 친구가 돈을 제때 안 갚았으니 계약을 위반한 것이고 이런 이유들로 화가 났다고 우리의 사고체계는 그것을 쪼개놓습니다. 사고체계는 몸이 느끼는 것처럼 한 번에 정리하지 못합니다. 인간의 언어가 불완전하기 때문입니다. 그래서 이 불완전한 언어가 우리의 사고체계를 쪼개놓는 것이죠.

동아시아에서는 고대에서부터 이 사고체계를 한 번에 모으려는 작업을 해왔습니다. 그래서 항상 '무엇은 무엇이다'가 아니라 '무엇과 무엇'이라는, 하나로 뭉뚱그리는 사조들이 많이 일어납니다. 'A와 B는 하나'라는 거죠. 서유럽 같은 경우는 그것을 쪼개는 이분법적인 사고가 굉장히 발달돼 있습니다. 결국 서구에서 가지고 있는 이분법적인 사고가 우리가 살고 있는 근대의 체계를 만들었습니다. 여러분은 서유럽 사람들이 만들어놓은 근대 체계 안에서 동아시아에서 꾸준히 이야기되어 온 통합적 사고와 부딪히고 있습니다.

우리는 결코 서구 근대인들의 사고와 같지 않지만 그런 것들이 근대라는 체계 안에서 녹아들고 있는 것이죠. 서유럽인들도 마찬가지로 인간의 본성은 늘 어떤 체계와 싸우게 되어 있습니다. 예를 들어 우리 어머니를 살인한 사람한테는 당연히 화가 나고 복수를 하고 싶어집니다. 이게 인간적인 것입니다. 그런데 근대체계는 법 앞에 평등하다는 논리로, 내가 그를 살인한다면 감옥에 보내 버립니다. 이것이 과연 정의인가 생각해보면, 근대적 정의이기는 하지만 인간적 정의는 아닐 것입니다.

"무는 유입니다."

이러한 복합적인 모순 속에서 '유(有), 있다'는 것을 한번 살펴보겠습니다.

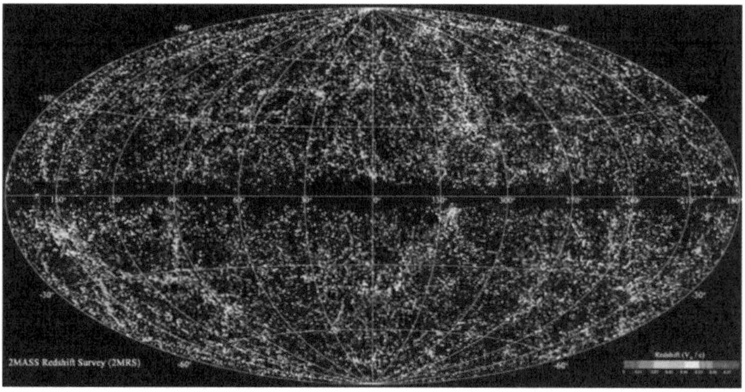

이 그림은 우주 전체가 아닙니다. 허블망원경 등으로 관측 가능한 우주입니다. 이 우주는 별, 성간물질, 별 안에서 사는 우리 등 모든 물질들로 꽉 채워져 있습니다. 비어 있어 보이는 우주 속에는 뭔가로 가득 채워져 있습니다. 없다는 것을 구현하려면 우주의 존재를 다 비워버려야 합니다. 책상도 없애고 나무도 없애고 별과 태양과 화성도 다 없애버리면 빈 공간이 남습니다. 이 빈 공간은 과연 무엇일까요? 빈 공간은 유와 반대되는 무일까요? 절대 아닙니다.

'무, 없다'를 실현하기 위해 다 비워버렸더니 공간이라는 것이 나왔습니다. 그렇다면 이때 공간을 무(無)냐, 라고 했을 때 현대물리학은 아니라고 합니다. 왜냐하면 빈 공간 안에는 반드시 어떤 구조가 있습니다. 뉴턴이 발견한 빈 공간의 구조는 중력입니다. 지구가 태양 주위를 돌게 하는 것이 중력이라고 생각했습니다. 중력이라는 것은 나와 너 사이에 작용하는 힘입니다. 이 힘이 일직선상으로 작용하고 있다고 뉴턴은 생각했습니다. 나와 책상 사이에도 인력이 있는 것이죠. 이처럼 빈 공간은 눈에 보이지 않는 어떤 체계를 가지고 있습니다.

아인슈타인은 내가 서 있으면 나의 질량으로 인해서 공간이 휘어진다고 생각했습니다. 사람과 사람 사이에도 아주 미세하게 휘어짐이 있는 것이죠. 질량이 있는 모든 것 사이에는 휘어짐이 발생하는 데 아주 미미해서 계산해 봐도 실생활에서는 아무 도움이 되지 않습니다. 뉴턴이 직선적으로 파악한 만유인력은, 아인슈타인에게는 휘어진 공간에 지구를 던지면 태양의 인력에 의해 항성들이 돌게 되는 것으로 파악됩니다.

천을 펼쳐 놓고 볼링공을 떨어뜨리면 볼링공이 있는 자리가 움푹 패일 겁니다. 거기에 골프공을 던지면 움푹 패인 곳을 따라 돌다가 볼링공과 부딪힐 겁니다. 하지만 지구는 태양과 부딪히지 않고 잘 움직이고 있습니다. 그 힘은 나중에 설명하겠습니다. 공간이라는 것은 완전한 무가 아니라 눈에 보이지 않는 구조를 간직한 유(有)입니다. 이 세계는 무에서 시작되는 것이 아니라 유에서 시작됩니다.

아인슈타인의 이야기는 시공간 자체가 중력이라는 것입니다. 생각이 독특한 어떤 친구들을 이야기할 때 4차원이라는 말을 하는데, 우리는 실제로 4차원의 세계에 살고 있습니다. 4차원은 가로, 세로, 높이 축이 있는 3차원의 공간에 시간을 더한 것입니다. 물리학적으로 우리는 3차원 세계가 아니라 4차원 시공간 안에서 시간과 떨어질 수가 없는 세계에 살고 있습니다. 4차원 시공간의 세계에서 시간과 공간의 문제는 어떻게 될까요? 아인슈타인이 이런 문제들을 '왜 빛의 속도는 항상 일정한가?'라는 문제로부터 시작합니다.

빛은 초속 30만km 정도이고, 시속은 한 10억km를 갑니다. 레이저 포인터를 켰을 때, 레이저의 빛은 30만km로 나갑니다. 이 레이저를 갖고 내가 달린다면, 나의 속도와 레이저의 속도가 합쳐져야 하잖아요? 빛의 속도 30만km에 내가 달려가는 속도가 더해져서 전체 속도가 측정돼야 할 겁니다. 그런데 빛은 내가 달려가도 여전히 초속 30만km입니다. 아인슈타인은 이걸 이상하게 생각하고 고민하기 시작했습니다. '내 속도가 더해져야 하는데 여전히 빛의 속도는 같다.' 이 모순을 어떻게 해결할 수 있을까요?

'왜'를 생각하지 말고 그냥 받아들여야 합니다. 여러분이 어떤 문제에 봉착했을 때 이런 사고방식은 굉장히 좋은 방법이 될 수 있습니다.

우리는 항상 이해할 수 없는 문제들에 부닥쳤을 때, 어떻게 저렇게 될 수 있지 하고 생각합니다. 그렇게 하지 말고, 그냥 상황을 받아들이고 이 문제를 어떻게 해결할 것인가를 생각하면 쉽게 해결될 수 있습니다.

아이디어를 내봅시다. 시간과 공간은 일치한다고 했습니다. 내가 벽으로 달려간다는 것은 벽과 공간을 좁혀 가는 것입니다. 만약 이 상태를 그대로 두고 빛을 켜서 달려갈 때, 빛의 속도를 일정하게 하는 방법은 딱 한 가지입니다. 공간을 줄여버리는 겁니다. 만약 빛의 속도 초속 30만km에 내가 걷는 속도가 1km라면, 전체 속도는 31만km가 되어야 하는데, 여전히 30만km이니까, 이 모순을 해결하기 위해 거리를 줄여야 합니다.

예를 들어, A와 B 사이에서 내가 걷고 있는데 누가 나를 밀어준다면, 그 밀어주는 힘에 내가 걷고 있는 힘을 더해서 시간이 나와야 합니다. 그런데 누가 밀어주던 그 힘과 상관없이 내가 걷는 속도로 도달하는 겁니다. 이 모순을 해결하기 위해 밀지 말라고 주문할 수 없습니다. 조건이니까요. 누가 미는데도 내 속도로 도달하려면 도착지를 가깝게 하면 됩니다. 그러니까 공간이 줄어드는 것입니다.

빛의 속도는 항상 일정하기 때문에 거리, 공간을 줄여야 합니다. 그래서 시간과 공간의 상호작용이 일어납니다. 학교 가기 위해 걷는데 집과 학교의 거리가 항상 27km라면, 그 거리가 항상 유지되는 것은 아닙니다. 집을 나와 걸으면 학교와의 절대 거리는 줄어듭니다. 여러분이 움직인다는 것은, 시간과 공간이 흔들려버리는 것입니다. 그건 정말 미세해서 여러분이 집에서 학교로 오는데 전혀 도움이 안 됩니다.

시간과 공간을 채우고 있는 것은 암흑 에너지가 73%, 암흑 물질이

23%입니다. 우주에는 지구와 태양을 일정하게 돌리고 있는 힘이 있는데 그게 뭔지 몰라서 암흑 에너지라고 합니다. 암흑 에너지는 모르는 에너지, 암흑 물질은 모르는 물질이라고 해도 좋습니다. 나머지는 가스 같은 성간물질로 이루어져 있습니다. 우리가 알고 있는 별이나 존재들은 전 우주의 0.4%밖에 안 됩니다. 그 나머지는 우리가 모르는 것들로 가득차 있습니다.

암흑 에너지가 73%나 되는데 에너지의 양은 얼마나 될까요? 0.00…001입니다. 소수점 밑의 0이 122개입니다. 0이라고 봐도 될 정도로 굉장히 적습니다. 우주의 대다수를 차지하는 에너지의 양이 고작 소수점 이하 122개의 0을 가진 1이라니, 너무 적은 것 같죠? 나머지 양들이 있을 텐데 어디로 갔을까요? 이 문제는 어떻게 해결할까요? 우주에 암흑에너지의 양이 너무 적다는 결과가 나왔고, 우주의 총량은 많을 텐데 그 나머지 양은 어디로 갔을까? 앞에서 말한 것처럼 왜 이렇지가 아니라, 문제를 받아들이고 다른 걸로 해결해야 합니다.

이제 이렇게 생각해봅시다. 나한테 과자가 5개가 있었어요. 그런데 화장실을 갔다와보니 1개밖에 남지 않았습니다. 내가 먹지 않았는데 어디로 갔을까요? 누가 가져갔을 수도 있고 쥐가 먹었을 수도 있습니다. 과자가 5개 있었는데 1개밖에 남지 않았으면 누가 가져갔다고 생각할 수 있겠죠. 암흑 에너지도 너무 적잖아요. 그러니까 그 나머지에는 또 다른 우주가 있다고 볼 수 있습니다. 과자를 가져간 다른 사람이 있는 것처럼 또 다른 우주가 있을 수 있습니다.

우리가 살고 있는 우주 말고 이 미세한 암흑 에너지의 양을 나눠 가진 또 다른 우주가 있다고 상상할 수 있습니다. 과학자들이 계산을 해

보니 우리 우주 말고 다른 우주, 즉 다중우주가 무수히 많다는 겁니다. 그 숫자를 계산해보니 10^{500}이었습니다. 우리 우주에 있는 암흑 에너지의 양으로 계산해보면 다중우주의 수가 10의 500승이었습니다. 이건 인도신화 이야기가 아니라 철저하게 수학적 계산에 의해 산출된 수입니다. 이 정도 되면 거의 무한이라고 봐도 됩니다. 10의 500승 개나 되는 우주가 있습니다. 그 우주에 우리랑 똑같은 우주가 있을까요? 10의 500승 개나 되는 우주에 나와 같은 사람이 있을까요? 확률상 있다고 봅니다.

대학에서 철학을 전공하는 사람이 있다면 다른 우주에서는 그 사람이 문학을 전공하고 있을 수도 있습니다. 10의 500승 개니까 비약할 수 있는 한계가 없기에 마음대로 상상해볼 수 있습니다. 고등학교 때 여러분은 전공을 놓고 고민했을 것입니다. 철학을 할까, 문학을 할까 고민하다가 철학을 택한 사람이 있겠죠. 그런데 고민이 시작된 바로 그 순간에, 다중우주의 어딘가에서는 똑같은 사람이 문학을 선택했을 수도 있습니다. 우리가 무엇을 선택하려고 망설일 때, 우리가 선택한 것 말고 다른 것을 선택한 내가 다중우주에 있습니다.

재밌는 게, <터미네이터>, <백 투 더 퓨처> 등의 영화들은 미래를 바꾸기 위해 타임워프(Time Warp)를 해서 과거로 돌아옵니다. 하지만 물리학적으로 타임워프를 해서 과거로 돌아오게 되면 우리 우주로 돌아가는 게 아니라 다중우주 중의 하나인 거울우주로 돌아갑니다. 거기서 아무리 과거를 바꿔도 여기 있는 것은 바뀌지 않습니다. 그 우주에서 과거를 바꿔도 다른 우주가 바뀝니다. 10의 500승 개는 우리가 생각하는 대로 모든 우주가 생성된다는 것입니다. 이때 우주는 관념상의 우주가 아니라 별들이 돌고 태양이 빛나고 초목이 싱그러운 진짜 우주입니다. 여러분이 생각할 때마다 그런 우주가 계속 나타납니다.

모순을 해결하기보다는 모순의 문법을 찾는게 훨씬 정확합니다.

고갱 그림(우리는 어디에서)

결국 이런 철학적 물음에 직면할 수밖에 없습니다. 고갱이 고흐와 장난을 하다가 깨달은 바가 있어 타히티섬에 가서 원시적인 자연을 보며 그림을 그리고 이런 제목을 붙였습니다.

우리는 어디에서 왔는가?
우리는 무엇인가?
우리는 어디로 가는가?

현대 물리학자들은 형이상학자들과는 달리 이에 대해 명쾌하게 대답합니다.

"우리는 어디에서 왔는가?"라는 물음에 과학자들은 "우리는 빅뱅에서 태어나 초신성의 죽음에서 왔다."고 답합니다. "우리는 무엇인가?"에는 "인간은 진화의 산물이다."고 대답합니다. 인간은 유전자를 옮기는 그릇, 도구에 불과하다는 것입니다. 그 이상 삶의 의미는 없습니다. 좀 끔찍한 이야기죠. 난 도대체 뭘 하며 살까, 앞으로 어떻게 될까 이런 생각이 소용없을 수도 있습니다. 그냥 재미있게 살다가 여러분이 갖고 있는 개체적 유전자를 넘겨주면 끝입니다.

"우리는 어디로 가는가?"라는 물음에는 "우주는 엔트로피가 최대로 되는, 열평형 상태를 향해 가고 있다."고 답합니다. 엔트로피, 무질서가 최대로 되는 평형 상태를 향해 가고 있다고 합니다. 인간은 진화의 산물이고, 유전자를 옮기는 그릇, 도구에 불과하기에 이런 이야기가 가능합니다. 과학은 아주 건조하게 이런 대답을 내놓습니다.

스티븐 호킹은, 과연 인간은 진짜 그런 존재인가에 대해 이런 질문을 합니다. "왜 無가 아니라 무엇인가가 있을까?"

앞에서 저는 공간이 비어있거나, 없는 게 아니라, 무언가 구조가 있다고 했습니다. 인간의 지식 체계를 쪼개서 살펴보면 원래 무(無)가 있어야 합니다. 빅뱅이든 뭐든 무슨 일이 일어나야 합니다. 그런데 물리학자가 살펴본 우주는 그런 게 아니라 구조 같은 게 촘촘히 짜여 있었습니다. 그럼 이런 질문이 가능합니다. "왜 無가 아니라 有부터 했지?" 그다음에 나오는 질문은 "왜 우리가 있을까?"입니다.

10의 500승 개나 되는 다중우주 속에 있는 우리는, 지구가 태양을 돌고 있는 궤도에서 1cm만 벗어나도 존재하지 못합니다. 지구가 태양을 도는 궤도는 굉장히 절묘하게 우리가 존재하게끔 적정한 거리를 맺고 있습니다. 1억 4천만km를 딱 유지하고 있습니다. 여기에서 한 치만 벗어나도 우리는 존재하지 않습니다. 이 질문이 앞의 질문에 대한 답을 의미하고 있습니다. 또한, "왜 다른 법칙들이 아니라 이 특정한 법칙들이 있을까?"라는 질문을 할 수 있습니다. 고등학교 물리 시간에 f=ma(가속도공식)를 배웠죠. 그런 공식들이나 우주의 법칙이 다를 수 있잖아요? 중력이 위로 갈 수도 있고 빙빙 돌 수도 있는데 왜 그렇지 않고 특정한 법칙으로 있을까요? 이것이 스티븐 호킹의 가장 중요한 질문입니다.

비트겐슈타인의 이야기입니다.

> 아름다움이란 낱말은 (……) 우리가 아름답다고 부르는 모든 것에 공통된 것을 뜻하지는 않는다. 이 낱말은 좁은 범위에서 놀이하는 것이다. (……) 어떤 경우든 아름다움에 대한 좁은 정의일 것이다. 어떤 대상에 대해 아름답다고 하는 이유가 무엇인지를 물어보라. 그러면 그 낱말이 갖고 있는'특수한 문법'이 드러날 것이다.
>
> -Ludwig Wittgenstein <잡다한 소견들(Vermischte Bemerkungen)>

비트겐슈타인의 이야기는 제 시를 낭송했던 학생이 '어머니'와 '엄마'를 말했을 때의 차이와 같습니다. 거기에는 고도의 문법이 있습니다. 어머니라고 했을 때는 그냥 넘어갔던 문장이 왜 엄마라고 했을 때는 휴지부가 찍혔을까요? 거기에는 학생이 가지고 있는 이제까지의 생애가 그 문법에 다 축약돼 있습니다. 어머니, 엄마를 어떻게 생각하며 그 관계는 어떤지, 이 모든 것이 한 문장을 읽는 행위에서 한 생애의 문법이 다 드러납니다. 그래서 무엇이 아름다운지 묻지 말라는 겁니다.

아름다움에는 독특한 문법들이 있고 그게 뭔지 찾아야 합니다. 말하자면, 우리가 왜 생겼을까? 이런 질문에 매달리기보다는 우리가 생기기 위한 조건을 탐색하는 게 훨씬 낫습니다. 빛을 쏘면서 달려갔을 때 생기는 모순을 어떻게 해결해야 할까요? 공간을 줄여보기도 하고 시간을 건드려보기도 하는 등 우리는 뭐든지 해야 합니다. 어떤 모순에 부닥쳤을 때, 모순 자체에 집중하기보다는 그 모순을 받아들이고 그 안에서 문법을 찾는 것이 낫습니다. 모순을 해결하기보다는 모순의 문법을 찾는 게 훨씬 정확합니다. 비트겐슈타인의 말은 이런 의미입니다.

우리는 어떤 존재인가

다시 물리학으로 돌아와 '우리는 어떤 존재인가'에 대해 살펴보겠습니다. 양자역학에 대해 들어봤을 겁니다. 한 마디로 양자역학은 빛 때문에 생깁니다. 슬릿slit, 까만 판 두 개를 세워놓고, 사람을 차례대로 던져봅시다. 그럼 통과해서 반대편에 도착합니다. 이게 우리가 살고 있는 세상입니다. 인간을 실험실에서 하나하나 쪼개봅시다. 난도질해서 원자 단위로 잘라요. 그러고 나서 원자 하나의 알갱이를 양자역학의 벽에 던져보니 그냥 통과하는 게 아니라 무수한 파편으로 나오게 됩니다. 살아 움직이는 사람을 던졌을 때는 그대로 나오다가, 원자 단위로 쪼개서 한꺼번에 던지니 여러 개로 나오게 됩니다. 두 구멍을 통과시키니 12개 정도가 나옵니다. 살아 움직이는 사람과 원자 단위로 쪼갠 사람이 동일하다고 할 때, 하나는 이렇게 나오고 하나는 저렇게 나옵니다. 이게 양자역학, 양자현상입니다.

여러분은 어떻게 될까요? 앞에서 다중우주에 대해 설명했듯이 여기에도 존재하고 동시에 다른 곳에도 존재합니다. 하나가 아니라 여러 개가요. 이걸 좀 더 살펴보면 '양자도약'이라는 게 나옵니다. 원자를 쪼개서 보니까, 원자핵에 전자가 돌고 있습니다. 전자가 태양을 도는 별의 궤도처럼 원자핵을 돌고 있습니다. 여기에 빛, 광자, 빛 알갱이를 한 번 쏘니, 원자가 다른 쪽으로 옮겨갑니다. 여기서 희한한 일이 벌어집니다. 비유하자면, 제가 단상 앞에서 강의를 하다가 갑자기 뒤쪽에 가고 옆쪽에 가고 4명이 돼서 동시에 막 떠들고 있는 것, 이게 바로 양자도약입니다. 이런 시스템으로 양자 컴퓨터를 만들 수 있습니다.

우리가 알고 있는 컴퓨터의 비트체계는, 0과 1을 빠르게 교차시키는 것이죠. 양자컴퓨터는 양자도약을 이용해 양자 얽힘 현상을 만들어내는 것입니다. 아까 원자가 뛰어나간 것을, 과학자들이 상호입자와 전자 두 개를 상호 연관성 있게 만들었습니다. 전자 두 개를, 한쪽으로 돌려봤습니다. 그랬더니 건드리지도 않았는데 반대로 돕니다. 이게 '양자 얽힘'입니다. 실제로 실험을 했는데, 원자를 샌프란시스코로 보내고 기존의 원자를 돌렸더니, 샌프란시스코에 있는 게 반대쪽으로 돌았습니다. 한 150개 정도가 성공했다고 합니다.

0과 1을 교차하여 사용한 체계가 우리가 지금 쓰고 있는 컴퓨터인데, 그런 동시현상을 사용해 양자 얽힘 현상으로 구현해낸 것이 양자컴퓨터입니다. 양자컴퓨터도 0과 1을 교차시키는 동시현상이지만 그 떨림이 엄청 빠릅니다. 호감이 가는 이성을 대할 때의 떨림보다 더 빨리 떱니다. 그러니까 계산을 빨리하겠죠. 미로에서 나 혼자 출구를 찾으면 느리지만 내가 150명 정도 있으면 금방 찾겠죠. 양자컴퓨터가 그걸 이용한 겁니다. 이 양자컴퓨터가 완성되는 날 인공지능도 완성될 것으로 보입니다.

To be, or not to be : that is the question

셰익스피어의 『햄릿』에 나오는 대사입니다. 죽느냐 사느냐 그것이 문제로다. 이렇게 많이들 알고 있는데 잘못된 번역이라는 이야기가 있습니다. 그냥 '존재하느냐 아니냐'로 번역하는 게 맞다고 생각합니다. 이게 모든 서양 사람들의 문법입니다. 서양 사람들은 무엇을 규정할 때, 없다는 것을 이야기할 때 먼저 있는 것부터 이야기합니다. No-thing. 무엇이 있고 그걸로 없다는 것을 규정합니다. 그런데 우리는 있다, 없다, 이 둘 뿐입니다. 이게 우리의 문법입니다. 친구가 "돈 있으면 나 좀 빌려줘"라고 할 때, "돈이 있지 않아"라고 말하는 게 아니라 그냥 없다고 합니다. 있는 걸 전제하지 않습니다.

현대물리학이나 서구 과학의 오류가 다 여기에서 생깁니다. 그 사람들은 항상 있어야 없는 게 가능하다고 생각합니다. 그런데 한국말은 그냥 없는 거죠. 없는 건 없다. 그럼 여기에서 현대물리학이 질문하는 "왜 무가 아니라 유일까?"의 문제가 성립하겠습니까? 성립하지 않습니다. 동아시아, 한국의 인식체계에는 그런 문제가 아예 존재하지 않습니다.

없으면 그냥 없습니다.

주렴계의 태극도설에 나오는 이야기인데요. 그냥 무극이 태극인 겁니다. 그 모순을 그냥 받아들이는 겁니다. 태극이 무극이다. 또 능연(能然)이고 필연(必然)이다. 여러분이 이 세상에 존재하는 이유는 누가 시켜서 여기에 존재하기도 하고 내가 원해서 있기도 합니다. 말하자면 현대 물리학은 하나의 물체에서 양자 사이에서 얽히는 존재, 이것도 저것도 아닌 존재를 발견했지만, 동아시아 철학에서는 내가 있는 것 자체에서부터 생각합니다.

현대물리학에서 유냐 무냐를 계속 이야기했지만 유 자체에서 이런 동시성이 존재한다는 것입니다. 우연이냐 필연이냐, 서구적 사고에서 보면 둘 중에 하나여야 합니다. 그래서 물리학자들이 맨날 머리를 싸매고 질문해대는 것입니다. 동아시아에서는 우연과 필연이 동시에 나타납니다. 어떻게 동시에 나타나지?라고 생각하지 말고 그냥 동시에 나타난다고 생각하고 해결하세요. 연기에 따라 전생에 나쁜 일을 해서 지금 벌을 받는다, 그것 자체가 우연이라는 이야기입니다. 우연과 연기가 같이 나타난다. 이게 동아시아의 우주물리학이라고 생각합니다.

주돈이(周敦頤)의 <태극도설(太極圖說)>에서 가장 문제가 되는 대목이 바로 '무극이태극(無極而太極)'이라는 첫 문장입니다. 이 문장을 해석하는데 두 가지 관점이 있습니다. 주희(朱熹)는 '무극이면서 태극이다.'로 해석했고 육구연(陸九淵)은 '무극으로부터 태극이 된다.'고 해석했습니다. 성리학(性理學)은 동아시아 우주론의 가장 유명한 대목인 이 문장으로부터 논쟁을 거듭하며 발전했습니다.

우리 우주가 빅뱅과 함께 시작했다면 빅뱅 이전에는 무엇이 있었을까요? 저는 '무극이태극(無極而太極)'이라는 말을 한국어 식으로 그대로 해석합니다. "무극이 태극이다." 이렇게요. 같은 것을 다른 이름으로 부른다는 식의 설명을 여기다 붙이면 곤란합니다. 그것은 비트겐슈타인이 말하는 문법과도 같은 이야기라고 이해하길 바랍니다. 빅뱅 이전은 없습니다. 마찬가지로 무극과 태극은 말과 문법이 동시에 생기듯이 동시적인 현상입니다. 무극이 먼저도 아니고 무극이면서 태극인 실체도 없습니다.

문법과 말이 우리의 인식 속에서 두 가지로 구분되지만 결코 분리될 수 없듯이 무극과 태극도 그렇습니다. 단지 우리의 인식구조가 그것들을 쪼개 놓을 뿐입니다. 그래서 무극이 태극입니다. 안과 밖이 없는 게 아니라, 안만 있습니다. 안과 밖이 없는 게 아니라 바깥만 있을 수도 있겠지요. 안이 있으면 바깥이 있다는 생각을 버린다면 이제 우리는 좀 더 자연스럽게 우리 앞에 나타나는 현상들을 바라 볼 수 있습니다.

우리는 유와 무가 동시적인 현상이라는 것을 인식하고 그 모순의 아름다움을 느끼는 존재입니다.

마지막으로 블랙홀에 관한 이야기를 하고자 합니다. 블랙홀은 아주 작지만 엄청난 밀도를 갖고 있어서, 빛조차도 빨려 들어가는 우주의 구멍인데, 이런 블랙홀이 우주에 아주 많다고 합니다. 영화 <인터스텔라>도 이런 이야기입니다. 블랙홀에 펜이 빨려 들어가면서 양자 해체가 일어납니다. 순간이동과 양자 얽힘에 관한 이야기입니다. 실제로 북아프리카에서 스웨덴까지 양자 하나를 보내는 데 성공했습니다. 나를 이곳의 컴퓨터에 동기화시켜놓고 나를 저쪽에 보내면 나는 여기에 없습니다. 나는 양자 해체되고 저기에 다시 나타납니다. 나는 복제된 나입니다. 나의 물질은 여기에서 다 해체되고 단지 정보만 저기로 날아가 다시 재조립되는 겁니다. 그때 재조립된 나는 진짜 나인가 하는 철학적 물음이 다시 나오겠지요. 여하튼 블랙홀 속에 들어간 펜은 계속 빨려 들어가는 게 아니라 블랙홀 표면에 디지털적으로 정보가 입혀집니다.

블랙홀의 표면에 나의 정보가 입혀지면, 육체적 정신적, 유형무형의 모든 정보만 남기고 나를 구성하고 있는 유전자, 살 등의 모든 물질은 사라집니다. 그러면 블랙홀 안에는 0과 1로 작성된 나의 2D 정보가 비칩니다. 그게 블랙홀 안에 홀로그램으로 나타납니다. 홀로그램은 빛을 줘서 만들어내는 3D 입체영상입니다. 내가 블랙홀로 빨려 들어가면 나의 물질은 다 사라지고 정보만 블랙홀 표면에 남고, 블랙홀 안에는 거기에 비친 나의 홀로그램만 남습니다. 이게 <인터스텔라>의 내용입니다. 결국 이 이야기가 주는 의미는, 우리가 블랙홀 속에 살고 있을지도 모른다는 겁니다. 지금까지 사람들이 우주에서 블랙홀을 찾으려고 갖은 애를 썼는데 집안에 있는 파랑새처럼 우리가 살고 있는 여기가 블랙홀 안이었을 수도 있다는 말입니다. 만일 그렇다면 여러분은 2D 정보가 비추는 홀로그램일 수 있습니다. 그러니까 다 허상들이라는 겁니다. 여러분은 다 생각이 있고 누가 때리면 화도 내고 하는데 홀로그램이라고 할 수 있을까요? 현대물리학은 그렇게 말합니다. 수학적으로 계산해서 정확하게 나온 수치이기에 사실일지도 모릅니다.

여러분은 나는 나라고 생각하겠지만, 과학이 입증하고 있는 것은 이런 홀로그램입니다. 과학이 여기까지 왔습니다. 앞서 '왜 무가 아니라 유일까?'라고 질문했습니다. 스티븐 호킹이 한 그 질문은 결국 모든 것이 무라는 것입니다. 제가 볼 때는 현대물리학도 여기에 도달한 것 같습니다. 유는 무라는 것. 여기에서 현대물리학과 동아시아의 모든 철학, 종교 체계가 만나게 됩니다. 유와 무가 따로 떨어져서 있는 게 아니라 같습니다. 유와 무에는 사이가 없다, 무관하다는 것이죠.

> 너는 존재한다—그러므로 사라질 것이다.
> 너는 사라진다—그러므로 아름답다.

폴란드 시인 비스와바 쉼보르스카의 시입니다.

여러분은 자기 살이 탁자표면에 닿고 있다고 생각하겠지만 절대 그렇지 않습니다. 미시적으로 보면 손에 있는 전자와 탁자의 전자가 만나는 현상일 뿐입니다. 자세히 보면 여러분 손은 탁자와 떨어져 있습니다. 우리는 땅 위를 걸어 다니는 것 같지만 사실 떠있습니다. 그 사이에는 전자알갱이들이 꽉 채워져 있습니다. 그렇다면 우리는 무엇을 만지고 있는 걸까요? 우리는 단지 전자의 압박을 느낄 뿐입니다. 탁자나 풀을 만지는 게 아니라 전자의 압박을 느낄 뿐인 그런 존재입니다. 그런데 이런 존재라 하더라도 홀로그램이든 아니든 그것은 하나도 중요한 게 아닙니다.

쉼보르스카의 시처럼 우리는 존재하고 있으므로 사라질 것을 압니다. 그리고 사라지면서 그걸 아름답다고 느낄 수 있는 사람들입니다. 이것으로 충분하다고 생각합니다. 유냐 무냐, '왜 무가 아니라 유일까.'

를 현대물리학은 계속 따지지만, 우리는 유와 무가 동시적인 현상이라는 것을 인식하고 그 모순의 아름다움을 느끼는 존재입니다.

묻고 답하기

신의 존재를 믿으시나요? 우주에 대해 이야기해 주셨으니 예수나 부처라기보다는, 초월적인 존재에 대해 어떻게 생각하시는지 궁금합니다.

저는 초월적인 존재는 믿지 않습니다. 다만, 우리 안에 신이 있다고 믿습니다. 인도 사람들이 하는 인사가 "나마스테"입니다. 절에서는 손을 모으고 고개를 숙이잖아요. 인도사람들은 손을 모으고 상대의 눈을 보며 "나마스테"라고 인사합니다. 나마스테는 당신 안의 신에게 나의 신이 경배한다는 의미입니다. 여러 다중우주가 있듯이 여러분 각자가 하나의 신이라고 생각합니다. 우리 안의 신이 초월적 존재일 수도 있다고 봅니다.

명확한 대답을 구하기보다는, 선생님 강의를 들으며 들었던 단상을 이야기해보고 싶습니다. 물리학 이야기가 많이 나왔는데, 저는 문과생이라 잘 모르지만, 일전에 책을 읽다가, 양자역학, 슈뢰딩거의 고양이에 대해 본 적이 있습니다. 상자 안에 고양이를 죽일 수 있는 장치를 설치해놓으면, 고양이가 삶과 죽음에 걸쳐져 있는 존재가 된다는 이야기였던 것 같습니다. 오늘 마지막 결론에서도 존재와 사라짐에 대해 말씀해 주셨는데, 유와 무가 동시에 있고 걸쳐져 있다면, 우리의 존재와 사라짐, 좀 더 일상적으로 이야기하자면 삶과 죽음도 걸쳐져 있다고 할 수 있을지 의문이 듭니다.

슈뢰딩거에 대한 재미난 일화가 있습니다. 슈뢰딩거가 서부영화를 좋아해 문제를 풀다가 힘들면 서부영화를 보러 갔다고 합니다.

슈뢰딩거는 악당과 선한 사람이 싸우면, 선한 사람이 악당에게 총을 먼저 뽑으라고 하는데 왜 악당이 먼저 죽는지 의문이 들었다고 합니다. 희한한 사람이죠. 시나리오가 그냥 그런 건데. 슈뢰딩거가 이 점을 굉장히 이상하게 생각했습니다. 왜 먼저 총을 뽑는데 먼저 죽을까. 이걸 수학적으로 분석해봤는데 무조건 나중에 총을 뽑는 사람이 이긴다는 결론이 나왔습니다. 슈뢰딩거가 제자들과 실제로 실험을 해봤는데 나중에 뽑는 사람이 100% 이겼습니다. 먼저 뽑는 사람은 0과 1 중에 하나입니다. 내가 저놈한테 죽어야지 생각하고 뽑는 사람은 없습니다. 내가 먼저 죽여야지 하는 생각만 갖고 있습니다. 그런데 나중에 뽑는 사람은 0과 1이 없습니다. 저 사람이 0을 선택하는 순간 내 선택이 이뤄집니다. 총을 먼저 뽑는 동작을 하는 순간 반응해서 같이 뽑는 것이 더 빠르다는 겁니다. 항상 0이냐 1이냐를 생각하고 권총을 뽑는 사람은 느릴 수밖에 없다고 합니다. 반사적으로 상대방이 뽑는 걸 보고 뽑을 때 더 빠르다는 거죠. 이 사람한텐 선택이 없으니까요.

반사적인 신경만 그런 게 아니라 일상에서도 그렇게 된다고 봅니다. 시를 이해하는 방법도 그렇습니다. 시는 의미로 이해하면 꼬이게 마련입니다. 시는 0과 1을 따로 놓지 않고 양자적 현상처럼 언어를 배치합니다. 거기에서 의미를 찾는 사람은 미궁에 빠질 수밖에 없습니다. 그래서 감각을 열어두는 게 가장 중요합니다. 머리로 사고하지 말고 감각을 통해 이해하세요. 시를 읽으며 그런 훈련을 하는 게 제일 좋습니다. 그냥 이해하지 말고 그렇구나 하고 읽으면 됩니다. 특히 요즘에는 이런 훈련을 해서 사고체계를 조종하는 것이 중요합니다. 요즘의 사회는 발전 속도나 기술의 변천이 너무 빨라서 0과 1을 생각하다가는 원시적 컴퓨터처럼 낙후될 것입니다.

건축학과 학생입니다. 얼마 전에 수업 시간에, 스페인의 건축가 미스 반데어 로에(Mies van dr Rohe)의 보편적인 공간에 관해 공부를 했습니다. 그의 사상도 'Less is More', 적을수록 풍부하다고 합니다. 무(無)로서 공간을 유(有)로 만들 수 있다고 하는데, 나름대로 고민해 봤지만 잘 이해가 되지 않았습니다. 정확한 개념이 무엇인지 궁금합니다.

사실 텍토닉Tektonik이라는 문제가 결부됩니다. 단순하게 테크닉, 기술로 번역돼 있는데, 텍토닉은 기술이 나올 수밖에 없는 사회적 상황과 그것을 받아들일 수밖에 없는 장인의 정신, 그리고 장인의 손끝에서 만들어지는 제품, 이것을 통틀어 텍토닉이라고 합니다. 원래 희랍어가 갖고 있는 의미와는 달리 근대로 넘어가며 이런 텍토닉이라는 개념이 만들어졌습니다.

이런 개념이 만들어진 이유는 장식과 관련 있습니다. 서유럽에서의 건축은 건물 기둥에 풍요의 뿔, 천사, 사람조각 같은 장식을 합니다. 모두 신화의 소재인데 그 이야기를 집이라는 건축에 장식으로 붙여놓으며 집에 좀 더 풍부한 의미를 두는 거죠. 그런데 이런 장식들이 산업화되며 다 없어져 버렸습니다. 일단 귀족이 없어지니까 장식을 만들던 장인들이 없어지고 그 시장이 없어졌습니다.

옛날엔 귀족이 돈을 쥐고 있었다면 그 다음엔 신흥 부르주아들이 돈을 쥐게 되었습니다. 귀족들은 어렸을 때부터 집에 악사들이 와서 음악도 연주하고 초상화 그리는 화가들이 드나들었으니 어느 정도 예술작품을 보는 안목이 있는 사람들이었습니다. 그런데 부르주아들은 돈만 있었지 그런 경험이 없었습니다. 이제 돈을 쥐게 된 부르주아들도 예전에 귀족의 생활을 누리고 싶어 예술가들을 부릅니다. 하지만 예술가들은 돈만 있지 예술에 대해 잘 모르는 사람들을 거부합니다. 이런 과정에서 배고픈 예술가 같은 신화가 생깁니다.

건축도 점점 장식이 없어지고 구조만 남게 됩니다. 철골, 콘크리트 같은 것만 남게 되니 그 당시 사람들도 고민합니다. 어떻게 여기에 과거의 건축가와 같은 영광을 입힐 수 있을까. 그래서 그것들을 철학적으로 만들기 위해 텍토닉이라는 개념을 만듭니다. 비록 우리가 단순한 부재를 쓰지만 그 단순성 속에는 사회철학적인 여건들, 그리고 그것을 받아들이는 건축가의 태도가 그 안에 묻어있다고 생각하게 되면서 텍토닉이라는 문제가 발생합니다. 그걸 가장 잘 구현한 사람이 미스입니다.

미스의 건축물은 살기는 힘듭니다. 여름엔 뜨거워서 못살고 겨울엔 추워서 못 삽니다. 그러나 그 당시의 텍토닉한 정신을 가장 잘 구현하는 것은, 구시대처럼 장식을 더덕더덕 붙이는 게 아니라 그것들을 말끔히 걷어내는 것이고, 근대적 의미에서 텍토닉의 최고라고 일컫는 것입니다. 그래서 미스도 덜어내는 게 아름답다고 주장합니다. 안타깝게도 생활의 태도와는 연결되지 못해 미스의 영향력은 요즘 확실히 줄었습니다.

그리고 서양 건축은 모더니즘을 버린 지 오래입니다만 우리는 모더니즘을 열심히 하고 있죠. 파주 헤이리는 모더니즘 건축의 무덤입니다. 우리는 모더니즘 건축을 제대로 해보지도 못하고 무덤을 먼저 만든 거죠. 서양 건축가들이 거기에 와보면 깜짝 놀랍니다. 유럽에서는 모더니즘이 끝나고 새로운 하이테크를 지나 생태적인 건축으로 나아가고 있습니다.

건축의 시대는 끝나고 이제 기획자가 살아남습니다. 바로 도시기획자들입니다. 말레이시아 같은 경우는 공무원들이 다 엘리트들입니다. 쿠알라룸푸르에 이슬람 전통이 드러나는 건물을 세우고자 하면, 건축을 제일 잘 하는 사람에게 시킵니다. 도시를 볼 줄 아는 눈, 그리고 기획할 줄 아는 사람들이 미래의 건축가들입니다.

미래의 건축은 형태를 만들진 않을 겁니다. 말하자면, 박테리아를 이용해서 모래집을 짓습니다. 사막에 박테리아를 증식시키고 박테리아의 유전자를 바꿉니다. 유전자를 조작해 박테리아를 뿌려놓으면 얘네들이 모래를 처리하면서, 구멍을 만들게 됩니다. 그 안에 들어가서 사람들이 사는 거죠. 생물학과 건축, 공간기획의 조화가 미래의 건축이 될 겁니다.

최근에 스리랑카와 베트남에 가셨다고 했는데 왜 그곳에 가셨는지 궁금합니다.

사실 제가 한 25년 동안 아시아를 여행했습니다. 아시아는 모두 빠지지 않고 다녔습니다. 그렇게 다닌 이유는 민주주의 말고 다른 거 없을까?하는 생각에서였습니다. 우리는 democracy를 민주주의라고 번역하지만 사실 틀렸죠. 민주정입니다. 정치를 이야기하는 거지 이념이 아닙니다. 민주정은 얼마든지 자유롭게, 양자적 사고처럼 변할 수 있습니다. 스리랑카, 베트남이 마지막 여행지였습니다. 아시아를 둘러보며 민주정을 어떻게 변화시켜야 할까를 계속 고민했습니다. 독재국가에 가서 독재가 사람들에게 어떻게 받아들여지는가를 보기도 하고요. 아웅산 수치가 되면 미얀마가 잘 되겠지 했지만 절대 그렇지 않습니다.

근본적인 말들이 문제입니다. 뭔가 실질적으로 우리 삶에서 반응하는 것들을 제도화시켜야 하는데 불행하게도 그런 걸 하지 않고 있는 거죠. 저는 유와 무의 동시적 현상을 현실에서도 적용해야 한다고 생각합니다. 정치에서도 마찬가지입니다. 박근혜 정부를 끌어내리는 건 하나의 현상이고 그것을 어떻게 받아들이고 반응할 것이냐가 문제입니다. 반응이 없으면 죽은 겁니다. 유와 무가 동시에 나타나서 얽힘이 계속되어야 하나의 현상이 의미를 갖게 됩니다.

흔히 시간을 이야기할 때, 크로노스의 시간과 카이로스의 시간을 이야기합니다. 크로노스는 그리스 신화에 나오듯이, 신들이 자식을 낳으면 나오는 족족 잡아먹습니다. 크로노스적인 시간 속에서, 시간은 여러분을 삼키는 거대한 괴물을 상징합니다. 여러분은 시간이라는 거대한 해일 속에서 늙어가기도 할 거고 결혼도 하고 애기도 낳습니다. 그 속에서 유전자를 전해주는 도구로밖에 역할을 못하고 쓰러져갑니다. 우리 인생이 그렇습니다.

이 무자비한 시간 속에서 나만의 의미 있는 시간, 사건을 만드는 것이 카이로스의 시간입니다. 이게 없으면 여러분은 무자비한 시간 속에서 유전자의 그릇 노릇을 하다 사라져버립니다. 이 시간을 어떻게 카이로스적인 시간으로 만드느냐가 중요한 것처럼, 유와 무의 얽힘 현상이 일어나는데, 이 일어나는 과정 속에서 우리의 사회현상도 나타납니다. 촛불을 들 수도 있고 하야하라고 요구할 수도 있는데 그 현상 속에 얽혀서 작용해야 한다는 겁니다. 그렇지 않으면 또다시 죽 쒀서 개 주는 겁니다.

제가 스리랑카나, 아시아 지역을 돌아다니며 꾸준히 생각한 것은,

그 사회적 현상의 얽힘은 양자처럼 편하게 저절로 얽히는 게 아니라는 것입니다. 우리가 계속 거기에 얽혀서 관계를 갖지 못하면 그 얽힘은 정말 끊어지고 말 것입니다. 그걸 계속 잇기 위해서, 아시아 제국들은 다 식민지 경험을 했습니다. 도대체 그들은 우리와 같게 혹은 다르게 어떻게 살아가는지, 어떤 방식으로 살아가는지 보기 위해 아시아를 돌아다녔습니다. 스리랑카에서 신기한 걸 봤습니다. 스리랑카의 싱할라족은 북인도의 아리안계입니다. 인도 사람들은 거의 다 힌두교를 믿습니다. 그런데 싱할라족은 분명히 인도사람인데 불교도입니다. 저는 그런 게 신기하고 항상 자극도 되고, 그런 자극 때문에 여행을 계속할 것 같습니다.

정병규	삶은 디자인이다
이동철	4차 산업혁명과 우리의 미래
장문석	유럽 통합은 끝났는가?
김석근	동아시아의 미래를 읽다
김영수	조선건국의 기획자 '정도전'
신동원	한국의 과학과 문명
이용주	철학에서 배우는 "가치 있는 삶"
함성호	무에서 유를, 유에서 무를 보는 눈
박홍규	**내 친구 톨스토이**

박홍규

영남대학교 법학과와 동대학원을 졸업하고 일본 오사카 시립대학교에서 법학 박사 학위를 받았다. 하버드대학교, 노팅엄대학교, 프랑크푸르트대학교에서 연구하고, 오사카대학교, 고베대학교, 리츠메이칸대학교 등에서 강의했다. 영남대학교에서 1991년부터 2018년까지 노동법 등을 가르쳤고 현재 명예교수로 있다. 『법은 무죄인가』로 한국백상출판문화상을 받았다. 주요 저서로 『내 친구 빈센트』, 『자유인 루쉰』, 『꽃으로도 아이를 때리지 마라』, 『조지 오웰』, 『아나키즘 이야기』, 『자유란 무엇인가』, 『철망 속에서도 희망을』, 『함석헌과 간디』, 『몬테베리타, 지와 사랑의 고독한 방랑자들』 등이 있다.

교육의 기준은 어디까지나 자유여야 한다.

영화 <톨스토이의 마지막 인생>의 포스터를 보면 위에는 톨스토이와 그의 부인이 있고 아래에는 톨스토이의 마지막 제자가 있습니다. 20대 청년과 70이 넘어 죽기 전 마지막 시간을 보내던 노인, 그 둘이 톨스토이의 고향인 러시아의 어떤 길을 걷는 모습입니다. 이 영화에는 두 사람 각각의 사랑 이야기도 나오지만 70대 노인과 20대 청년의 세대를 뛰어넘는 우정이 이야기의 주를 이루고 있습니다. 이 포스터를 언급한 이유는 교류, 융합에 대해 이야기하기 위해서입니다. 20세기에 가장 위대한 문학인과 20대 청년이 어떻게 융합되는지 소개하고자 합니다. 먼저 톨스토이의 젊은 시절에 대한 연보를 봅시다.

1828년 8월 28일 야스나야 폴랴나에서 태어남
1830년(2세) 어머니 죽음
1837년(9세) 모스크바로 이사, 아버지 죽음
1841년(13세) 카잔으로 이사
1844년(16세) 카잔 대학교 동양학부 입학
1845년(17세) 법학부로 옮김

1847년(19세) 대학교 중퇴, 야스나야 폴랴나로 돌아옴
1849년(21세) 집안에 농민 아동을 위한 학교 개설

톨스토이는 1828년에 태어났으므로 벌써 200년 전의 사람입니다. 2살 때 어머니가, 9살 때 아버지가 돌아가셨습니다. 야스나야 폴랴나라는, 지금 모스크바에서 기차로 2시간 반에서 3시간 정도 걸리는 시골 마을로, 톨스토이는 이곳에서 평생을 살았지만 아버지가 돌아가시면서 잠깐 모스크바에서 살았습니다. 그리고 대학에 다니기 위해 시베리아 가기 전의 조그마한 마을인 카잔으로 이사하여 카잔 대학의 동양학부에서 공부를 했습니다.

톨스토이는 동양에 대해 관심이 많았습니다. 한국에 대해서도 관심이 많았습니다. 톨스토이가 살아 있었던 19세기 말에 조선 사람들을 비롯해 많은 동양인들이 톨스토이를 찾아갔습니다. 인도의 마하트마 간디(Mahatma Gandhi)도 톨스토이의 영향을 아주 많이 받았습니다. 프랑스의 로맹 롤랑(Romain Rolland)이라는 노벨문학상을 받은 유명한 소설가도 18살에 톨스토이에게 편지를 보내 여러 가지 문학의 영감을 받았습니다. 톨스토이가 20대 청년들과 교류한 이야기는 굉장히 많습니다. 톨스토이와의 교류를 통해 그들이 저마다 삶의 지혜를 얻은 경우를 많이 볼 수 있습니다.

톨스토이는 동양학부에 입학했다가 다시 법학부로 옮깁니다. 그때만 하더라도 법학을 공부하는 것이 러시아에서 출세하는 가장 좋은 방법이었습니다. 그런데 법학부를 다니다가 2학년 말에 그만두고 고향으로 돌아갑니다. 톨스토이가 대학을 중퇴하면서 쓴 일기가 지금도 남아

있는데 내용이 참 재미있습니다.

대학을 그만둔 날에 이런 일기를 썼습니다.

1. 대학 졸업 시험을 치르기 위해 필요한 법학 전 과정을 공부하기
   (법학부를 중퇴했지만, 지금으로 치면 대학졸업 검정고시 같은 시험을 치기 위해 열심히 공부를 하겠다는 거죠.)
2. 실제로 필요한 의학과 이론 의학을 두루 공부하기
   (법대를 중퇴한 학생이 법학과 함께 의학 공부도 하겠다고 합니다.)
3. 프랑스어, 러시아어, 독일어, 영어, 이탈리아어, 라틴어 등을 공부하기
   (여러분도 이런 욕심을 내보기 바랍니다.)
4. 농업에 대해 이론적으로나 실제적으로 깊은 지식을 갖도록 공부하기
5. 역사와 지리 공부하기
6. 수학과 초등학교 교육과정을 공부하기
7. 학위 논문 쓰기
8. 음악과 미술 분야에서 완벽한 수준의 지식을 쌓기
9. 여러 가지 생활 규칙에 대해 쓰기
10. 자연과학에 대해 어느 정도 지식 갖추기
11. 내가 공부할 모든 주제에 대해 에세이 쓰기

대단하지요? 톨스토이가 “대학이 너무 시시해, 대학에서 나한테 가르쳐준 게 없어, 나는 오늘부터 스스로 공부할거야.”라고 생각하면서

대학을 그만두고 고향에 돌아온 첫날 쓴 일기의 내용입니다. 그리고 그는 그대로 실천했습니다.

톨스토이는 처음부터 소설가가 아니었습니다. 21살부터 자기 집 안에 작은 농민학교를 세우고 농민 교육을 실시하는 것으로 그의 사회활동이 시작됩니다. 그때만 하더라도 러시아에는 인구의 반 이상이 농노였습니다. 그의 동네에 있는 농노의 자제들은 학교를 정상적으로 다니지 못했죠. 21살 청년이 그 농노의 자식들을 모아 놓고 교육을 시작하는데 교육의 주제가 자유교육이었습니다. 제가 참 좋아하는 말인데요, 자유교육의 내용은 이런 것입니다.

톨스토이가 쓴 글의 부분인데요.

오늘날 교육이라고 하는 것은 "듣고 싶지도 않고 알 수도 없는 이야기를 무조건 들어야 한다는 것인데, 학생들이 싫어하는 것을 교사는 강요하고 교육의 성과라고 생각한다. 이는 양들을 위해 목자가 있는 것이 아니라 목자를 위해 양들이 모여 있는 것과 같다.

어머니가 아기와 자연스럽게 의사소통을 하는 과정을 교육 전진의 법칙이라고 하고 학교 교육도 그렇게 해야 한다. 강제는 교육 전진의 법칙을 방해하는 것이고, 교육의 기준은 어디까지나 자유여야 한다."

톨스토이는 교사가 결론만을 가르치거나 머리를 사용하여 원리를 이해하지 않고 기계적인 조작만을 가르쳐서는 안 된다고 강조합니다. 이는 자신의 머리를 사용하지 않고 남의 말을 무비판적으로 믿거나 모방하는 인간만을 낳기 때문입니다. 톨스토이가 강조하는 교육의 목표는 창조성의 함양이었습니다.

저는 톨스토이가 시작한 교육의 목표가 대한민국 교육 개혁의 모범

답안이 아닌가 생각합니다. 우리 교육이 이렇게 창조성의 함양에 집중한다면 우리나라가 훨씬 더 창조적인 나라가 될 것 같습니다.

지금도 톨스토이의 자유교육 이념은 러시아뿐만 아니라 전 세계적으로 영향을 주고 있으며 자유교육을 실시하는 학교가 많이 있습니다.

이 사진들은 EBS를 통해 우리나라에 방영된 톨스토이 학교 영상들의 일부입니다. 미술 작품을 두고서 초등학교 아이들이 감상을 이야기하는 모습입니다. 아이가 그림을 보고 더 선해야 한다는 걸 말해주는 그림인 것 같다고 말하는 장면인데요. 말하자면, 주입식으로 아이들에게 암기하도록 강요하는 것이 아니라, 학생과 교사 사이에 자유로운 토론을 통해 교육을 한다는 내용입니다. 저로서는 이런 교육 내용이 참 신선했고 우리 교육에도 도입되면 좋을 것 같다고 생각합니다. 이처럼 20대의 톨스토이는 자기 나름의 교육관을 가지고 교육활동을 열심히 했습니다.

새로운 삶, 사회, 인생을 어떻게 만들어 갈 것인가를 고민한 작품세계

톨스토이가 평생했던 일은 사실 농사였습니다. 톨스토이는 농사를 지으면서 농민들의 자제를 교육시켰습니다. 자기가 먹는 것은 자기가 생산한다는 자급자족의 원칙을 평생 지켰습니다.

그러면서 <전쟁과 평화>라는 첫 작품을 씁니다. 보통 세계문학전집에 반드시 포함되는 작품입니다. 얼마 전에 미국의 주간지인 타임지에서 인류 역사상 최고의 명작이라고 꼽은 작품 1위가 <전쟁과 평화>입니다. 여러분도 꼭 한 번 읽어보기를 권유합니다. 분량은 굉장히 많습니다. 국내 번역본은 5권이고 전체를 합치면 3000페이지 정도 됩니다. 인물도 500여 명 정도 등장합니다.

차이코프스키(Tchaikovsky)가 작곡한 곡 중에 '1812년 서곡'이라는 유명한 곡이 있습니다. 1812년은 나폴레옹이 러시아를 침략했던 해를 말합니다. 나폴레옹이 19세기 초엽에 전 유럽을 정복하고 마지막으로 러시아를 정복하러 갔는데 결국 전쟁에 실패합니다. 그 후 130여 년이 지나 독일의 히틀러가 1941년에 다시 러시아를 침략하지만 결국 히틀러도 실패합니다. 나폴레옹도 히틀러도 전 세계를 정복하려고 했지만 결국 러시아에 막혔던 것이죠.

이 나폴레옹 전쟁에 러시아 민중들이 어떻게 이겼는가, 몇 년 동안의 그 끔찍한 전쟁 통에 러시아 사람들이 어떻게 힘을 합쳐서 나폴레옹을 물리쳤는가 하는 것이 <전쟁과 평화>의 내용입니다. 우리도 6.25전쟁뿐만 아니라 임진왜란을 비롯해 많은 전쟁을 겪었습니다. 그런데 한국에는 민중들이 힘을 합쳐서 전쟁을 이겨내는 주제의 작품이 눈에 딱 띄지 않습니다. <전쟁과 평화>는 다른 나라의 이야기이지만 수작이기 때문에 꼭 한 번 읽어보기를 바랍니다.

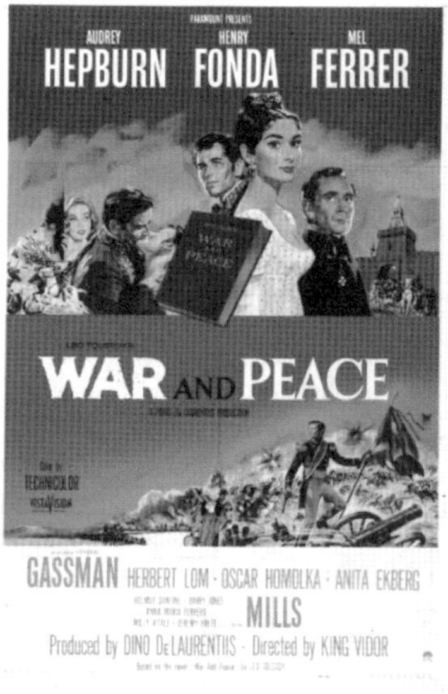

이 사진은 1960년대에 우리나라에 개봉된 <전쟁과 평화>의 포스터입니다. 오드리 헵번은 예전에 아주 명배우였죠. 이 배우가 영화의 주인공으로 나옵니다. 포스터에도 '삶과 죽음, 사랑과 고뇌, 제정 러시아 역사 속에 담겨진 인생의 진실!'이라는 문구가 담겨 있습니다. 당시에 '전 세계 영화사에 기적을 낳은 감동의 톨스토이 문학'이라는 식으로 광고했습니다.

그 다음에 톨스토이가 쓴 작품이 <안나 카레니나>입니다. 영화로도 만들어졌는데요. 이 영화의 중심인물은 세 사람입니다. 한 여인을 둘러싸고 두 남자가 벌이는 사랑의 이야기인데, 전쟁 통에 벌어지는 거룩한 사랑의 이야기라고 볼 수 있습니다. 어떤 사람에게는 소피 마르소라는 배우가 안나 카레니나로 나오는 불륜 이야기로만 기억 될 수 있습니다. 법무부 장관의 부인이 젊은 장교와 바람을 피우다가 결국은 자살한다는 내용입니다만 사실은 바람피우는 이야기는 표면적인 것입니다.

사진 속 방이 톨스토이가 작품을 썼던 방이었는데 굉장히 소박합니다. 지금도 남아있습니다. 여러분도 시간이 되면 러시아의 대단히 넓은 평야에 있는 톨스토이의 방에 가보길 바랍니다.

앞서 설명했듯이 톨스토이는 20대에 농민교육을 하고 30대에는 <전쟁과 평화>, <안나 카레니나>라는 세계 최고의 작품을 썼습니다. 그런데 50살이 되어 갑자기 톨스토이는 생에 회의를 느낍니다. 인생이 무의미하다고 생각하게 된 거죠. 그러면서 인생론과 관련된 다양한 이야기를 합니다. 톨스토이의 작품 중에, 몇 년 전 우리나라에서 베스트셀러처럼 널리 읽힌 민화 중심의 단편 소설집이 있습니다. 그게 톨스토이가 50세에 인생의 위기를 겪고 난 뒤에 쓴 동화이자 민화들입니다.

다음은 <참회록>이라는 책에 나오는 이야기입니다.

"5년 전부터 매우 괴이한 상태가 이따금 내부에서 일어나고 있었다. '어떻게 살아야 하는가, 무엇을 해야 하는가'하는 도무지 짐작이 가지 않는 회의의 순간이, 생활의 운행이 정지해 버리는 것 같은 순간이 나를 찾아오게 된 것이다. (…) 이윽고 그러한 회의의 순간이 점점 빈번하게, 늘 같은 형태로 되풀이되기 시작했다. 생활의 운행이 정지해 버린 것 같은 이러한 상태에서는 언제나 '무엇 때문에?', '그래서 그 앞으로는?'이라는 의문이 솟아오르는 것이었다. (…) 내가 서 있는 기반이 엉망이 된 듯한 느낌이 들었다. 그리고 의지하고 설 것이 아무것도 없는 듯한 느낌이었다. 지금까지 살아온 생활의 바탕이 이제 깡그리 없어진 듯한 느낌이 들었다. 그리고 이제 나에게는 살아갈 것이 아무것도 없는 느낌이었다."

여러분은 아직까지 이 정도의 허무, 무의미의 절망에 빠져본 적은 없을 것 같습니다. 50세가 넘어야 겪을 수 있는 인생의 위기일 것입니다. 살면서 이런 회의, 위기, 허무, 고뇌의 시간이 찾아올지도 모릅니다. 그럴 때, 톨스토이가 도와줄 것입니다.

톨스토이는 인생의 절반을 보낸 후 위기를 겪으며 여러 가지를 모색합니다. <참회록>은 세계 3대 고백문학 중에 하나라고 말합니다. 중세의 유명한 기독교 신학자였던 아우구스티누스, 루소, 그 다음이 톨스토이의 <참회록>입니다. 이 책을 보면 톨스토이가 나이 50에 허무를 느끼고 자연과학, 예술, 음악, 미술, 사회과학, 인문과학, 정치문화 등 모든 방면의 책, 사람을 만나며 어떻게 살아야 하는가, 인생을 보다 가치 있게 살아가기 위해 무엇을 해야 하는가를 고민합니다. 그는 10년 동안의 자신의 내면적 고투를 기록합니다. 자신이 살아온 날들을 참회하면서 앞으로 어떻게 새로운 삶, 사회, 인생을 만들어 갈 것인가를 고민합니다. 그러다가 톨스토이가 마지막에 이르는 종착지는 신입니다. 즉 종교입니다.

톨스토이가 참회록을 겪고 새로운 종교에 대해 눈을 뜬 후에 쓴 소설이 <부활>입니다. 개인적인 내면의 고뇌를 겪으며 그 경험을 바탕으로 소설을 쓴 것이죠. 카투사라는 미군부대 이름은 사실 <부활>에 나오는 여주인공의 이름입니다. 앞의 <전쟁과 평화>나 <안나 카레니나>와는 색깔이 좀 다릅니다. 19세기 러시아 현실을 바탕으로, 감옥에 갇혀 사는 무기한 죄수들의 삶을 통해 훨씬 더 내면적인 인간의 해방, 비폭력·무저항 운동을 새로운 해석으로 담았습니다.

톨스토이가 마지막 결론으로서 이르게 된 종교는, 그냥 절이나 교회에 가서 절하거나 예배하거나, 목사나 신부나 스님들이 말하는 교리를 믿고 구원을 받아 천당에 간다는 이야기와는 전혀 딴판입니다. 바로 그의 책 <신의 나라는 네 안에 있다>의 제목처럼 신은 내 안에 있다는 것입니다. 신은 여러분 마음속에 있다고 합니다. 신이 다른 곳에 있는 것이 아니라 각자의 마음속에 있다는 것을 설파합니다. 인간에게 가장 거룩한 심성이 우리들 각자 마음에 숨어 있고 이것을 발견해야 한다고요. 오히려 그런 내면의 신을 발견하는데 외면의 교회나 절, 목사, 스님 같은 것은 참된 신의 길로 이끌어 주지 못하는 것이라고 하며, 기성 종교에 대한 회의, 반항을 이야기한 것이 바로 <신의 나라는 네 안에 있다> 입니다.

톨스토이가 죽은 후 100년 동안 그의 책이 우리나라에서도 많이 번역되었는데 이 책은 번역이 안 되다가 최근에 제가 번역했습니다. 저는 이 책이 가장 중요하다고 생각합니다. 이 책을 읽고 인도의 간디는 감명하여 인도 독립운동을 시작했고 마틴 루터 킹(Martin Luther King)은 흑인차별 반대 운동을 했고, 프랑스의 로맹 롤랑은 20대에 2차 세계대전이 벌어졌을 때 전쟁에 반대하는 문학을 시작하며 평화운동을 합니다. 많은 젊은이들이 20세기에 이 책을 읽고 감동하여 평화운동, 비폭력 운동, 인종 차별 반대 운동 등을 시작했습니다.

톨스토이의 말처럼 우리들 마음 안에 신이 있기 때문에, 우리 각자가 다 소중한 존재이고 존엄한 존재입니다. 우리를 차별하거나 압박하는 그 어떤 사회·정치·제도적 악에 대해서도 당연히 일어서야 한다고 톨스토이가 이야기했기 때문에 젊은이들은 용기 있게 새로운 삶을 위해 일어났습니다.

비폭력·평화운동은 어떤 폭력적인 정치에도 협력하지 않는 운동입니다.

간디가 <신의 나라는 네 안에 있다>를 읽고 감동해서 톨스토이에게 편지를 보내기도 합니다. 그때 톨스토이는 죽기 직전이었고, 편지를 몇 번 주고받았습니다. 톨스토이의 책을 읽고 간디는 세상에서 근절해야 할 7가지 악에 대해 규정합니다.

간디의 7대 악

1. 원칙 없는 정치

(인도의 무원칙 정치를 말하지만 우리도 마찬가지입니다.)

2. 부 없는 노동

(아무리 일해 봐야 가난에 찌들어 있는 노동을 말합니다.)

3. 양심 없는 쾌락

(양심을 잃고 쾌락에만 탐닉하는 것을 말합니다.)

4. 인격 없는 교육

(지식만을 추구하는 교육을 말합니다.)

5. 도덕 없는 상업

(돈 놓고 돈 먹기의 정글식 장사를 말합니다.)

6. 인간 없는 과학

(기술에만 급급하는 과학을 말합니다.)

7. 희생 없는 종교

(이기적이고 물질적인 기복 신앙을 말합니다.)

간디는 인류의 7대 악을 규정하고 이 7가지를 없애야 한다고 주장합니다. 이것이 간디가 평생 견지한 비폭력·평화 운동의 핵심적인 내용입니다. 이 7가지가 고스란히 톨스토이의 <신의 나라는 네 안에 있다>라는 책에 들어있는데 간디 나름대로 조금 바꾼 것입니다. 원칙이 있는 정치, 부가 따르는 노동, 양심을 지키는 즐거움, 인격이 있는 교육, 도덕적인 상업, 인간을 보호하고 인간성을 지키는 과학(특히 핵문제), 희생을 할 수 있는 종교(이때 희생이란 몸을 바치는 것이 아니라 이웃을 위해 희생할 수 있는 이웃 사랑의 종교 같은 것을 말합니다.)가 좋은 세상을 만듭니다.

1930~40년대에는 간디였다면, 1960~70년대엔 마틴 루터 킹도 톨스토이의 교훈을 미국사회에 적용하여 인종 차별 반대 운동을 합니다. 오바마가 대통령이 된 것도 1960년대 마틴 루터 킹의 인권 운동으로부터 영향을 받았다고 해도 과언이 아닙니다.

마틴 루터 킹의 말 중에 이런 말이 있습니다.

"악을 수동적으로 받아들이는 사람은 악을 행하는 사람과 다름이 없습니다. 악에 대항하지 않고 받아들이는 사람은 악의 실현에 실제로 협력하는 것입니다."

여러분은 흔히 간디나 마틴 루터 킹의 비폭력·평화운동을 저항하지 않는 것이라고 오해하는데, 그런 게 아닙니다. 비폭력·평화운동은 사실 어떤 폭력적인 정치에도 협력하지 않는 운동을 말합니다. 간디가 폭력적인 영국 식민지의 억압에 복종하지 않고 거부했기 때문에 간디는 감옥에 수없이 갑니다.

마틴 루터 킹도 마찬가지입니다. 1960~70년대에 버스나 지하철 등 모든 공공기관에는 흑백 좌석이 나뉘어져 있었습니다. 남북전쟁이 끝나서 흑인 노예들이 법적으로는 해방되었지만 100년 지나도록 실질적으로는 해방되지 않았고 흑백 갈등은 더 심해졌습니다. 결국 마틴 루터 킹이 시작한 것은 백인들이 그런 식의 인종 차별을 하는 것에 따르지 않겠다는 것입니다. 악에 복종하지 않는 것입니다. 그렇게 좌석을 분리시켰을 때, 흑인은 백인이 들어가는 공공장소에 들어가지 못하게 했을 때, 극장의 앞좌석은 백인이 앉고 뒷자리의 제일 후진 곳에 흑인을 앉게 했을 때, 그때 마틴 루터 킹은 흑인을 백인의 자리에 앉음으로써 감옥에 갑니다. 그런 폭력과 악에 복종하지 않음으로써 받게 되는 수난, 그것을 감수하는 것이 간디나 마틴 루터 킹이 말하는 비폭력, 무저항 평화운동입니다. 이런 이념들이 모두 톨스토이에서 나왔습니다.

20대 가장 적합한 문학작품이 톨스토이의 작품이다.

<허핑턴 포스트>라는 인터넷 신문에 재미있는 기사가 있어 소개하겠습니다.

"톨스토이의 작품만큼 현재를 살아가는 20대에게 적합한 건 없다. 그는 백 년 전의 인물이지만, 톨스토이 소설 속 주인공들은 현대인의 야망, 실패, 스트레스 그리고 인생의 의미와 선을 추구하는 다양한 모습들을 모두 지니고 있다.

1. 톨스토이는 늘 자아 계발을 위해 노력했다.

톨스토이는 18세 때 일상을 계획하고 자신의 의지를 단련하기 위해 매일의 활동을 기록한 일기를 쓰기 시작했다. 이 일기에는 우리에게도 유익한 것들이 포함되어 있다.

- 5시에 기상
- 한 번에 한 가지씩만 한다.
- 사창가는 한 달에 두 번만 방문한다.

- 달콤한 음식을 피한다.
- 다른 사람들의 의견에 좌우되지 않는다.
- 나보다 어려운 사람을 돕는다.

이렇듯 자기 계발을 위한 주제는 그의 소설에도 많이 등장한다."

저는 위에서 '다른 사람들의 의견에 좌우되지 않는다.', '나보다 어려운 사람을 돕는다.', 이 두 가지는 여러분이 본받았으면 좋겠습니다. 요즘은 자기 계발이라는 말이 스펙을 위한 것이라고 쓰여 세속적인 의미가 담겨 있는데, 자기를 발전시키고 성장시키는 계기에 이 두 가지가 중요하다고 생각합니다.

'다른 사람들의 의견에 좌우되지 않는다.' 이 말은 주관을 세우라는 것입니다. 이제 여러분의 주관, 삶에 대한 계획, 인생관, 세계관을 세워야 합니다. 다른 사람의 의견보다 자기 마음속에 있는 신에게 귀를 기울여야 하며, 자기의 신이 여러분에게 말하는 그 소명을 스스로 깨달아야 합니다. 남의 이야기에 너무 휘둘리지 말고 자신의 삶을 세워보세요.

톨스토이는 20대에 이런 이야기도 했습니다.

"덕을 쌓고 행복해지기 위해 자신을 개혁하는 것이 간단하고 쉽게 느껴졌듯이, 인류의 악덕과 불행을 모두 없애는 꿈이 그때는 가능하게 느껴졌다."

자신의 삶의 새로움을 넘어서 이 세상과 인류까지 새롭게 만들어보겠다고 하는 원대한 꿈과 계획을 세워보기 바랍니다. 톨스토이는 20대에 그렇게 계획을 세웠고 실제로 소설, 교육 등 여러 활동을 통해 평생 그것을 실천하도록 노력한 사람이었습니다. 그 결과가 실패이던 아니던 톨스토이는 간디나 마틴 루터 킹처럼 인도의 독립, 전 세계 식민지 체제 하의 억압에서 민중들을 해방시키는 꿈, 미국 등의 선진국에서 벌어지는 인종차별과 비인간적인 인류의 악에 저항하는 그런 제자들을 낳았기에 어쩌면 그 꿈을 이룬 것이 아닐까 생각합니다.

"2. 톨스토이는 실패와 좌절에 도가 튼 사람이었다.

톨스토이의 삶도 그가 계획한 대로 되지 않았다는 사실이 우리에게 조금은 위안이 된다. 실제로 그의 삶을 보면 계획한 대로 된 적이 많지는 않았던 것 같다. 어떤 날은 계획을 잘 지켰지만 다른 날은 '아무것도', 아니 '완전히 아무것도' 안 하고 지나갈 때가 태반이었고 온종일 '불만족스럽게' 보내거나 '고골(러시아 소설가)을 읽는다'거나 자주 하루를 '낮잠'으로 허송세월했다. 하지만 목표를 그토록 높게 잡지 않았다면 어떻게 그렇게 많은 걸작들이 탄생할 수 있었을까?"

톨스토이의 일기를 보면 눈물이 납니다. 오늘 이렇게 계획을 세웠는데 안 되었다, 몇 페이지 공부를 하려고 했는데 2페이지밖에 공부를 못하고 잤다, 시험에 실패했다, 도대체 되는 게 아무것도 없다 등… 진짜 10대, 20대, 30대에서부터 죽을 때까지 이런 이야기를 적습니다. 나는 왜 이렇게 무능할까를 계속 고민합니다. 그래도 다음날 일기를 보면 어제 못한 것을 또 합니다. 새롭게 뭔가를 시작하는 이야기들이 나옵니다. 그것을 70 평생 반복합니다. 톨스토이는 그렇게 살았습니다.

“이틀째 계획을 따르지 않고 늦장을 부렸다. 왜 그랬을까? 나도 모르겠다. 하지만 좌절은 금물이다. 더 능동적으로 행동할 수 있도록 강제로 나 자신을 밀어붙여야 한다.”

톨스토이 일기 중에 나오는 말입니다.

이렇게 20대의 톨스토이는 끊임없이 자책하고 자기 자신에게 채찍질을 했습니다. 여러분이 보면 뭐가 이렇게 시시하고 찌질하냐고 생각할 수 있겠지만 굉장히 감동적인 삶입니다. 좌절하지 않고 절망하지 않으면서 나은 인생을 사는 사람은 아무도 없습니다. 지금 현재 절망하거나 고통스럽다면 언젠가 더 나은 삶도 있다는 것을 기억했으면 좋겠습니다.

“3. 소설에 등장하는 인물들은 전체적으로 비사회적인 면이 많은데 그걸 꼭 나쁘게 볼 필요는 없다.

<전쟁과 평화>에 나오는 피에르 베즈코프를 처음 만난 순간은 나의 청소년기에서 가장 중요한 시기 중 하나였다. 그리고 피에르는 나의 멘토이자 20대 삶을 반영하는 주인공이 되었다. 책 앞부분에서 피에르는 유럽에서 10년간 공부를 하고 러시아로 갓 돌아온 20대 청년으로 나온다.

안경 너머로 보이는 그의 얼굴엔 불안감과 부자연스러움이 비친다. 그리고 왠지 러시아라는 나라에 적응을 잘못하는 표정이다. 그래도 피에르는 꾸준히 선을 추구하고 문학 역사에서는 보기 드물게 선을 달성하는 캐릭터다. 우리는 피에르라는 인물을 통해 다수를 따르지 않고 자

신의 의지를 관철하는 것이 얼마나 중요하지 깨닫게 된다."

톨스토이의 소설에 나오는 주인공들은 다 비실비실합니다. 얼짱, 몸짱은 없습니다. <전쟁과 평화>에 나오는 인물들은 대단한 군인들이 아니라 대부분 우리와 비슷한 소시민적이고 약한 사람들입니다.

피에르라는 인물을 좀 더 설명하면, 먼 친척인 나타샤를 사랑합니다. 나타샤는 피에르에게 눈길을 주지 않습니다. 피에르는 살도 찌고 눈도 나쁘고 센스도 없는 남자로 나옵니다. 사교계에서도 왕따이고 러시아 사회에서도 적응을 못합니다. 전쟁이 벌어졌는데 군인 신체검사에서도 떨어져서 혼자 전쟁터에 갑니다. 자기 나름대로 할 일이 있는가 싶어서요. 항상 빌빌거립니다. <안나 카레니나>에도 안나 카레니나와 연애하는 젊은 청년 장교는 표면적인 주인공이고 진짜 주인공은 비리비리해서 애인으로부터 버림받는 레빈입니다. 이들은 짝사랑의 천재들입니다. 혹시 짝사랑을 해서 마음에 상처가 있는 친구들은 톨스토이의 이야기가 다 그렇게 좌절한 친구들의 이야기이니까 같이 위안을 삼아도 될 것 같습니다.

"4. 톨스토이는 카오스 같은 세상 속에서도 삶의 의미와 소박함을 추구했다.

SNS와 첨단기술에 휩쓸려 살다 보면 진정한 평화, 명상, 뜻깊은 경험 등을 하기 힘들다. 특히 톨스토이의 '행복'에는 이에 관련한 적절한 지혜가 담겨 있다.

"조용한 시골, 친절을 기대하지 않는 주민들에게 선을 베풀며 산다.

그리고 의미가 조금이라도 부여된 소일을 한다. 나머지는 휴식, 자연, 책과 음악, 그리고 이웃에 대한 사랑으로 사는 것이 내가 생각하는 행복이다."

이 문구는 존 크라카우어의 <인 투 더 와일드(Into the Wild)>라는 책(1996)과 영화(2007)에서도 인용되었다.

꼭 시골로 이사 가지 않아도 톨스토이의 글처럼 인생의 우선순위를 재정비할 수 있다. 자연과 더 친해지고, 휴식을 취하고, 책을 읽고, 사람들과 사귀는 것. 다 가능한 일이다."

<인투 더 와일드>라는 영화는 20대 청년이 다 때려치우고 자연으로 들어가 혼자 사는 내용입니다. 꼭 한번 보면 좋을 것 같습니다. 그러나 우리는 그렇게 자연 속에서 영원히 살 수는 없습니다. 어쩔 수 없이 사회생활을 해야 합니다. 그러나 남들이 다 한다고 해서 아무 생각 없이 따라하는 것에 대해서는 생각해볼 필요가 있습니다.

가령 SNS 같은 것인데, 핸드폰도 없는 저로서는 그런 것이 반드시 필요한지 정말 의문입니다. 어디에서나 사람들이 핸드폰에 파묻혀 사는 것이 과연 바람직한 일일까요? 왜 그런지 물어보면 그걸 해야 사람 같다는 답을 듣게 되어 놀랍니다. 그걸 해야 사람 같다니요? 제가 보기에는 도리어 사람 같지 않습니다. 핸드폰 때문에 앞에 있는 사람, 옆에 잇는 사람을 보지 않고 핸드폰만 보는 세상이 되었어요. 꼭 필요할 때가 아니면 핸드폰을 끄고 사람들을 보세요. 자연도 보세요. 책도 읽으세요. 사람들을 사귀세요.

"5. 톨스토이도 때로 불안과 공황을 느꼈지만 이를 극복하는 방법을 알았다.

톨스토이는 1869년, 땅을 보러 러시아의 펜자 지역으로 향하던 도중 어느 호텔에 투숙했다. 잠이 든 그는 '매우 완벽한 상태'였는데도 불구하고 그날 밤 급작스럽게 들이닥친 공황상태에 떨며 '좌절과 공포, 두려움'을 느꼈다.

그런데 <톨스토이: 한 러시아인의 삶>의 작가인 로자먼드 바틀렛에 따르면, 톨스토이는 로자먼드와 여행하던 중 문득 하늘로 치솟은 소나무를 바라보며 자신보다 더 높은 무언가에 경의를 표했다고 한다. 톨스토이를 비롯해 그가 만든 수많은 인물들은 자신의 영혼에서 잠깐 빠져나와 바깥세상을 응시하는 지혜가 필요했던 것 같다.

<전쟁과 평화> 주인공인 안드레이의 말이 좋은 예다.

"맞아! 그건 다 허영심에서 오는 거야. 끝없는 하늘을 제외하곤 모든 것이 환상이지. 아무것도 없다고. 정말로 아무것도. 아니 아무것도 없는 정도가 아니라 오로지 정적과 평화만 있을 뿐이야."

"내 생활이 나만을 위해 흘러가는 것은 옳지 않다. 다른 사람의 삶이 나와 아무 관계도 없는 것처럼 살아서는 안 된다."

톨스토이가 남긴 말 중에 기억할 만한 말이라고 생각합니다. 톨스토이는 기독교를 비롯한 종교의 핵심이 인류애라고 역설했습니다. 세상이 점점 더 각박해지고 있습니다. 더욱더 이기적이 되고 이타심이라는 것은 보기 어렵습니다. 이런 시간에 톨스토이를 통해서 우리들의 삶을 되돌아보는 계기가 되기를 빕니다. 마지막으로 톨스토이의 무덤을 같이 보도록 합시다.

제가 러시아의 톨스토이 고향에서 본 그의 무덤은 조용한 숲속에 묘비도 묘지도 없고 아주 소박했습니다. 그냥 들판의 한 모퉁이에 있습니다. 높은 봉분도 없고 아주 낮은, 거의 편편한 묘지입니다. 이 무덤 앞에서 저는 울었습니다. 너무나도 소박해서 감동이 왔기 때문입니다. 그 무덤에 비해 우리의 무덤은 너무 크고 사치스러운 것이 아닐까요? 마지막까지 자신의 소신대로 소박하고 단순하게 살았던 톨스토이였습니다.

묻고 답하기

러시아의 대문호 톨스토이의 무덤 앞에서 교수님은 어떤 생각을 하셨고 어떤 것을 느끼셨는지 궁금합니다.

묘지는 아무런 표지도 없고 너무 소박했습니다. 저는 작가나 화가들의 무덤에 찾아다니며 사진을 찍고 의미를 부여하고 대단한 감동을 받거나 하는 취향은 없는데요. 이상하게도 톨스토이의 무덤만큼은 대단히 감동적이었습니다. 톨스토이의 무덤이라고 생각하지 않으면 몰라볼 정도로 그냥 작은 흙무덤입니다. 그걸 보고 나도 이렇게 묻히는 게 좋겠다는 생각을 했습니다. 앞에서 간디나 마틴 루터 킹 같은 사람을 이야기했지만 그들의 삶도 톨스토이와 비슷했습니다. 톨스토이의 무덤이 그의 삶을 한 마디로 웅변하는 것이 아닌가 합니다.

<신의 나라는 네 안에 있다>에서 하는 이야기는 천국은 저 높은 하늘에 있는 것이 아니고, 종교적 가르침을 실천하지 않으면 아무 소용이 없다는 내용인 것 같습니다. 이런 이해가 맞는 것인지, 이와 관련해 구체적인 설명을 좀 더 부탁드립니다.

이야기해준 것이 맞습니다. 그 책에 관련해서는 또 19세기 러시아의 상황에서 이야기할 것들이 많습니다. 지금 우리 현실에서도 여러분이 매일 부닥치고 있는 현실, 살고 있는 나라와 사회와 가정에서 여러분 나름의 존엄을 지킬 수 있는 삶의 구체적인 모순을 스스로 추구할 수 있을 것입니다. 저는 얼짱, 몸짱 이야기를 싫어하는데요. 우리들 모두가 얼짱, 몸짱이라고 생각합니다. 남의 이야기에 좌지우지되기보다는 자신의 삶을 세워야 합니다. 얼짱, 몸짱이라는 정해진 규격, 미디어가 강요하는 허상의 멋, 지표, 사회적으로 주어지는 미의 기준, 삶의 기준 같은 것들을 버리고, 여러분 나름의 삶의 지표를 세워야 합니다.

여러분 마음 안에 있는 신의 목소리에 귀 기울여보세요. 우리 모두의 마음 안에는 신이 있고 각자가 그만큼 존엄하고 숭엄한 존재라고 생각합니다. 내가 이 세상에서 최고의 얼짱, 몸짱이라고 생각해야 하지만 남을 억압하거나 배제하거나 무시해서는 안 됩니다. 우리 모두 존귀

한 존재이기 때문에 각자의 내면에 충실하면서 자신의 삶을 추구하고 그만큼 이웃에 대해 존중하고, 배려하자는 게 톨스토이의 기본적인 생각입니다.

톨스토이는 <신의 나라는 네 안에 있다>에서 러시아의 사회, 국가, 썩어빠진 독재자 짜르, 부패한 경제에 대해 많은 비판을 합니다. 톨스토이의 삶의 원칙을 살펴본다면 우리 사회를 바라보는 안목을 가질 수 있습니다. 자신의 내면을 어떻게 성숙시키고 인간성을 어떻게 계발시킬 수 있을지 고민해봐야 합니다.

미디어가 강제하고 어른들이 바라고, 사회가 스펙이니 뭐니 하며 요구하는 것이 아니라 각자의 신을 발현시킬 수 있는 삶을 살아야 합니다. 여러분 각자가 신이고 인간이 신입니다. 우리가 존엄한 존재라고 하는 것을 자기 삶에서 인식하고 존엄하게 살자는 것입니다. 구체적으로 삶을 어떻게 바라봐야 하고, 내가 살고 있는 지역, 배우고 있는 학교를 어떻게 바라보고 대처해야 할 것인가, 혹시 간디나 마틴 루터 킹 같은 무저항의 삶이 나에게 필요하지 않는가 하는 질문을 스스로 해야 합니다.

톨스토이가 읽은 동양고전에는 어떤 것이 있나요?

톨스토이는 성경 등 많은 고전을 읽고 그에 대해 글을 썼지만 동양 고전도 많이 읽었습니다. 그중에 특히 노자의 도덕경을 열심히 읽었고 스스로 중국어를 배워서 러시아어로 번역하기도 했습니다. 노자뿐만 아니라 공자, 맹자, 묵자 등 중국 고전에 대해서도 대단히 조예가 깊었습니다. 톨스토이 삶의 철학은 이미 동양의 선현들이 말씀하신 내용입니다.

톨스토이가 일기나 많은 작품에서 동양 고전에 대해 이야기했습니다.

특히 노자의 무위사상이 비폭력, 평화에서 제일 중요한 내용이라고 봤습니다. 무위(無爲)는 하지 않는 것입니다. 단순하게 하지 않는 것이 아니라 무엇을 해야 하고 무엇을 하지 말아야 하는지를 아는 것입니다. 폭력을 가해서는 안 되는데, 이때 폭력은 남을 때리는 것만이 아닙니다. 정치적·사회적·가정적 폭력 등 우리 사회에 있는 수많은 폭력을 경계해야 하고 톨스토이는 이런 것들이 노자의 무위사상과 통한다고 생각했습니다.

저는 음악을 전공하면서 예술적 가치에 대해 고민할 때가 많습니다. 최근 어떤 저널에서 톨스토이가 "대중이 이해한 예술만이 예술적 가치를 갖는다."고 이야기 한 내용을 봤습니다. 저는 소수가 이해하는 예술도 예술적 가치를 지닌다고 생각합니다. 정답보다는, 제가 어떤 쪽으로 나아가야 하는지 궁금합니다.

톨스토이는 50세에 허무와 좌절을 경험하고 난 뒤에 자기가 쓴 <전쟁과 평화>, <안나 카레니나>같은 작품을 부정하게 됩니다. 내가 왜 그렇게 쓰레기 같은 작품을 썼을까 하면서요. 그 당시 톨스토이는 이미 세계 최고의 작가였습니다. 노벨문학상은 못 탔는데, 그 이유는 톨스토이가 러시아 정교회와 갈등이 워낙 심했기 때문입니다. 그렇지만 <전쟁과 평화>라는 작품만으로도 세계 최고의 경지에 올랐습니다. <안나 카레니나>도 마찬가지입니다. 그 후 50이 넘어서는 이 작품들을 폄하합니다. 톨스토이의 예술관은 50세 전후로 많이 달라졌습니다.

50세 이전에는 예술 자체를 위한 예술까지는 아니더라도, 학생이 말한 소수를 위한 예술이라도 예술 그 자체로 가치가 있으면 충분하다고 생각했습니다. 물론 <안나 카레니나>는 대중적 인기를 끌었지만요. 50세 이후에 톨스토이가 이야기한 예술은 민중을 위한 예술, 민중에 의한 예술이었습니다. 가난한 사람들이 부르는 민요와 그들이 추는 춤, 서민적인 민속예술들. 그야말로 민중들이 직접 향유하고 만들고 누리고, 그 사람들을 위해 만들어진 예술들을 추구했습니다. 톨스토이가 말년에 쓴 민화, 우화들도 그런 의식에서 나온 것들입니다. 가난한 사람들과 학대받는 사람들에게 위안과 행복을 줄 수 있는 예술이 참된 예술이라고 생각했습니다. 톨스토이의 예술은 50세를 기준으로 바뀝니다. 어느 것이 옳다고 말할 수는 없고 둘 다 일리가 있습니다.

소수만이 즐길 수 있는 예술 중에도 얼마든지 참된 예술이 있을 수 있습니다. 톨스토이의 예술관은 인생에서 두 가지가 있게 되는데 결국 어느 경우든, 다수를 위한 것이냐 소수를 위한 것이냐에 의해 참된 예술을 나눌 수 없습니다. 제가 충고할 수 있는 것은, 지금까지 자신이 참된 예술이라고 추구해온 것을 계속하라는 것입니다.